本书受到国家社科基金项目"供给侧结构性改革与我
统计研究"（17BTJ036）项目资助

经济管理学术文库·经济类

区域产业发展问题实例解析

——基于河南省的数据

The Study of Regional Industrial Development with Examples
—Based on The Data of Henan Province

汪彩玲／著

经济管理出版社
ECONOMY & MANAGEMENT PUBLISHING HOUSE

图书在版编目（CIP）数据

区域产业发展问题实例解析——基于河南省的数据／汪彩玲著. —北京：经济管理出版社，2019.5

ISBN 978-7-5096-6621-0

Ⅰ.①区… Ⅱ.①汪… Ⅲ.①区域经济发展—产业发展—研究—河南 Ⅳ.①F127.61

中国版本图书馆 CIP 数据核字（2019）第 101454 号

组稿编辑：杨　雪
责任编辑：杨　雪　王虹茜
责任印制：黄章平
责任校对：董杉珊

出版发行：经济管理出版社
　　　　　（北京市海淀区北蜂窝 8 号中雅大厦 A 座 11 层　100038）
网　　址：www. E-mp. com. cn
电　　话：(010) 51915602
印　　刷：北京虎彩文化传播有限公司
经　　销：新华书店
开　　本：720mm×1000mm/16
印　　张：13.5
字　　数：257 千字
版　　次：2019 年 7 月第 1 版　　2019 年 7 月第 1 次印刷
书　　号：ISBN 978-7-5096-6621-0
定　　价：56.00 元

序

自 2009 年工作以来，我就开始与其他学者合作研究河南经济问题。2012 年我申请中标了第一个课题，开始对河南省产业结构问题进行尝试性研究，2013 年课题如期结项。在此基础上，我申请了优化河南省产业结构思路和对策的课题，并于 2016 年结项。2015 年，我又同时申请了河南省产业转移、河南省高技术产业、河南省外贸对经济增长贡献、中部六省外贸对比分析四个课题，并于 2016 年结项。同时，我与其他学者还合作撰写了河南省区域经济发展方面的课题。在多年的积累下，我对河南省产业发展问题进行了宽泛而深入的研究，在这些研究的基础上，我萌生了将这些研究梳理、归纳，并结合当前经济形势来撰写一本著作的想法，经过两年的努力，《区域产业发展问题实例解析——基于河南省的数据》问世了。

全书共分为四篇：产业结构篇、产业转移篇、高技术产业篇和发展战略篇。产业结构篇首先对河南省产业结构现状分析，然后对河南省产业结构调整效果进行评价。产业转移篇在介绍国内外产业转移理论的基础上，首先分析一国承接产业转移的优势和劣势，然后对河南省承接产业转移问题分析，并对河南省承接产业转移能力进行评价。高技术产业篇首先对河南省高技术产业的发展历程和发展现状进行分析，然后运用 2007 年和 2012 年投入产出表对河南省高技术产业的产出增长及与其他产业的关联效应进行分析。发展战略篇从区域经济发展理论、河南省区域经济发展概况、河南省区域经济国内比较、省内比较和河南省各区域定位几个方面进行分析。

本书有以下四个特色：

（1）紧扣主题。本书紧紧围绕河南省产业经济问题进行分析，分别从产业结构、产业转移、高技术产业、区域功能定位几个方面进行分析。

（2）重点突出。对当前热门的产业转移和高技术产业问题进行了较为详细的分析。

（3）运用统计数据进行分析。本书"用数字说话"，统计数据贯穿全书，是本书的一大特色。

（4）运用多元统计、投入产出方法进行分析。本书第二章、第三章、第四章和第六章均使用统计方法进行分析，这也是本书的一大特色。

作为经济统计专业的科研工作者，本书主要运用统计思维来看待河南省产业经济，这是本书区别于其他经济类著作的最大特点。因此，本书既是一本经济学著作，更是一本统计学著作。

在本书撰写过程中，河南省统计局提供了 2012 年投入产出表，在此表示感谢。我的研究生董雷、金令和王思雨同学提供了数据计算和书稿排版方面的工作，在此向他们表示感谢。在区域发展战略篇撰写过程中，河南财经政法大学张伟丽副教授帮助审稿并提出了一些疑问与建议，在此一并致谢。

由于本人水平有限，书中错误和不足之处在所难免，恳请广大读者批评指正。

汪彩玲

2019 年 3 月 4 日于毓苑

目　录

产业结构篇

产业转移篇

高技术产业篇

发展战略篇

产业结构篇

第一章　河南省产业结构调整的现状分析

第一节　产业结构的基本概念

产业结构是指国民经济系统中各个物质资料生产部门之间的组合与构成情况，以及各个生产部门在社会生产总体中所占比重，可以理解为产业间的比例关系。

一、产业结构

1. 产业

所谓产业，通常被定义为生产相同或相似产品的大量企业的集合，这些企业大多使用相同的主要投入要素和原材料，采用相同或者相似的工业过程，生产基本用途相同的产品。

产业划分有很多标准，通常以产品或商品的类别相区分。生产某种或某类商品的相关企业的集合可以作为一个产业。但这并不意味着产业与产业之间是毫不相关的。不同产业之间，特别是关联产业之间往往有着非常密切的关系，它们可能共享某些投入品或者技术知识，既可能有相同的生产环节，也可能针对相同的目标市场。产业之间的关联是产业结构研究的重要组成部分。对一个完整的国民经济体系而言，上下游产业之间以及产业与产业之间的横向协调关系是国民经济发展的重要前提和保证。当然，基于研究和统计的需要，划分产业时不能过度细化，通常较为相似的商品生产企业可以归为一个产业。

2. 产业结构

"结构"一词的含义是指某个整体的各个组成部分的搭配和排列状态。它较早地被应用于自然科学领域的研究中。在经济领域，最早使用产业结构这个概念是在20世纪40年代，在最初使用产业结构这个概念分析经济问题时，其含义还不规范。当时它既可以用来界定产业内部之间的关系和产业与产业之间的关系，也可以用来界定产业内部的企业关系结构和产业的地区分布。随着对产业经济研究的不断深化，产业结构的概念和研究领域逐渐被明确下来。所谓产业结构是指国民经济系统中各个物质资料生产部门（包括部门内的子部分）之间的组合与构成情况，以及各个生产部门在社会生产总体中所占比重，可以理解为产业间的比例关系。

具体地说，产业结构有两个层次的含义：

第一，狭义的产业结构。这层含义体现在质的方面，它是指国民经济中各产业的技术水平和经济效益的分布状态，它揭示了各产业部门中起主导作用的产业部门不断替代的规律及其相应的"结构"效益，从而形成了狭义产业结构的理论。狭义的产业结构可以从两个方面来考察；首先，从加工深浅度、附加值高低、资本集约度、高新技术产品产值占该产业总产值的比重等方面来考察；其次，从规模效益和国际竞争角度来考察。这两个方面在开放经济条件下均可从进出口结构中得到综合反映。

第二，广义的产业结构。这一层次体现在量的方面，它是指国民经济中各产业之间和各产业内部的比例关系，即产业间"投入"与"产出"的量的比例关系，从而形成产业关联理论，这属于广义的产业结构理论。这种量的关系可以从三个层次来考察。首先，国民经济中第一、第二、第三产业的构成；其次，三次产业各自的内部构成，如第二产业的内部结构主要是指制造业的内部结构等；最后，三次产业内部的行业构成及产品结构。

二、产业部门

产业是社会分工的产物，它随着社会分工的产生而产生，并随着社会分工的发展而发展。"产业"一词，在不同的学科领域存在着各种不同的解释。在历史学和政治经济学理论中，它主要指"工业"，如产业革命、产业工人等；在法学理论中，它主要指"不动产"，如私有产业、私人产业等，一般指个人所拥有的土地、房产、工厂等具有明确私人产权界定的财产。在传统社会主义经济学理论中，产业主要指经济社会的物质生产部门，一般而言，每个部门都能专业化生产和制造某种独立的产品，实际上每个部门即为一个相对独立的产业部门，如农业、工业、交通运输业等。

由此可见，"产业"作为经济学概念，其内涵与外延具有复杂性。本书所使用的是广义的"产业"，它是指国民经济的各行各业，从生产到流通、服务以及文化、教育，大到部门，小到行业都可以称为产业。

产业分类就是为了满足不同需要而根据产业的某些相同或相似特征，将企业的各种不同的经济活动分成不同的集合。目前通常使用的产业分类法有关联方式分类法、两大领域和两大部类分类法、三次产业分类法、资源密集程度分类法、国家标准分类法、国际标准分类法、霍夫曼产业分类法等。

三次产业结构的理论已被广泛应用于研究各国经济发展的经济结构。1935年，三次产业作为一个经济概念由英籍新西兰裔澳塔哥大学教授费希尔首先提出。英籍澳大利亚经济学家科林克拉克在 1940 年出版的《经济进步的条件》中广泛运用了"三次产业"思想，以此来分析产业结构，使三次产业划分广泛传播开来，从而他也被视为三次产业划分法的首创者之一。在克拉克之后，库兹涅茨对国民经济结构变化做了更为详尽的研究，将国民经济活动划分为农业产业、工业产业和服务产业。其中，农业产业包括农业、林业、狩猎业和渔业；工业产业包括矿业及采掘业、制造业、建筑业、电力、煤气、水、运输和通信；服务产业包括商业、银行、保险、房地产、住房的所有权、政府及国防、其他服务。这种分类方法是根据社会生产活动历时发展的顺序来划分产业结构的，产品直接取自自然界的部门称为第一产业，对初级产品进行再加工的部门称为第二产业，为生产和消费提供各种服务的部门称为第三产业。

第二次世界大战后，第三产业以异乎寻常的速度在各国发展起来，西方发达国家和发展中国家都逐渐采用了三次产业划分法，但各国的划分不尽一致。我国从 20 世纪 80 年代中期也开始采用三次产业划分法。目前，我国对国民经济三次产业的划分范围及分类是：第一产业包括农、林、牧、渔业和农林牧渔服务业；第二产业包括采矿业，制造业，电力、燃气及水的生产和供应业，建筑业；第三产业包括所有其他部门。其中，第三产业又分为两大部门：流通部门（包括交通通信业、饮食、物资供销和仓储业）和服务部门（金融、保险、地质普查、房地产、公用事业、居民服务和各种生产性服务业、公共服务、教育、文化、广播电视、科学技术研究、卫生、体育和社会福利事业等）。我国的分类与库兹涅茨分类的主要区别在于，他将交通、通信划为第二产业，而我国则把该部门作为第三产业。

如果仅将我国国民经济系统分为三次产业来研究我国的产业结构，则难以分析出各产业之间内在的生产技术联系，也就难以准确地对我国产业结构进行调整；如果将国民经济系统分得过细，分为 40~50 个产业部门，则不仅增加了分析的工作量而且无法找到各产业部门生产与产出的真实数据，因而只能对有的产业部门进行粗略估计，但这在一定程度上降低了研究的准确度。综合考虑我国的经济发展实际及各产业部门数据的可得性，基于国家公布的投入产出表划分的产业部门，本书的研究将我国国民经济系统划分为 42 个产业部门，分别是：①农林牧渔产品和服务；②煤炭采选产品；③石油和天然气开采产品；④金属矿采选产品；⑤非金属矿和其他矿采选产品；⑥食品和烟草；⑦纺织品；⑧纺织服装鞋帽皮革羽绒及其制品；⑨木材加工及其家具；⑩造纸印刷和文教体育用品；⑪石油、炼焦产品和核燃料加工品；⑫化学产品；⑬非金属矿物制品；⑭金属冶炼和压延加工品；⑮金属制品；⑯通用设备；⑰专用设备；⑱交通运输设备；⑲电气机械和器材；⑳通信设备、计算机和其他电子设备；㉑仪器仪表；㉒其他制造产品；㉓废品废料；㉔金属制品、机械和设备修理服务；㉕电力、热力的生产和供应；㉖燃气生产和供应；㉗水的生产和供应；㉘建筑；㉙批发和零售；㉚交通运输、仓储和邮政；㉛住宿和餐饮；㉜信息传输、软件和信息技术服务；㉝金融；㉞房地产；㉟租赁和商务服务；㊱科学研究和技术服务；㊲水利、环境和公共设施管理；㊳居民服务、修理和其他服务；㊴教育；㊵卫生和社会工作；㊶文化、体育和娱乐；㊷公共管理、社会保障和社会组织（2007 年的投入产出表与 2012 年的投入产出表关于部门有细微的差别，这里以 2012 年的投入产出表为主）。

三、产业结构的相关理论

1. 古典政治经济学中的产业结构思想

"政治经济学之父"威廉·配第最早涉猎了产业与产业关系的问题，通过比较不同产业的附加值高低来评论和分析产业结构的问题，这或许与其投资行为或经历有关。经济学的创始人亚当·斯密在《国富论》中也讨论了产业结构的问题，只不过讨论的角度有所改变。产业结构以及产业组织的相关研究，直到"二战"之后才真正大规模展开，一系列经典理论的问世，为提高人们对产业结构的认识提供了非常有力的工具，同时，这些研究也为更为复杂细致地研究奠定了基础。

2. 克拉克的三次产业结构论

克拉克则在费希尔的基础上，采用三次产业分类法对三次产业结构的变化与经济发展的关系进行了大量的实证分析，总结出三次产业结构的变化规律及其对经济发展的作用，而经过他改进的"克拉克分类法"已经成为各国进行产业分类的重要参考。克拉克的研究主要采用经验主义的方法，通过对多个国家数十年的数据进行分析，得出了经济发展的不同阶段，主导产业依次交替的结论，即首先是第一产业主导经济增长，然后这种主导权转移到第二产业，再顺次转移到第三产业。这种主导权的转移最明显地体现为劳动力在三大产业中的结构性变化以及随之伴生的人均国民收入的变化。

3. 库兹涅茨对产业结构演进规律的研究

库兹涅茨通过劳动力在不同产业的就业分布情况和各产业创造的国民收入的变动趋势来分析产业结构的变动。他的基本结论是第一产业或农业所雇用的劳动力占全部劳动力的比例应该是不断下降的，在农业生产力相对稳定的情况下，其所创造的国民收入占整个国民收入的比重也会随之下降；第二产业或工业则不同，由于技术进步和固定资本投资的不断增加，雇佣劳动力所占的比重大体不变或者略有上升，但是创造的国民收入所占的比例总体上来看是上升的；第三产业或服务业在两个比例上都是上升的。这一规律被称为"库兹涅茨法则"。

4. 霍夫曼比例与工业化路径

德国经济学家霍夫曼通过分析 20 多个国家的时间序列数据，重点探讨了第二产业或者制造业中消费产品工业同生产产品工业之间的比例关系，特别是二者的比例在工业化进程中的动态变化关系。出于研究的目的，霍夫曼将第二产业内消费产品工业的净产值与生产产品工业的净产值的比值定义为霍夫曼比例。通过研究发现，霍夫曼比例在一国工业化进程中并非恒定，而是在这个过程中不断降低。

5. 钱纳里的"标准结构"说

在克拉克和库兹涅茨的基础上，钱纳里将这种研究思路应用在收入较低的发展中国家，因为这些国家收入水平较低，可能会得到更为明显的结果。通过分析多达上百个国家前后近 20 年的统计数据，钱纳里总结得出了"标准形式"或"标准结构"，用以描述所研究国家中的一种经济发展的趋势，即人均收入随产业结构变化而变化，并在此基础之上分析了结构转变的诸多制约因素和结构转变所带来的影响。

6. 结构的国际关联与转移：赤松要的"雁形模式"

"二战"后，日本经济学家赤松要首先提出了"雁形产业发展形态论"。按照他的观点，日本战后的产业发展经历了不同的阶段，通常可以概括为进口、进口替代、出口和重新进口四个阶段。该理论提出之后，在以赤松要和其学生小岛清为主的多位学者的共同努力下，"雁形模式"或"雁形理论"又得到了进一步的扩展。现在来看，该理论对 20 世纪 60 年代至 80 年代东亚地区经济的快速发展有着非常强的解释力，特别是在这一过程中出现东亚各国之间产业分工与梯度转移的现象，这些既为雁行理论提供来源和研究对象，也为雁行理论的发展提供重要现实基础。中国改革开放后的产业结构甚至低于一些亚洲地区的新兴经济体，所以亚洲国家的产业结构转移中形成了"日本—'四小龙'—东盟—中国"的产业转移顺序。

第二节　河南省产业结构调整的历史演变轨迹

1949 年以来，河南省产业结构调整大致经历了三个阶段。第一阶段，1953～1978 年的计划经济时期，为河南省产业结构的建立、调整和初步完善阶段。第二阶段，1978～2003 年的经济体制改革和转轨时期，产业结构调整的市场动力在萌芽和启动，产业调整和优化升级的面貌焕然一新。第三阶段，2003 年至今，河南省进入工业化中期阶段，经济发展和产业结构调整承担起新的历史任务，进入新的历史阶段。

一、1953～1978 年计划经济时期的产业结构及其变动

从国民经济中工业与农业、重工业与轻工业的发展状态来看，河南产业结构在 26 年的发展过程中，体现了明显的倾斜发展态势。农业总产值的年均增长率仅为

2.9%，而工业却高达 12.3%，比农业高出 4 倍多。在工业内部，重工业的增长又高于轻工业近 1 倍。农业、轻工业、重工业在工农业总产值中的比重由 1952 年的73.5：21.6：4.9 转变到 1978 年的 35.8：29.6：34.6。重工业的发展"一枝独秀"，农业则下降幅度较大，轻工业缓慢增长。

从三次产业增加值结构的变动状况分析，计划经济时期，第一产业呈下降趋势，第二产业上升较快，第三产业比重基本在徘徊中保持略有减弱的趋势，总体水平显著滞后。不仅有悖于世界产业结构的正常规律，也落后于全国产业结构的总体水平。如表 1-1 所示。

表 1-1　1952~1978 年河南三次产业的结构状况　　　　单位：%

年份	第一产业	第二产业	第三产业
1952	62.2	22.8	15.0
1957	46.2	34.4	19.4
1970	45.8	37.1	17.1
1978	39.8	42.6	17.6

注：1978 年全国三次产业结构状况为第一产业、第二产业、第三产业，比重分别是 28.1%、48.2%、23.7%。

资料来源：历年中国统计年鉴。

二、1978~2003 年经济转轨时期的产业结构及其变动

1979 年以后，中国开始了以市场化为取向的经济体制改革，使国民经济迈上了快速发展的轨道。河南经济由此步入了转轨时期，产业结构的调整伴随着改革开放的进程，进入了调整、完善和扩展的新阶段，开始自觉向综合协调发展的方向演进。结合经济体制改革的阶段性和经济运行的形态，我们可以将河南经济的转轨大致分为两个时期：转轨初期（20 世纪 80 年代至 90 年代初期）和转轨中后期（90 年代至2003 年）。河南经济结构与改革开放初期相比已发生了重大变化，经济增长的推动因素由第一产业为主逐步过渡到第二产业，并向第三产业发展。

1. 转轨初期产业结构的变化（20 世纪 80 年代至 90 年代初期）

第一，随着经济体制改革的进展，国企改革开始推动，所有制结构日趋多元化、价格的市场调节功能逐步发挥作用，资源配置机制发生重大变化。这一发展阶段河南产业结构调整表现出轻工业发展加快，高加工度化、产业结构纠偏以及部分外向化的特点。国民经济中农、轻、重三大产业之间的比例关系发生了重大变化。如表1-2所示。

表1-2　1979~1991年农、轻、重三大产业总产值年均增长速度比较

农业（%）	工业（%）	农工业之比（以农业为1）
6.1	12.5	1∶2.05
轻工业（%）	重工业（%）	轻重工业之比（以轻工业为1）
12.8	12.1	1∶0.95

资料来源：历年中国统计年鉴。

第二，结合改善人民生活的实际需要，轻工业内部结构发生了积极变化。居民对生活消费品特别是耐用消费品的需求迅猛增加，在需求的强劲拉动下，轻工业特别是生产消费品的轻工业取得了高速增长。1979~1991年，耐用消费品工业的年平均增长率都在20%以上，远远高于同期工业总产值12.5%的增长速度。其中自行车年均增长24.1%，手表年均增长29.6%，家用电冰箱在1980~1991年增长了95.6%。这表明河南的产业结构调整已经逐步摆脱计划经济的束缚，更多地反映了市场需求的变动。

第三，重工业在稳步增长的基础上，其内部的采掘、原材料和加工工业之间的关系及变化如表1-3所示。

表1-3　1980年、1985年与1990年重工业内部结构　　单位：%

行业	1980年	1985年	1990年
采掘工业	18.7	20.6	17.6
原材料工业	29.3	28.9	34.8
加工工业	52.0	50.5	47.6

资料来源：刘永奇. 河南省投入产出实践与研究［M］. 北京：中国统计出版社，2009.

从数据对比中可以得出结论如下：在这十多年的时间里，重工业中的采掘工业变化不大，而原材料工业发展较快，加工工业则有所下降。

第四，三次产业之间的比例关系也出现了一定的变化。如表1-4所示。

表1-4　1978~1991年河南三次产业的增加值构成　　单位：%

年份	第一产业	第二产业	第三产业
1978	39.8	42.6	17.6
1985	38.4	37.6	24.0
1988	32.1	40.0	27.9
1991	32.0	37.1	30.9

资料来源：刘永奇. 河南省投入产出实践与研究［M］. 北京：中国统计出版社，2009.

总之，转轨初期产业结构的这些变化，既反映了河南经济发展战略的转变，也反映了市场机制在产业结构变动中的力量在不断增强。所以，这些变化是积极的。但由于转轨初期旧体制仍然在相当大程度上发挥作用，市场调节功能尚不能充分发挥出来，调节力度和广度有限。因此，在这一时期，产业结构在向好的方向调整的同时，也引发了新的问题。

第一，基础产业发展滞后。在20世纪80年代，各级政府和企业热衷于发展加工业尤其是消费品加工业，因而全省的产业结构隐含了基础工业发展不足的深层次问题。这一问题到80年代后期被充分暴露出来。原材料、能源、交通、邮电等在加工工业的高速发展之下，日益显得难以为继，产业结构再次处于失衡状态。

第二，河南产业结构水平与全国平均水平差距较大。1980年，全国三次产业比重为28.1∶48.2∶23.7，河南为40.7∶41.2∶18.1。1991年两者分别变为24.5∶42.1∶33.4和32.0∶37.1∶30.9。河南第一产业占GDP比重仍然偏重，第二、第三产业比重依然偏轻。

第三，河南产业结构的调整没有明显地方特色。20世纪80年代各地在经济利益的驱使下，争取上一些价高利大的项目，地区优势无法发挥，区域间的分工程度下降。河南这一时期产业结构调整的趋势与全国各地之间的趋同性表现得尤为显著。表1-5列出了河南几个主要支柱产业在全国的分布情况。

表1-5　产业结构地区分布状况　　　　　　　　单位：个

生产品种	煤炭	水泥	生铁	钢	化肥	机床	布	自行车
河南省从事该项生产活动的单位数	27	29	27	28	29	28	28	26

资料来源：刘永奇. 河南省投入产出实践与研究［M］. 北京：中国统计出版社，2009.

2. 转轨中后期的产业结构及其变动（1990~2003年）

进入90年代，特别是1992年邓小平"南方谈话"后，社会主义市场经济改革方向确立。河南全面实施了"一高一低""可持续发展""科教兴豫""开放带动""东引西进"等战略。随着国民经济市场化程度的提高，经济调节机制已基本转变为市场机制，河南产业结构及其调整体现出新特点。

第二产业在GDP中的比重得以回升。第一产业的比重大幅下降，在以当年价计算的GDP结构中，十多年间下降了17.3个百分点，明显高于20世纪80年代的下降幅度。第二产业比重大幅回升，十多年来上升了14.9个百分点。第三产业比重基本稳定，十多年间仅上升了2.4个百分点（见表1-6）。

表 1-6　1990~2003 年三次产业的 GDP 结构变动　　　单位：%

年份	第一产业	第二产业	第三产业
1990	34.9	35.5	29.6
1995	25.4	47.3	27.3
2000	22.6	47.0	30.4
2003	17.6	50.4	32.0

资料来源：历年中国统计年鉴。

在第一产业内部，由于市场供求关系发生变化，粮食总量趋于饱和，非农产业发展更快，特别是农业产业现代化政策实施后，农业内部结构更趋合理。在第二产业内部，基础产业得到了长足发展，长期制约国民经济发展的"瓶颈"产业已大为缓和。生活资料的供求形势与之前相比发生了较大变化，许多消费品由供不应求转变为供求基本维持平衡，个别商品甚至供过于求。重工业在工业总产值中比重继续上升。这表明河南经济已进入以重工业带动经济增长的阶段（见表 1-7）。

表 1-7　1990~2003 年轻、重工业比例变动状况　　　单位：%

年份	轻工业占工业总产值比例	重工业占工业总产值比例
1990	45.6	54.4
1995	43.4	56.6
2000	41.8	58.2
2003	36.8	63.2

资料来源：历年中国统计年鉴。

在第三产业内部，传统性产业如批发零售贸易餐饮业、金融保险、运输仓储和邮电业虽然在第三产业中仍居主导地位，但其所占比重已有所下降。与此同时，代表现代产业高度化进程的房地产业、社会服务业、卫生、体育和社会福利事业、科学研究和综合技术服务业等产业发展较快。

三、2003~2012 年进入工业化中期阶段的产业结构及其变动

2003 年，以第一产业增加值所占比重（17.5%）首次低于 20% 为标志，河南进入了工业化中期发展阶段。这一时期，河南以优化农业结构、增强工业实力、壮大第三产业、提高第二、第三产业比重、推进产业结构优化升级为目标，加快推进产业结构调整。三次产业结构由 2003 年的 17.5∶48.2∶34.3 演变为 2012 年的 12.7∶56.3∶31.0；2012 年第二、第三产业所占比重较 2003 年提高了 4.8 个百分点。由于第二产业增速相对较快，在第一产业所占比重下降的同时，第三产业所占比重也有

所下降。

这一时期是河南第二产业尤其是工业增长较快的一个时期。2003～2012年，第二产业所占比重年均提高1.74个百分点，其中工业增加值所占比重年均提高2.14个百分点，这表明全省工业进入快速发展阶段。工业增加值达15017.56亿元，稳居全国第五，中西部地区首位，对全省经济增长的贡献率稳定在50%以上，为全省实现由传统农业大省向新兴工业大省转变奠定了基础。第一产业增加值所占比重稳步下降，经济总量稳步增加，内部产业结构比例不断优化。作物种植品种不断趋优；林、牧、渔业发展迅猛，特别是畜牧业和渔业保持高速增长态势，农产品质量不断提高，一批特色农业已成为各地经济的支柱产业。第三产业总量规模迅速扩大，各行业齐头并进、蓬勃发展，以现代物流、信息、文化等为重点的现代服务业得到快速发展，已成为河南经济社会新的增长点。

四、2012年以来的产业结构及其变动

2012年以来，特别是2014年习近平总书记在河南考察时提出"新常态"，确定了未来中国经济发展的根本方向，也为河南经济发展指明了前进方向和根本遵循。并且针对当时河南面临三次产业结构发展不平衡，结构矛盾更为突出，如何进行转型升级之路指明了方向——着力打好"四张牌"。其中，打好"产业结构优化升级"牌，是河南省聚力现代化经济体系建设的主攻方向。因此，河南省实行深化供给侧结构性改革，做强做优以先进制造业、现代服务业为主的实体经济，通过推动产业向中高端迈进，提升供给体系质量和效率，起到了立竿见影的效果。三次产业结构由2012年的12.7：56.3：31.0演变为2016年的10.6：47.6：41.8；2016年第二、第三产业所占比重比2012年提高了2.1个百分点。由于第三产业增速相对较快，在第一产业所占比重下降的同时，第二产业所占比重也有所下降。

这一时期是河南省第三产业尤其是金融业增长较快的一个时期。第三产业所占比重在2012～2016年河南省年均提高6.16个百分点，金融业增加值占GDP的比重由2012年的3.4%上升至2016年的5.6%，这表明河南省全省第三产业进入快速发展阶段，为河南省全省实现由经济大省迈向经济强省奠定了基础。第一产业增加值所占比重稳步下降，经济总量稳步增加，内部产业结构比例不断优化。作物种植品种不断趋优；牧、渔业发展迅猛，且保持高速增长态势，农产品质量不断提高，一批特色农业极大地促进了各地经济的发展。第二产业总量规模不断扩大，工业增加值稳步增长，增速持续高于全国工业增速，特别是河南省采取一系列有力措施推进高新技术产业的发展，使供给结构进一步优化。

五、总结

从新中国成立以来河南省产业结构的历史演变轨迹来看，产业结构演进与经济

运行体制的转轨和经济增长模式转换表现出高度相关性。在此过程中，工业化加快了进程，行业结构和产品结构变动加速，经济告别短缺，工业化从城市走向农村。河南产业结构的演进过程表现出四个明显特点。

（1）河南产业结构变化呈现从低级向高级不断发展、新兴部门和传统部门相互更替的趋势，遵循产业结构演进的一般规律。从三次产业序列变动过程来看，第一产业占 GDP 比重不断下降，第二、第三产业逐步上升。1977 年，全省第二产业增加值所占比重由 1952 年的 22.8% 上升到 43.4%，首次超过第一产业，这标志着河南经济发展进入工业化加速发展阶段。1992 年第三产业增加值开始超过第一产业。尽管当前全省第三产业发展水平还比较低，但已形成加快发展的势头。在当前河南工业化进程中，产业结构正从二元结构演化为三元结构，即传统服务业。以一般重化工业为主的大工业、以高科技产业为代表的知识经济产业，符合配第—克拉克产业发展趋势。在产业技术结构变动中，加工工业份额与基础产业相比趋于增加，高加工度化趋势明显。一是呈现出加工工业化的过程，即以原材料、燃料工业为中心逐步转向以加工工业为中心。以农产品为原料的轻工业占全部轻工业的比重逐步下降，而以非农产品为原料的轻工业所占比重逐步上升。重工业内部，需求弹性小，加工层次低的采掘工业和原料工业比重不断有所下降，而需求弹性大、加工层次较高的制造业比重得到大幅度提高。二是整体产业在非农产业化的过程中，工业、农业生产的高科技特征比较明显，高新技术产品产值比重上升。

（2）产业结构的升级推动就业结构优化，城市化水平不断提高。在 GDP 结构转换的带动下，河南三次产业的就业结构逐步得到优化，通过对三个时期人均收入、GDP 结构、就业结构、城市化水平的对比分析，可以看出，改革开放以来，河南第一产业就业人数的绝对数量和占社会从业人员的比重都在不断下降，城镇人口占总人口比重在不断上升。目前河南产业结构、就业结构、城市化水平等主要指标，与人均收入水平所对应阶段的标准结构状况相比有较大差异。如制造业比例相对偏高，而服务业相对偏低，农业就业比例偏高，城市化水平偏低，但总趋势仍是按照产业结构演进模式，以第二、第三产业不断发展为轴心，就业结构中农业劳动者人数比重持续下降，并按一定速度推进城市化进程。

（3）产业结构调整与经济发展景气状况紧密相关，同时产业关联度深化与经济增长的相关性日益增强。按照产业结构分析研究的一般思路，从趋势、机理、现象上看，经济发展状况对产业结构调整是全方位的，特别是经济景气状况是促进和制约产业结构变动的首要前提。1989 年，河南经济状况受宏观政策环境的影响，出现了巨大幅度震荡，经济发展过程中的结构性矛盾呈现出十分尖锐的态势。1990 年以后，以产业结构调整为契机，河南经济又开始了新一轮的快速增长和工业化高潮。结构关联程度深化与经济增长同样表现出显著正相关。国内外经济发展实践表明，结构关联度深化较快地区倾向于有较快的经济增长速度。一般来说，传统产业容易确立先发性优势，但由于其关联程度不高或产业影响力不强，因此所能带动的产业链也不长。随着主导产业思维的形成，通过发展几个主导产业推进产业整体素质提高已成为工业化的潮流。研究表明，改革开放以来，随着经济的迅速发展，河南的经济不断优化，各产业部门间的技术经济联系越来越密切。据河南省投入产出调查资料测算，全省国民经济各产业部门总产出中，中间投入率 1992 年为 58%，1997 年为 61.5%，2002 年为 71.2%，2007 年为 63.8%，2012 年为 67.0%，2015 年仍高达 69.7%。中间投入率不断上升，表明河南产业部门的专业化程度和生产联系复杂程度不断提高，生产过程的再加工程度深化，各产业部门的关联变化也显得十分活跃。正是近年来河南产业结构关联程度的深化才引出河南两位数的经济调整增长态势。

（4）产业结构的高度化是通过工业化不均衡战略实现的，是通过积极推进比较优势较为明显的产业而实现的。产业结构变动是经济发展过程中资源在各个产业中优化配置的反映和结果。客观分析研究产业的基础状况是推进工业化战略的首要前提。产业均衡布局和均衡发展在资源由计划调配的时代是可行的。但经济发展的实践也证明，这较易导致资源效率低下。工业化的不均衡战略则立足于产业技术状况和产业发展基础，通过突出发展优势产业而获得发展优势。1978～1988 年河南打破"工业优先发展"和"重工业自我循环"的计划经济模式，根据消费需求和国民经济发展需要，结合当时河南经济的既有产业优势，确立"优先发展以消费品为主的加工业"的经济发展新思路，优先发展了轻纺工业。1979～1988 年，全省加工业年均增长 13.5%，高于重工业 1.1 个百分点。轻工业占工业总产值的比重上升了 2.4 个百分点。1990 年以来，产业主导地位开始出现变化，在传统产业继续保持一定发展优势情况下，机电、化工、轻纺、食品、建材等行业影响力不断提升，逐步成为支撑河南经济发展的五大支柱产业。尤其是 2002 年以来，得益于这一轮全国重工业化浪潮，河南加快推进"两个基地"建设，也进入了重工业快速发展阶段，煤炭、有色、钢铁等一批支柱行业迅速做大做强，在全国具有一定的影响力。

第三节　河南省产业结构的现状及对经济发展影响分析

一、河南省三次产业结构分析

1. 河南省三次产业结构变化趋势分析

随着河南省经济的快速发展，其产业结构也发生了巨大的变化，下面主要从三次产业的产出结构、就业结构以及产出结构与就业结构偏离程度三个方面来阐述河南省产业结构的变化趋势。

从三次产业产出结构看河南省产业结构变化。由表 1-8 可以看出，改革开放以来，河南省第一产业占 GDP 的比重保持稳步下降，由 1978 年的 39.8%下降到 2016 年的 10.6%。38 年来下降了近 30%，而第二、第三产业占 GDP 的比重除个别年份稍有反弹外，基本保持上涨的趋势。第二产业占 GDP 的比重由 1978 年的 42.6%上涨到 2016 年的 47.6%，第三产业占 GDP 的比重由 1978 年的 17.6%上涨到 2016 年的 41.8%。由此可见，河南省的产业结构已由改革开放时期的"二一三"结构调整到现在的"二三一"结构，产业结构的调整正朝着合理化的方向发展。与此同时，河南省的经济水平也得到了很大的提高，人均 GDP 由 1978 年的 232 元增加到 2016 年的 42575 元，增长了近 183 倍。这足以说明河南省产业结构的调整促进了地区经济的发展。但是第三产业比重仍然偏小，三次产业结构仍然有待调整和优化。

从三次产业劳动力就业状况看河南省产业结构。河南省 2016 年三次产业就业人数分别为 2583 万人、2056 万人和 2088 万人，与 2015 年相比第一产业吸纳劳动力数量减少 4 万人，第二、第三产业分别增加 14 万人和 81 万人。第一产业就业比重逐年下降，由 1978 年的 80.6%下降到 2016 年的 38.4%；第二、第三产业就业比重稳步上升，分别由 1978 年的 10.5%和 8.9%上涨到 2016 年的 30.6%和 31.0%，分别上升了 20.1%和 22.1%，并且第三产业上升速度略高于第二产业。总体来说，第三产业就业比重上升较快，已经成为吸纳劳动力的主要渠道，但目前吸纳劳动力的能力仍低于第一、第二产业。并且与全国三次产业就业状况相比，河南省第三产业从业人口占全省从业人口比重仍低于全国平均水平，河南省 2016 年第三产业就业比重仅相当于全国 2004 年第三产业就业比重水平。近几年差距虽有所缩小，但仍然在 12%左右变动，这再次说明河南省第三产业规模还不够大，社会效益不高。

从产业结构和就业结构的偏离程度——结构偏离度系数①来看河南省产业结构的变化。结构偏离度系数是用来度量产业结构与就业结构是否相适应的一种经济指标，其数值越接近零，说明产业结构与就业结构之间的关系越合理，否则，应继续调整就业结构和产业结构，使两者相协调。当结构偏离度系数值大于零时，说明该产业还有吸纳更多劳动力的能力，值越大说明该产业吸纳劳动力的能力越强，当其值小于零时，说明该产业吸纳劳动力过多，存在隐性失业。

从表 1-8 可以看出，自改革开放以来，随着产业结构和就业结构的不断调整，第二产业和第三产业的结构偏离度系数逐渐减小，这说明河南省第二、第三产业的产业结构正向合理化的方向发展，但是，第一产业的结构偏离度系数为负且与零的距离越来越远，这说明第一产业的产业结构与就业结构越来越不相符，第一产业中

---

① 结构偏离度系数=产业结构/就业结构-1。

存在大量的剩余劳动力，在过去的经济发展和产业结构调整中我们对第一产业的关注还不够。

表1-8　1978~2016年河南省结构偏离度系数

年份	各产业增加值占 GDP 比重(%)			各产业就业人员比重(%)			各产业结构偏离度系数		
	第一产业	第二产业	第三产业	第一产业	第二产业	第三产业	第一产业	第二产业	第三产业
1978	39.8	42.6	17.6	80.6	10.5	8.9	-0.51	3.06	0.98
1979	40.7	42.3	17.0	82.4	10.1	7.6	-0.51	3.19	1.24
1980	40.7	41.2	18.1	81.2	10.4	8.4	-0.50	2.96	1.15
1981	42.5	38.3	19.2	81.3	10.2	8.5	-0.48	2.75	1.26
1982	41.1	39.0	19.9	80.4	10.0	9.6	-0.49	2.90	1.07
1983	43.7	35.5	20.8	79.0	10.4	10.6	-0.45	2.41	0.96
1984	42.0	36.8	21.2	77.0	11.2	11.7	-0.45	2.29	0.81
1985	38.4	37.6	24.0	73.0	14.9	12.1	-0.47	1.52	0.98
1986	35.6	40.2	24.2	71.5	15.8	12.7	-0.50	1.54	0.91
1987	36.1	37.8	26.1	68.6	16.3	15.1	-0.47	1.32	0.73
1988	32.1	40.0	27.9	67.6	16.8	15.6	-0.53	1.38	0.79
1989	34.1	37.3	28.6	69.0	16.7	14.3	-0.51	1.23	1.00
1990	34.9	35.5	29.6	69.3	16.4	14.2	-0.50	1.16	1.08
1991	32.0	37.1	30.9	69.3	16.3	14.4	-0.54	1.28	1.15
1992	27.7	42.6	29.7	68.2	16.7	15.1	-0.59	1.55	0.97
1993	24.7	46.0	29.3	66.1	18.4	15.5	-0.63	1.50	0.89
1994	24.6	47.8	27.6	64.4	19.4	16.2	-0.62	1.46	0.70
1995	25.5	46.7	27.8	62.4	20.6	17.0	-0.59	1.27	0.64
1996	25.8	46.2	28.0	60.8	21.3	17.9	-0.58	1.17	0.56
1997	24.9	46.1	29.0	60.4	21.0	18.7	-0.59	1.20	0.55
1998	24.9	45.0	30.1	58.9	19.2	21.8	-0.58	1.34	0.38
1999	24.9	43.8	31.3	63.5	17.5	19.0	-0.61	1.50	0.65
2000	23.0	45.4	31.6	64.0	17.5	18.5	-0.64	1.59	0.71
2001	22.3	45.4	32.3	63.0	18.1	18.9	-0.65	1.51	0.71
2002	21.3	45.9	32.8	61.5	18.8	19.7	-0.65	1.44	0.66
2003	17.5	48.2	34.3	60.2	19.6	20.2	-0.71	1.46	0.70

年份	各产业增加值占 GDP 比重(%)			各产业就业人员比重(%)			各产业结构偏离度系数		
	第一产业	第二产业	第三产业	第一产业	第二产业	第三产业	第一产业	第二产业	第三产业
2004	19.2	49.0	31.8	58.1	20.4	21.5	-0.67	1.40	0.48
2005	17.3	51.9	30.8	55.4	22.1	22.5	-0.69	1.35	0.37
2006	15.1	53.9	31.0	53.3	23.6	23.0	-0.72	1.28	0.35
2007	14.4	54.4	31.2	50.6	25.8	23.7	-0.72	1.11	0.32
2008	14.4	56.0	29.6	48.8	26.8	24.4	-0.70	1.09	0.21
2009	13.8	55.2	31.0	46.5	28.2	25.4	-0.70	0.96	0.22
2010	13.7	55.7	30.6	44.9	29.0	26.1	-0.69	0.92	0.17
2011	12.7	55.3	32.0	43.1	29.9	27.0	-0.71	0.85	0.19
2012	12.4	53.9	33.7	41.8	30.5	27.7	-0.70	0.77	0.22
2013	12.2	52.3	35.5	40.1	31.9	28.0	-0.70	0.64	0.27
2014	11.8	51.3	36.9	40.7	30.6	28.7	-0.71	0.68	0.29
2015	11.3	48.7	40.0	39.0	30.8	30.2	-0.71	0.58	0.32
2016	10.6	47.6	41.8	38.4	30.6	31.0	-0.72	0.56	0.35

资料来源:《2017 年河南统计年鉴》。

由上述分析我们可以看出,河南省的产业结构随着时间的变化虽然向着合理化、高级化的方向发展,但是,到目前为止河南省的产业结构水平还不高,并存在一定的问题。在今后经济发展和产业结构的调整中要注意全面发展、协调发展,科学调整三次产业之间的结构关系,协调发展地区经济。

2. **河南省产业结构对经济发展影响分析**

为了更好地了解河南省产业结构对经济发展的影响,本书拟借助投入产出表,利用投入产出技术来分析河南省产业结构对经济发展的影响。为了更好、更系统地分析和了解各产业以及产业结构对经济发展的影响,我们拟从三次产业结构、国民经济各部门以及第三产业三个方面进行分析。

(1) 三次产业对经济发展影响分析。为了分析三次产业对经济发展的影响,我们首先将河南省统计局提供的 2007 年与 2012 年 42 个部门投入产出表进行合并得到 3×3 的三次产业投入产出表,以此来分析河南省各产业的投入产出情况以及对经济发展的影响。通过对 42 个部门投入产出表的整理,我们可以得到河南省 3×3 部门投入产出表 (见表 1-9 和表 1-10)。

表 1-9　2007 年河南省 3×3 部门投入产出　　　　　　单位：亿元

	I	II	III	最终消费	资本形成	销往省外	省外购进	总产出
I	649.5	1756.5	710.0	726.1	482.2	333.6	156.3	3862.5
II	905.6	15807.3	16401.0	2300.4	7771.4	8144.5	8012.0	28557.6
III	89.8	2710.9	15454.0	3804.8	112.8	112.6	607.7	7768.6
劳动者报酬	2117.1	1887.9	19735.0					
生产税净额	35.0	1672.3	6581.0					
固定资产折旧	65.5	569.9	7303.0					
营业盈余	0	4152.6	11501.0					
总投入	3862.5	28557.6	7768.6					

表 1-10　2012 年河南省 3×3 部门投入产出　　　　　　单位：亿元

	I	II	III	最终消费	资本形成	销往省外	省外购进	总产出
I	1286	4016	111	905	66	1177	520	6679
II	1409	39387	3081	4627	19988	19346	21791	67248
III	215	7174	3395	7806	2006	2571	6583	15745
劳动者报酬	3671	5750	5084					
生产税净额	9	2752	990					
固定资产折旧	89	1905	1430					
营业盈余	0	6263	1654					
总投入	6679	67248	15745					

　　为了解三次产业之间的经济技术联系，根据表 1-9 和表 1-10 计算直接消耗系数、感应度系数和影响力系数（见表 1-11）。从表 1-11 可以看出，2007 年第三产业的直接消耗系数是 0.4192，小于第一、第二产业的直接消耗系数，感应度系数大于第一产业而小于第二产业，影响力系数是三次产业中最小的，这说明虽然河南省第三产业的发展对经济发展起到了积极的促进作用，但是它与第一、第二产业之间的经济联系较小，第三产业的发展具有一定的独立性。由 2007 年的直接消耗系数还可以看出，第三产业、第一产业对第二产业的依赖程度较大，第二产业的感应度系数和影响力系数均大于 1，这再次说明：一方面河南省第二产业的发展对其他产业的发展具有较强的带动作用；另一方面其他产业的发展对第二产业的依赖度也比较大，第二产业是经济发展的基础行业。

　　2012 年第三产业的直接消耗系数是 0.4183，小于第一、第二产业的直接消耗系数，感应度系数大于第一产业而小于第二产业，影响力系数是三次产业中最小的，这说明虽然河南省第三产业的发展对经济发展起到了积极的促进作用，但是它与第一、第二产业之间的经济联系较小，第三产业的发展具有一定的独立性。由 2012 年的直接消耗系数还可以看出，第三产业、第一产业对第二产业的依赖程度较大，第二产业的感应度系数和影响力系数均大于 1，这再次说明：一方面河南省第二产业的发展对其他产业的发展具有较强的带动作用；另一方面其他产业的发展对第二产业的依赖度也比较大，第二产业是经济发展的基础行业。

与 2007 年相比，2012 年第三产业的直接消耗系数和影响力系数稍微降低，感应度系数稍微升高，这意味着第三产业对其他产业的拉动作用相对降低，但是其他产业的发展对第三产业的发展的拉动作用相对增强。

表 1-11　2007 年和 2012 年河南省 3×3 部门直接消耗系数表和相关系数

	2007 年			2012 年		
	第一产业	第二产业	第三产业	第一产业	第二产业	第三产业
第一产业	0.1681	0.0615	0.0091	0.1925	0.0597	0.0070
第二产业	0.2345	0.5535	0.2111	0.2109	0.5857	0.1957
第三产业	0.0232	0.0949	0.1989	0.0322	0.1067	0.2156
合计	0.4258	0.7100	0.4192	0.4356	0.7521	0.4183
感应度系数	0.6350	1.6270	0.7380	0.6185	1.6285	0.7529
影响力系数	0.8840	1.2510	0.8660	0.8640	1.2983	0.8377
中间投入总产出率	2.3483	1.4085	2.3855	2.2956	1.3296	2.3905

为了进一步分析第一、第二产业对第三产业的依赖程度，我们可以计算中间投入比重系数（见表 1-12），通过计算发现，2007 年河南省第二个产业的投入比重是最大的，远远高于第一、第三产业的投入比重，这主要与河南省的经济政策有关。

2012 年河南省第二产业的投入比重系数在三次产业中是最大的，并且远远大于第一、第三产业的投入比重系数；另外，从第二、第三产业之间的投入比重系数可以看出第二、第三产业之间有着紧密的联系，但是两者之间的投入比重系数和第二产业内部投入比重系数之间相去甚远，这说明当前河南省第二产业的发展对第三产业的发展没有起到很好的拉动作用。以上分析说明河南省各产业之间具有一定的独立性，目前河南省的主导产业仍然是第二产业。

与 2007 年相比，2012 年河南省第二产业的中间投入比重系数增大了，说明第二产业为社会生产提供了更多的中间产品或服务，对经济发展的促进作用更大了。

表 1-12 2007 年和 2012 年河南省 3×3 部门中间投入比重系数

	2007 年				2012 年			
	第一产业	第二产业	第三产业	合计	第一产业	第二产业	第三产业	合计
第一产业	0.0258	0.0698	0.0028	0.0984	0.0214	0.0668	0.0018	0.0901
第二产业	0.0360	0.6279	0.0651	0.7290	0.0234	0.6557	0.0513	0.7304
第三产业	0.0036	0.1077	0.0614	0.1726	0.0036	0.1194	0.0565	0.1795
合计	0.0653	0.8053	0.1293	1.0000	0.0484	0.8419	0.1096	1.0000

（2）国民经济各部门对经济发展影响分析。以上重点考察了河南省三次产业在经济发展中的地位和作用，下面将具体讨论 42 个部门在国民经济中的地位和作用。

影响力系数的大小可以反映国民经济某一部门增加一单位的最终使用时，对其他各部门所产生的生产需求波动程度，其值越大对其他部门的需求拉动作用就越大；感应度系数的大小反映了国民经济各部门对该部门发展的依赖程度，若一个部门的感应度系数大于 1，说明该部门为满足社会其他部门生产需要而提供的产出要高于别的部门，也高于社会平均水平。由此可见感应度系数大于 1 的部门的发展状况将会直接影响到一个地区或国家经济能否协调发展。

根据 2007 年和 2012 年 42 个部门的投入产出表可以算得 42 个部门的感应度系数和影响力系数（见表 1-13），由表 1-13 可以看到在 2007 年的国民经济生产的 42 个部门中影响力系数和感应度系数都大于 1 的部门有 12 个，它们分别是化学工业，食品制造及烟草加工业，非金属矿物制品业，煤炭开采和洗选业，电力、热力的生产和供应业，金属冶炼及压延加工业，纺织业，金属采矿业，造纸印刷及文教体育用品制造业，石油加工、炼焦及核燃料加工业，木材加工及家具制造业，金属制品业。但它们都属于第二产业，这些部门的感应度系数和影响力系数表明它们一方面是社会经济其他部门发展所高度依赖的部门，另一方面，它们的发展对其他部门发展的促进作用和辐射作用也比较大。这些部门的发展能促进河南经济的快速发展，是河南省的支柱产业部门，是制定产业政策时应该给予重点考虑的部门。在第三产业中，除了交通运输及仓储业、批发和零售业、住宿和餐饮业三个传统服务业部门的感应度系数大于 1 外，其他部门均低于社会平均水平，但是值得注意的是金融业，房地产业，居民服务和其他服务业，信息传输、计算机服务和软件业分别排在第四位至第七位，这表明这些行业在现代经济发展中发挥着越来越重要的作用；影响力系数大于 1 的部门仅有卫生、社会保障和社会福利业，综合技术服务业。其他部门的影响力系数均小于 1。

在 2012 年国民经济生产的 42 个部门中影响力系数和感应度系数都大于 1 的部门

有 9 个，它们分别是金属矿采选产品，食品和烟草，造纸印刷和文教体育用品，石油、炼焦产品和核燃料加工品，化学产品，非金属矿物制品，金属冶炼和压延加工品，通信设备、计算机和其他电子设备，电力、热力的生产和供应。但它们都属于第二产业，这些部门的感应度系数和影响力系数表明它们一方面是社会经济其他部门发展所高度依赖的部门，另一方面，它们的发展对其他部门发展的促进作用和辐射作用也比较大。这些部门的发展能促进河南经济的快速发展，是河南省的支柱产业部门，是制定产业政策时应该给予重点考虑的部门。在第三产业中，除了批发和零售，交通运输、仓储和邮政，住宿和餐饮，金融四个部门的感应度系数大于 1 外，其他部门均低于社会平均水平，但是值得注意的是租赁和商务服务，信息传输、软件和信息技术服务，房地产，教育分别排在第五位至第八位，这表明这些行业在现代经济发展中发挥着越来越重要的作用；所有部门的影响力系数均小于 1，这表明第三产业的发展对其他产业的带动作用不大。

　　与 2007 年相比，2012 年的国民经济生产的 42 个部门中影响力系数和感应度系数都大于 1 的部门数目降低，但这些部门仍然都属于第二产业，说明第二产业对经济发展的影响相对减弱，第二产业目前仍然是河南省的主导产业。在第三产业中感应度系数大于 1 的部门增加，而且现代服务业的部门的感应度系数相比之前也有所增加，说明现代服务业在经济发展中发挥着越来越重要的作用。然而，第三产业的影响系数全部减少到小于 1，说明第三产业对其他产业的需求拉动作用越来越小。

表 1-13　2007 年和 2012 年河南省 42 个部门影响力系数和感应度系数

部门	2007 年		2012 年	
	影响力系数	感应度系数	影响力系数	感应度系数
F_1	0.8126	2.2477	0.7506	1.8095
F_2	1.0549	2.1718	0.9050	2.1787
F_3	0.9392	0.9001	0.8692	0.9246
F_4	1.0256	1.2415	1.2614	1.4855
F_5	1.1125	0.8545	0.9392	0.7817
F_6	1.0771	2.6055	1.0235	1.4477
F_7	1.1022	1.2935	1.0108	0.9228
F_8	1.1207	0.7073	1.0728	0.6535
F_9	1.0896	1.0955	1.0710	0.7800
F_{10}	1.1236	1.2039	1.1813	1.3601
F_{11}	1.1103	1.1859	1.1946	1.3450

部门	2007 年		2012 年	
	影响力系数	感应度系数	影响力系数	感应度系数
F_{12}	1.2139	2.9037	1.1953	3.1213
F_{13}	1.1750	2.1984	1.0934	1.7483
F_{14}	1.2483	1.7269	1.3054	2.7126
F_{15}	1.2753	1.0643	1.1419	0.8694
F_{16}	1.2347	0.4766	1.2044	0.9044
F_{17}	1.2135	0.4178	1.2105	0.7491
F_{18}	1.1980	0.5973	1.2616	0.5734
F_{19}	1.1471	0.6352	1.1703	0.8227
F_{20}	1.1759	0.4984	1.2047	1.0003
F_{21}	1.1879	0.5650	1.1483	0.4546
F_{22}	1.0690	0.5151	0.9243	0.4405
F_{23}	1.1395	2.0044	1.3741	0.6485
F_{24}	1.2111	0.5533	1.3892	0.7397
F_{25}	1.0088	0.3955	1.1556	1.8514
F_{26}	1.1161	0.3962	1.2938	0.5274
F_{27}	0.8486	2.1491	1.1561	0.4276
F_{28}	0.7248	0.4414	1.1316	0.4604
F_{29}	0.6527	0.5051	0.4592	1.9755
F_{30}	0.6604	1.7099	0.9412	1.5956
F_{31}	0.9201	1.3609	0.8812	1.1068
F_{32}	0.4801	0.7045	0.7138	0.5275
F_{33}	0.6145	0.6394	0.7868	1.0893
F_{34}	0.8798	0.48034	0.4873	0.5259
F_{35}	0.8595	0.4267	0.7419	0.5824
F_{36}	1.0088	0.4876	0.9038	0.4292
F_{37}	0.7772	0.3946	0.6288	0.3704
F_{38}	0.9430	0.6119	0.6681	0.4375
F_{39}	0.7991	0.3947	0.6055	0.4498

部门	2007 年		2012 年	
	影响力系数	感应度系数	影响力系数	感应度系数
F_{40}	1.0423	0.3947	0.9372	0.3534
F_{41}	0.7917	0.4494	0.8112	0.4394
F_{42}	0.8150	0.3947	0.7940	0.3767

注：表中 F_j 下标 j 的序号与 2007 年和 2012 年河南省 42 个产品部门代码相同，由 2007 年与 2012 年河南省 42 个部门投入产出表整理。

（3）第三产业对经济发展的影响分析。为了更好地了解第三产业在国民经济发展中的地位和作用，下面就第三产业在 2007 年和 2012 年对经济发展的影响进行量化对比分析。这里主要考察第三产业的中间使用、中间投入及最终使用情况。

从表 1-14 可以看出，在三次产业中，2007 年第三产业中间使用处于中间水平，数值为 5147.27 亿元，占全产业的比重为 19.43%，为排名第 1 的第二产业的 27.71%；2012 年第三产业中间使用仍然处于中间水平，数值为 10784.10 亿元，占全产业的比重为 17.95%，为排名第 1 的第二产业的 24.58%；2012 年第三产业中间使用比 2007 年增加了 109.51 亿元，比重减少了 1.48 个百分点，在三次产业中的增速是最慢的。这说明第三产业在中间使用方面发展较为缓慢。

表 1-14　2007 年和 2012 年河南省三次产业中间使用情况

	2007 年		2012 年		增速（%）	
	中间使用（亿元）	比重（%）	中间使用（亿元）	比重（%）	中间使用	比重
第一产业	2125.47	8.02	5412.20	9.01	154.64	0.99
第二产业	18574.63	70.13	43876.33	73.04	136.22	2.91
第三产业	5147.27	19.43	10784.10	17.95	109.51	-1.48
全产业	26486.64	100.00	60072.63	100.00	126.80	0.00

从表 1-15 可知，在三次产业中，2007 年第三产业中间投入是 4001.86 亿元，占全产业的比重为 15.11%，处于中间水平，但与第二产业差距过大，仅为第二产业的 19.2%；2012 年第三产业中间投入是 6586.53 亿元，占全产业的比重为 10.96%，处于中间水平，与第二产业差距更大，仅为第二产业的 13.02%；2012 年第三产业中间投入比 2007 年增加了 64.59%，比重减少了 4.15 个百分点，均是三次产业增速最慢的。

表 1-15　2007 年和 2012 年河南省三次产业中间投入情况

	2007 年		2012 年		增速（%）	
	中间投入（亿元）	比重（%）	中间投入（亿元）	比重（%）	中间投入	比重
第一产业	1644.84	6.21	2909.50	4.84	76.89	-1.37
第二产业	20839.94	78.68	50576.60	84.19	142.69	5.51
第三产业	4001.86	15.11	6586.53	10.96	64.59	-4.15
全产业	26486.64	100.00	60072.63	100.00	126.80	0.00

从表 1-16 可知，在三次产业中，2007 年第三产业中间需求率和中间投入率都处于中等水平，说明第三产业与其他产业之间的互相依赖性不大也不小，居于中等程度；2012 年中间需求率处于中等水平，中间投入率最小，说明第三产业与其他产业之间的互相依赖性不大。而且与 2007 年相比，2012 年第三产业的中间需求率升高、中间投入率降低，说明其他产业对第三产业的中间需求变大，即其他产业对第三产业的依赖性升高，这可能是因为其他产业为了实现快速发展而增大了对第三产业的需求；第三产业从其他产业购进原材料作为中间投入在总投入中所占比重降低，对其他产业的依赖性变小，产业附加值变小，说明第三产业由于经济水平的提高而降低了从其他产业获得的中间投入。

表 1-16　2007 年和 2012 年河南省三次产业中间需求率和中间投入率情况

单位：%

部门	2007 年		2012 年	
	中间需求率	中间投入率	中间需求率	中间投入率
第一产业	55.03	42.58	81.03	43.56
第二产业	63.78	71.56	65.25	75.21
第三产业	60.46	47.00	68.49	41.83

从表 1-17 可知，在三次产业中，2007 年第三产业最终使用处于中间水平，数值为 4195.98 亿元，占全产业最终的比重为 17.64%，但与排名第 1 的第二产业差距有些大，为第二产业的 22.87%；2012 年第三产业最终使用处于中间水平，数值为 12383.78 亿元，占全产业最终的比重为 21.17%，为第二产业的 28.17%；2012 年第三产业最终使用比 2007 年增加了 195.13%，比重增加了 3.53 个百分点，增速在三次产业中是最快的。

表 1-17 2007 年和 2012 年河南省三部门最终使用情况

	2007 年		2012 年		增速（%）	
	最终使用（亿元）	比重（%）	最终使用（亿元）	比重（%）	最终使用	比重
第一产业	1244.01	5.23	2148.57	3.67	72.71	-1.56
第二产业	18348.44	77.13	43960.75	75.16	139.59	-1.97
第三产业	4195.98	17.64	12383.78	21.17	195.13	3.53
全产业	23788.43	100.00	58493.10	100.00	145.89	0.00

从 2007 年和 2012 年河南省三部门的中间使用、中间投入、最终使用可以得出，第三产业的中间使用和中间投入增长速度最慢，最终使用增长速度最快。但是在制定政策时如果只考虑定量分析结果势必进一步加剧河南省现有的"二三一"型产业结构，这样不仅会导致河南省产业结构与国内国际的偏差进一步加大，还违背了当前河南省促进经济和谐稳定发展的方针。经济发展并非是单纯的总量提高，应该在经济总量提高的同时促进产业结构的优化和升级。因此我们应该更多地关注三次产业的协调发展。

二、河南省各地市产业结构分析

为了更好地了解河南省产业结构现状，我们不仅要从纵向上来看产业结构的变化，还要从横向来了解河南省各地市之间的产业结构差异，为制定产业结构调整方案、促进地区经济协调发展提供更全面、更科学的理论依据。

1. 各地市产业结构效益指数比较分析

产业结构效益指数是测度产业结构效益的一种方法。它的计算公式是：

$$P = 100 / \left[\sum_{i=1}^{3} |L_i - C_i| \right] \tag{1-1}$$

式中，L 为第 i 次产业的劳动力比重，C 为第 i 次产业的产值比重。

由式（1-1）可知，产业结构效益指数反映了地区的产业结构与就业结构的适应状况，劳动力结构与产业结构越不对称，两者偏离度越高，产业结构效益就越低。即 P 越小，产业结构效益越差。

由式（1-1）可算得 2011 年和 2016 年河南省各地市产业结构效益指数（见表 1-18 和表 1-19）。由表 1-18 中的计算结果可以看出，河南省各地市之间的产业结构效益存在很大的差距，全省结构效益的平均值为 1.66，大于全省平均水平的地市有郑州、开封、安阳、新乡、南阳、信阳、周口、商丘和驻马店九个地市。然而，从表 1-18 还可以看出，导致这些地市的产业结构收益大于全省平均水平的原因也不相同，如效益最高的信阳，其第一产业、第二产业的 GDP 比重与劳动力比重的离差在全省都是最小的，并且第三产业 GDP 比重与劳动力比重的离差也相对较小，而开封市虽然其第三产业 GDP 比重与劳动力比重的离差是全省最大的，但第二产业劳动力比重与 GDP 比重相差较小。产业结构效益低于河南省全省平均水平的地市有九个，并且在这些地市中结构效益最差的是济源市，其值仅为 1.12。这里的原因是显而易见的，第一产业 GDP 比重仅占 4.92%，但是劳动力比重却占 34.9%，第二产业的 GDP 比重为 74.49%，而劳动力比重为 29.86%，其产出结构与就业结构相差过大是导致产业结构效益下降的直接原因。由此可见，河南省各地市产业结构存在很大差别，产业结构和就业结构之间的适应性差别也很大，且适应性较差。

表 1-18   2011 年河南省各地市产业结构效益指数

地区	第一产业		第二产业		第三产业		效益指数
	劳动力比(%)	GDP 比(%)	劳动力比(%)	GDP 比(%)	劳动力比(%)	GDP 比(%)	
郑州	20.40	2.64	36.07	57.72	43.50	39.64	2.31
开封	48.50	22.15	27.25	43.85	24.23	34.00	1.90
洛阳	36.30	7.54	30.61	61.29	33.05	31.17	1.63
平顶山	45.80	9.14	28.45	65.59	25.79	25.28	1.35
安阳	41.00	11.79	34.74	58.75	24.29	29.47	1.71
鹤壁	35.30	11.18	36.42	70.74	28.30	18.08	1.46
新乡	38.70	12.58	35.86	59.13	25.41	28.29	1.91
焦作	35.80	7.91	35.19	68.89	29.01	23.20	1.48
濮阳	36.60	14.32	31.83	65.00	31.58	20.68	1.51
许昌	38.00	10.81	35.35	67.87	26.70	21.32	1.54
漯河	43.00	12.63	33.83	69.14	23.12	18.23	1.42
三门峡	47.10	7.88	24.48	68.81	28.42	23.31	1.13
南阳	48.80	18.88	26.82	52.98	24.35	28.13	1.67
商丘	45.20	24.23	30.73	47.61	24.06	28.16	2.38
信阳	43.90	26.24	25.55	41.63	30.57	32.12	2.83
周口	48.30	27.70	27.31	46.45	24.39	25.85	2.43
驻马店	49.10	27.31	26.01	42.59	24.93	30.10	2.30
济源	34.90	4.92	29.86	74.49	35.24	20.59	1.12
全省	43.10	13.00	29.90	57.30	27.00	29.70	1.66

由表 1-18 中的计算结果可以看出，河南省各地市之间的产业结构效益存在很大的差距，全省结构效益的平均值为 1.80，大于全省平均水平的地市有郑州、开封、洛阳、安阳、鹤壁、新乡、焦作、商丘、信阳、周口和驻马店 11 个地市。然而，从表 1-19 还可以看出，导致这些地市的产业结构收益大于全省平均水平的原因也不相同，如效益最高的郑州，其第一产业的 GDP 比重与劳动力比重的离差在全省是最小

的,并且第二产业、第三产业 GDP 比重与劳动力比重的离差也都相对较小,而开封市虽然其第三产业 GDP 比重与劳动力比重的离差是全省最大的,但第二产业劳动力比重与 GDP 比重相差较小。产业结构效益低于全省平均水平的地市有七个,并且在这些地市中结构效益最差的是平顶山市,其值仅为 1.34。这里的原因是显而易见的,第一产业 GDP 比重仅占 9.68%,但是劳动力比重却占 47.1%,第二产业的 GDP 比重为 49.04%,而劳动力比重为 25.5%,其产出结构与就业结构相差过大是导致产业结构效益下降的直接原因。由此可见,河南省各地市产业结构存在很大差别,产业结构和就业结构之间的适应性差别也很大,且适应性较差。

表 1-19 2016 年河南省各地市产业结构效益指数

地区	第一产业		第二产业		第三产业		效益指数
	劳动力比(%)	GDP 比(%)	劳动力比(%)	GDP 比(%)	劳动力比(%)	GDP 比(%)	
郑州	15.90	1.93	35.30	46.79	48.80	51.28	4.34
开封	40.60	16.39	31.30	40.62	28.20	42.99	2.07
洛阳	33.60	6.13	30.80	46.89	35.60	46.98	1.82
平顶山	47.10	9.68	25.50	49.04	27.50	41.28	1.34
安阳	34.40	10.47	37.30	47.84	28.30	41.70	2.09
鹤壁	26.90	8.03	37.70	65.21	35.40	26.76	1.82
新乡	33.30	10.29	37.70	49.56	29.00	40.15	2.17
焦作	30.30	6.39	39.70	59.28	30.10	34.33	2.09
濮阳	39.30	11.17	32.90	54.76	27.80	34.07	1.78
许昌	40.90	6.83	30.90	58.82	28.20	34.35	1.47
漯河	42.70	10.52	32.40	62.35	24.90	27.12	1.55
三门峡	45.30	9.31	21.40	56.49	33.20	34.20	1.43
南阳	46.00	16.55	26.40	43.80	27.70	39.65	1.70
商丘	38.70	19.42	30.60	41.42	30.70	39.17	2.59
信阳	43.60	21.89	24.80	39.55	31.70	38.56	2.31
周口	44.40	20.21	29.60	45.95	26.00	33.84	2.07
驻马店	39.30	20.93	31.30	39.23	29.30	39.85	2.72
济源	31.90	4.32	37.10	64.97	31.00	30.71	1.79
全省	38.40	10.60	30.60	47.60	31.00	41.80	1.80

与 2011 年相比,2016 年河南省结构效益的平均值增加了 0.14,大于全省平均水平的地市也增多了两个,说明河南省的产业结构效益越来越好。但是,各地市产业结构仍存在较大差别,产业结构和就业结构之间的适应性差别很大及适应性较差的局面没有改变。

2. 各地市产业结构对经济发展影响分析

偏离—份额分析法是把区域经济的变化看作一个动态的过程。将其所在上一级区域或整个国家的经济发展作为参照体系，将区域经济总量在某一时期的总变动 G_{ij} 分解为地区增长分量 N_{ij}、产业结构分量 P_{ij} 和竞争力分量 D_{ij}，即 $G_{ij}=N_{ij}+P_{ij}+D_{ij}$。其中：

$$N_{ij}=F_{ij}(t_0)\left[\frac{F(t)}{F(t_0)}-1\right] \tag{1-2}$$

$$P_{ij}=F_{ij}(t_0)\left[\frac{F_i(t)}{F_i(t_0)}-\frac{F(t)}{F(t_0)}\right] \tag{1-3}$$

$$D_{ij}=F_{ij}(t_0)\left[\frac{F_{ij}(t)}{F_{ij}(t_0)}-\frac{F_i(t)}{F_i(t_0)}\right] \tag{1-4}$$

式中，$T=t_0$ 为基期，$T=t$ 为报告期，$F_i(T)$ 表示 T 时期全区域第 i 产业经济活动水平，则 $F_i(T)=\sum_{j=1}^{m}F_{ij}(T)$，其中，$F_{ij}(T)$ 为 T 时期 j 区域 i 产业的经济活动水平。用 $F(T)$ 表示 T 时期全区域所有产业经济活动水平之和，则 $F(T)=\sum_{i=1}^{3}F_i(T)$。

本章首先选取 2007 年河南省各地市三次产业增加值为基期，2011 年河南省各地市三次产业增加值为报告期，将相应的数据分别代入上述计算公式，得出各地区的偏离份额（见表1-20和表1-21）。然后选取 2012 年河南省各地市三次产业增加值为基期，2016 年河南省各地市三次产业增加值为报告期，将相应的数据分别代入上述计算公式，得到各地区的偏离份额（见表1-22和表1-23）。

表1-20　2007~2011 年河南省各地市偏离份额分析结果

地区	总增长		全省分量		产业结构		竞争力	
	增量(亿元)	增率(%)	增量(亿元)	增率(%)	增量(亿元)	增率(%)	增量(亿元)	增率(%)
郑州	2493.05	100.25	1974.52	79.40	48.90	1.97	469.63	18.88
开封	517.02	93.09	440.99	79.40	16.07	2.89	92.10	16.58
洛阳	1107.46	69.42	1266.67	79.40	25.58	1.60	184.79	11.58
平顶山	663.51	80.80	651.95	79.39	13.39	1.63	-1.83	-0.22
安阳	678.71	84.02	641.47	79.41	5.37	0.66	31.86	3.94
鹤壁	226.12	82.40	217.87	79.40	2.78	1.01	5.47	1.99
新乡	709.71	91.02	619.08	79.40	-0.28	0.04	90.91	11.66
焦作	586.62	68.53	679.66	79.40	19.13	2.23	112.17	13.10
濮阳	371.24	70.57	417.72	79.40	5.96	1.13	-52.44	-9.97
许昌	733.44	85.74	679.11	79.39	9.96	1.16	44.37	5.19
漯河	314.60	71.99	347.06	79.42	5.79	1.32	-38.24	-8.75

地区	总增长		全省分量		产业结构		竞争力	
	增量(亿元)	增率(%)	增量(亿元)	增率(%)	增量(亿元)	增率(%)	增量(亿元)	增率(%)
三门峡	512.05	98.77	411.61	79.40	11.67	2.25	88.77	17.12
南阳	826.01	60.02	1092.78	79.40	-22.37	-1.63	-244.40	-17.76
商丘	542.57	70.86	608.05	79.41	-29.86	-3.90	-35.61	-4.65
信阳	558.58	79.91	555.09	79.41	23.94	3.42	27.43	3.92
周口	608.89	76.25	634.09	79.41	32.46	4.07	7.26	0.91
驻马店	577.27	86.48	530.00	79.40	26.51	3.97	73.79	11.05
济源	149.66	66.90	177.62	79.40	7.35	3.29	-35.30	15.78

由表 1-20 的计算结果可以看出，产业结构和竞争力都具有优势的地区有郑州、安阳、鹤壁、许昌和三门峡五个地市。2007~2011 年这五个地市经济的发展均得益于它们的产业结构因素和竞争力因素。并且在这五个地市中，郑州在这两方面的优势最为突出，其中产业结构优势带来的增长量为 48.9 亿元，贡献率为 1.97%，地区竞争力优势带来的增长量为 469.63 亿元，贡献率为 18.88%。另外，由表 1-21 还可以看出郑州市三次产业的产业结构因素与竞争力因素对经济发展的贡献也各不相同，第二产业的产业结构推动效应最为明显，它所带来的经济增长量为 90.71 亿元，而第一、第三产业的产业结构对经济推动效应处于劣势，分别使经济损失 16.67 亿元和 25.13 亿元。而三次产业的竞争力因素对经济的发展均有贡献，它们所带来的经济增长量分别为 5.89 亿元、425.12 亿元和 38.62 亿元。

产业结构和竞争力都不具有优势的地区有南阳和商丘。其中南阳因产业结构优势带来的增长量为 -22.37 亿元，贡献率为 -1.63%，地区竞争力优势带来的增长量为 -244.4 亿元，贡献率为 -17.76%；商丘因产业结构优势带来的增长量为 -29.86 亿元，贡献率为 -3.9%，地区竞争力优势带来的增长量为 -35.61 亿元，贡献率为 -4.65%。表 1-21 结果显示，两地市三次产业的产业结构因素与竞争力因素对经济发展的贡献也各不相同，除了第二产业的产业机构对经济的推动效应较为明显，第一、第三产业的产业结构对经济推动效应处于劣势，分别使经济损失 63.42 亿元和 47.04 亿元。而三次产业的竞争力因素对经济的发展贡献也甚微，南阳的三次产业竞争力因素对经济发展都是负面影响。相比较而言，商丘市二次产业对经济还略有贡献，但第一、第三产业推动作用明显劣势，分别使经济损失 37.81 亿元和 20.50 亿元。

总的来说，这两个地区无论是产业结构，还是地区竞争力都不利于它们的经济发展。它们的共同点是第一产业和第三产业都不具有结构优势和竞争力优势，唯有第二产业具有产业结构优势。

表1-21 2007~2011年河南省各地市三次产业偏离份额明细

单位：亿元

地区	第一产业			第二产业			第三产业		
	地区增长	产业结构	竞争力	地区增长	产业结构	竞争力	地区增长	产业结构	竞争力
郑州	63.04	-16.67	5.89	1043.79	90.71	425.12	867.68	-25.13	38.62
开封	107.75	-28.50	22.59	190.56	16.56	23.15	142.68	-4.13	46.36
洛阳	114.42	-30.26	-24.41	770.02	66.92	-150.21	382.23	-11.07	-10.17
平顶山	64.00	-16.93	7.96	408.67	35.51	14.82	179.29	-5.19	-24.62
安阳	88.85	-23.50	-2.03	387.31	33.66	-35.44	165.31	-4.79	69.33
鹤壁	28.90	-7.64	-1.71	137.20	11.92	32.14	51.77	-1.50	-24.97
新乡	87.90	-23.25	12.05	331.02	28.77	103.96	200.17	-5.80	-25.11
焦作	54.79	-14.49	4.87	446.39	38.79	-53.54	178.49	-5.17	-63.50
濮阳	57.17	-15.12	14.44	272.10	23.65	-55.20	88.45	-2.56	-11.69
许昌	88.29	-23.35	-4.43	435.19	37.82	57.14	155.62	-4.51	-8.33
漯河市	47.16	-12.47	0.82	232.56	20.21	-25.95	67.33	-1.95	-13.11
三门峡	33.43	-8.84	14.54	271.55	23.60	71.89	106.63	-3.09	2.34
南阳	239.79	-63.42	-62.47	567.55	49.32	-164.87	285.44	-8.27	-17.06
商丘	177.86	-47.04	-37.81	255.83	22.23	22.70	174.36	-5.05	-20.50
信阳	143.56	-37.97	43.66	223.99	19.46	-1.94	187.54	-5.43	-14.28
周口	192.55	-50.93	5.71	269.72	23.44	20.94	171.82	-4.98	-19.39
驻马店	153.80	-40.68	33.13	216.29	18.80	22.70	159.91	-4.63	17.96
济源	9.45	-2.50	-0.49	127.04	11.04	-19.97	41.13	-1.19	-14.85

从表 1-22 可以看出，产业结构和竞争力都具有优势的地区有郑州、开封、洛阳和信阳四个地市。2012～2016 年这四个地市经济的发展均得益于它们的产业结构因素和竞争力因素。并且在这四个地市中，郑州在这两方面的优势最为突出，其中产业结构优势带来的增长量为 395.62 亿元，贡献率为 7.13%，地区竞争力优势带来的增长量为 130.01 亿元，贡献率为 2.34%。另外，由表 1-23 还可以看出郑州市三次产业的产业结构因素与竞争力因素对经济发展的贡献也各不相同，第三产业的产业结构推动效应最为明显，它所带来的经济增长量为 1089.95 亿元，而第一、第二产业的产业结构对经济推动效应处于劣势，分别使经济损失 32.79 亿元和 661.54 亿元。而第二产业的竞争力推动效应最为明显，它所带来的经济增长量为 174.76 亿元，第一、第三产业的产业结构对经济推动效应处于劣势，分别使经济损失 5.56 亿元和 39.18 亿元。

产业结构不具有优势的地区有 14 个地市，其中最不具有优势的地区是许昌市，因产业结构优势带来的增长量为 -97.77 亿元，贡献率为 -5.70%，其次是濮阳市，因产业结构优势带来的增长量为 -68.42 亿元，贡献率为 -6.91%。另外由表 1-23 可以看出两地市三次产业的产业结构因素对经济发展的贡献也各不相同，第三产业的产业结构推动效应最为明显，它所带来的经济增长量分别为 186.05 亿元和 99.39 亿元，而第一、第二产业的产业结构对经济推动效应处于劣势，分别使经济损失 -40.94 亿元、-242.87 亿元和 -31.72 亿元、-136.10 亿元。

所有地市的竞争力份额都是正值，表示均具有一定的优势，但数值差异过大，相比较而言，其中最不具有优势的地区是驻马店市，因竞争力优势带来的增长量为 11.29 亿元，贡献率为 0.82%，其次是济源，因竞争力优势带来的增长量为 15.94 亿元，贡献率为 3.70%，另外由表 1-23 可以看出两地市三次产业的竞争力因素对经济发展的贡献也各不相同，第二产业的竞争力推动效应最为明显，它所带来的经济增长量分别为 32.81 亿元和 18.18 亿元，而第一、第三产业的竞争力对经济推动效应处于劣势，分别使经济损失 -14.30 亿元、-7.23 亿元和 -0.76 亿元、-1.47 亿元。

河南省各地市的共同特点是第一、第二产业都不具有产业结构优势，只有第三产业的产业结构对经济的发展起到了推动作用，由此可见，调整各地市第一、第二产业结构，提高不具有地区优势的竞争力是河南省当前亟须解决的问题。

表 1-22　2012～2016 年河南省各地市偏离份额分析结果

地区	总增长		全省分量		产业结构		竞争力	
	增量(亿元)	增率(%)	增量(亿元)	增率(%)	增量(亿元)	增率(%)	增量(亿元)	增率(%)
郑州	2564.19	46.20	2038.56	36.73	395.62	7.13	130.01	2.34
开封	483.37	40.05	443.38	36.73	27.48	2.28	12.51	1.04

续表

地区	总增长		全省分量		产业结构		竞争力	
	增量（亿元）	增率（%）	增量（亿元）	增率（%）	增量（亿元）	增率（%）	增量（亿元）	增率（%）
洛阳	1204.74	40.41	1095.03	36.73	35.40	1.19	74.30	2.49
平顶山	571.56	38.21	549.44	36.73	-15.42	1.03	37.54	2.51
安阳	606.30	38.69	575.55	36.73	-3.94	0.25	34.68	2.21
鹤壁	172.69	31.64	200.48	36.73	-45.20	8.28	17.41	3.19
新乡	625.32	38.61	594.98	36.73	-4.96	0.31	35.30	2.18
焦作	550.96	35.51	569.85	36.73	-65.89	4.25	47.00	3.03
濮阳	322.11	32.55	363.54	36.73	-68.42	6.91	27.00	2.73
许昌	583.17	33.98	630.42	36.73	-97.77	5.70	50.52	2.94
漯河	252.35	31.66	292.80	36.73	-64.44	8.08	23.98	3.01
三门峡	395.51	35.08	414.09	36.73	-53.14	4.71	34.55	3.07
南阳	877.58	37.49	859.80	36.73	-21.78	0.93	39.56	1.69
商丘	519.13	37.15	513.25	36.73	-10.68	0.76	16.56	1.18
信阳	537.94	38.50	513.27	36.73	16.23	1.16	8.44	0.60
周口	537.90	34.16	578.43	36.73	-58.99	3.75	18.46	1.17
驻马店	508.36	37.01	504.54	36.73	-7.46	0.54	11.29	0.82
济源	141.86	32.92	158.26	36.73	-32.35	7.51	15.94	3.70

　　与 2007~2011 年相比，2012~2016 年产业结构和竞争力都具有优势的地区减少了一个，而且除了郑州，其余的地市与之前的地市都不相同。并且郑州的产业结构优势带来的增长量大幅度增加，由第二产业推动较为明显，转变为第三产业推动较为明显；地区竞争力优势带来的增长量有所减少，由所有产业均有贡献，转变为第二产业均有贡献，这都说明郑州的产业结构正在向合理化的方向转变。产业结构和竞争力都不具有优势的地区有南阳和商丘，转变成产业结构不具有优势的地区有 14个地市，所有地市的竞争力份额都是正值，这说明各个地市都在处于结构转型中，且都具有一定的竞争优势。而且可以看出河南省各地市由第一、第三产业都不具有产业结构优势，只有第二产业具有产业结构优势，到第一、第二产业都不具有产业结构优势，只有第三产业具有产业结构优势，说明第三产业发展迅速，产业结构对经济的发展起到了很好的推动作用，且需要加快调整各地市第一产业和第二产业的产业结构。

表 1-23　2012～2016 年河南省各地市三次产业偏离份额明细

单位：亿元

地区	第一产业			第二产业			第三产业		
	地区增长	产业结构	竞争力	地区增长	产业结构	竞争力	地区增长	产业结构	竞争力
郑州	52.31	-32.79	-5.56	1150.79	-661.54	174.76	835.46	1089.95	-39.18
开封	94.64	-59.33	-10.07	195.88	-112.60	29.75	152.85	199.41	-7.17
洛阳	82.19	-51.52	-8.74	656.80	-377.57	99.74	356.04	464.49	-16.70
平顶山	53.57	-33.58	-5.70	334.53	-192.31	50.80	161.33	210.47	-7.57
安阳	68.81	-43.13	-7.32	330.90	-190.22	50.25	175.85	229.41	-8.25
鹤壁	21.35	-13.38	-2.27	141.27	-81.21	21.45	37.86	49.39	-1.78
新乡	73.59	-46.13	-7.83	340.02	-195.46	51.63	181.38	236.63	-8.51
焦作	44.97	-28.19	-4.78	384.40	-220.97	58.37	140.48	183.27	-6.59
濮阳	50.60	-31.72	-5.38	236.75	-136.10	35.95	76.19	99.39	-3.57
许昌	65.32	-40.94	-6.95	422.49	-242.87	64.16	142.61	186.05	-6.69
漯河	36.00	-22.57	-3.83	200.54	-115.28	30.45	56.27	73.41	-2.64
三门峡	33.27	-20.85	-3.54	281.52	-161.83	42.75	99.30	129.55	-4.66
南阳	155.60	-97.54	-16.55	448.50	-257.82	68.11	255.70	333.58	-11.99
商丘	118.73	-74.42	-12.63	239.93	-137.93	36.44	154.59	201.68	-7.25
信阳	138.72	-86.95	-14.75	205.09	-117.90	31.14	169.46	221.08	-7.95
周口	153.38	-96.15	-16.31	275.27	-158.24	41.80	149.78	195.40	-7.02
驻马店	134.41	-84.25	-14.30	216.06	-124.20	32.81	154.07	201.00	-7.23
济源	7.18	-4.50	-0.76	119.69	-68.80	18.18	31.40	40.96	-1.47

3. 各地市农业结构的偏离—份额分析

运用偏离—份额分析法对河南省各地市 2005~2010 年的农业结构变化进行分析，得到各地市农业产业部门偏离份额明细（见表 1-24）。就种植业而言，每个地市的结构偏离份额均为正值，说明河南省种植业结构比较合理，而从竞争力偏离份额可知，只有开封、三门峡、信阳、周口这四个地市的种植业具有竞争优势，应充分发挥这种优势。

就林业而言，每个地市的结构偏离份额均为负值，说明河南省林业结构普遍不合理，但有十个地市的竞争力份额为正值，表现出其林业结构不尽合理情况下的竞争优势，特别是洛阳竞争力优势尤为明显。

就畜牧业而言，与林业相似，每个地市的结构偏离份额均为负值，说明河南省各地市畜牧业均不具有结构优势；从竞争力份额来看，驻马店的竞争力最强，为11.46 亿元，南阳的竞争力最弱，为 -28.83 亿元，河南省大部分地市发展畜牧业具有一定的竞争优势，但地市间的竞争力差距还是比较大的。

就渔业而言，每个地市的结构偏离份额均为正值，但数值较小，说明河南省各地市渔业结构较为合理，但结构优势不明显；从竞争力份额来看，商丘市居第一，其次是驻马店市，而郑州、安阳、新乡、濮阳、南阳竞争力份额为负，说明这五个地市的渔业不具有竞争优势。

就农业服务业而言，各地区结构偏离份额均为负值，说明河南省农业服务业结构不合理，应调整其结构，加大力度使其朝合理的方向发展；而竞争力份额除漯河市为负值外，其他 17 个地市竞争力均为正值，说明农业服务业具有竞争优势。

综上可知，河南省内农业结构的区域差异明显，种植业竞争力最强的是信阳市，林业竞争力最强的是洛阳市，牧业、农业服务业竞争力最强的是驻马店市，渔业竞争力最强的是商丘市。

表 1-24　2005~2010 年河南省各地市农业产业部门偏离份额明细

单位：亿元

地区	种植业		林业		牧业		渔业		农林牧渔服务业	
	P	D	P	D	P	D	P	D	P	D
郑州	8.48	-0.79	-0.59	-0.50	-8.68	1.55	0.85	-0.29	-0.38	0.28
开封	16.84	2.43	-0.95	0.14	-11.79	4.13	0.16	0.27	-1.41	0.61
洛阳	14.41	-20.34	-3.60	8.68	-9.17	4.39	0.24	0.81	-1.83	3.75
平顶山	7.65	-5.23	-1.00	1.25	-8.73	3.85	0.13	0.83	-0.28	0.91
安阳	14.11	-8.25	-0.82	1.89	-6.78	3.65	0.06	-0.18	-0.25	3.35

续表

地区	种植业		林业		牧业		渔业		农林牧渔服务业	
	P	D	P	D	P	D	P	D	P	D
鹤壁	2.81	−2.61	−0.19	−0.27	−5.55	−1.51	0.04	0.11	−0.39	0.13
新乡	11.56	−5.14	−0.82	−0.01	−10.11	6.40	0.38	−0.41	−0.15	2.14
焦作	7.56	−3.99	−0.47	−0.78	−6.86	4.18	0.08	0.26	−0.16	0.86
濮阳	7.71	−2.32	−0.71	1.05	−7.58	1.72	0.10	−0.04	−0.23	0.37
许昌	12.76	−20.95	−1.60	0.14	−11.03	−1.40	0.07	0.001	−0.55	1.09
漯河	7.27	−17.97	−0.22	0.07	−6.96	6.22	0.07	0.07	−0.53	−0.83
三门峡	5.66	7.23	−0.55	−0.45	−1.82	2.68	0.04	0.20	−0.07	0.10
南阳	37.78	−46.82	−3.83	−3.76	−26.72	−28.83	1.00	−1.86	−1.69	1.05
商丘	28.34	−27.43	−1.59	0.66	−16.02	−10.18	0.47	1.51	−0.98	0.77
信阳	19.54	25.15	−3.78	−1.59	−12.44	0.12	2.23	0.64	−1.21	0.36
周口	30.27	1.30	−1.50	2.46	−18.32	−4.02	0.31	0.90	−1.62	2.35
驻马店	20.26	−17.29	−1.04	−1.24	−22.12	11.46	0.58	1.31	−0.59	6.29
济源	1.04	−1.86	−0.32	0.03	−1.23	0.95	0.08	0.11	−0.03	0.04

运用偏离—份额分析法对河南省各地市 2010~2016 年的农业结构变化进行分析，得到各地市农业产业部门偏离份额明细（见表 1-25）。就种植业而言，每个地市的结构偏离份额均为负值，说明河南省种植业结构普遍不合理，但有 12 个地市的竞争力份额为正值，表现出其种植业结构不尽合理情况下的竞争优势，特别是信阳竞争力优势尤为明显。

就林业而言，各地区结构偏离份额均为负值，说明河南省林业结构不合理，应调整其结构，加大力度使其朝合理的方向发展；而竞争力份额除商丘为负值外，其他 17 个地市竞争力均为正值，说明林业具有竞争优势。

就畜牧业而言，每个地市的结构偏离份额均为正值，说明河南省各地市畜牧业结构较为合理；从竞争力份额来看，平顶山市的竞争力最强，为 11.45 亿元，焦作市的竞争力最弱，为−17.34 亿元，河南省部分地市发展畜牧业具有一定的竞争优势，但地市间的竞争力差距还是比较大的。

就渔业而言，每个地市的结构偏离份额均为正值，但数值较小，说明河南省各地市渔业结构较为合理，但结构优势不明显；从竞争力份额来看，信阳市居第一，其次是南阳市，而郑州、焦作、商丘、周口竞争力份额为负，说明这四个地市的渔业不具有竞争优势。

　　就农业服务业而言，每个地市的结构偏离份额均为正值，说明河南省农业服务业结构比较合理，而从竞争力偏离份额可知，只有平顶山、焦作、信阳、驻马店这四个地市的农业服务业具有竞争优势，应充分发挥这种优势。

　　综上可知，河南省内农业结构的区域差异明显，种植业、林业、渔业、农业服务业竞争力最强的信阳市，牧业竞争力最强的是平顶山市。

表1-25　2010~2016年河南省各地市农业产业部门偏离份额明细

单位：亿元

地区	种植业		林业		牧业		渔业		农林牧渔服务业	
	P	D	P	D	P	D	P	D	P	D
郑州	-4.96	-0.51	-0.38	1.61	3.14	-11.52	2.47	-0.86	1.70	-1.26
开封	-10.13	-1.93	-0.83	2.12	4.42	2.10	0.62	0.80	5.96	-2.42
洛阳	-7.13	7.30	-4.95	5.15	3.52	-12.04	1.06	0.23	10.63	-6.89
平顶山	-4.17	6.65	-1.11	4.89	3.33	11.45	0.73	1.35	1.94	1.51
安阳	-7.78	11.72	-1.11	0.41	2.64	-4.88	0.11	0.44	4.22	-1.86
鹤壁	-1.48	-0.81	-0.09	0.11	1.83	-2.36	0.16	0.33	1.60	-0.92
新乡	-6.48	17.31	-0.68	0.60	4.00	-4.40	1.00	1.10	2.65	-1.36
焦作	-4.20	16.28	-0.22	0.97	2.70	-17.34	0.34	-0.63	1.44	3.65
濮阳	-4.40	18.14	-0.83	1.22	2.77	-0.78	0.30	0.54	1.26	-0.12
许昌	-6.11	-18.80	-1.37	2.04	3.74	-17.26	0.22	0.07	3.16	-1.97
漯河	-3.07	4.29	-0.20	0.26	2.89	-6.99	0.23	0.02	1.18	-0.43
三门峡	-3.84	26.14	-0.36	0.94	0.83	3.88	0.22	0.81	0.37	-0.09
南阳	-19.15	-20.45	-2.36	4.85	7.18	4.93	2.28	1.88	7.45	-7.14
商丘	-14.89	2.21	-1.48	-0.39	4.83	-7.41	2.05	-0.58	4.48	-3.71
信阳	-13.27	40.36	-2.80	11.99	4.35	10.81	7.08	1.93	4.97	8.71
周口	-17.99	-23.87	-1.81	2.24	6.09	6.04	1.31	-0.89	8.45	-3.38
驻马店	-10.80	28.33	-0.59	0.33	8.56	0.15	2.30	0.18	8.40	0.93
济源	-0.49	0.08	-0.28	0.42	0.50	0.45	0.29	0.76	0.17	-0.12

　　与2005~2010年相比，2010~2016年各个地市的种植业结构偏离份额由均为正值转变为均为负值，畜牧业结构偏离份额和农业服务业结构偏离份额都是由均为负值变化为均为正值，而林业结构偏离份额和渔业结构偏离份额数值的符号没有改变，说明经过六年的发展，河南省种植业结构调整的普遍不合理，畜牧业和农业服务业

结构调整得较为合理,林业和渔业的结构没有较大的改变。河南省种植业竞争力份额、林业竞争力份额及渔业竞争力份额为正值的地市的数目在这六年间不断增加,但牧业竞争力份额及农业服务业竞争力份额为正值的地市的数目却不断减少,且由种植业竞争力最强的信阳市,林业竞争力最强的洛阳市,牧业、农业服务业竞争力最强的驻马店市,渔业竞争力最强的商丘市转变为种植业、林业、渔业、农业服务业竞争力最强的信阳市,牧业竞争力最强的平顶山市,说明了河南省在不断调整农业结构,虽然目前仍然是省内农业结构的区域差异明显,但正在向着较好的方向发展。

三、河南省与中部六省产业结构比较分析

为了解河南省产业结构在中部六省中的地位,我们将河南省产业结构与中部其他五省的产业结构进行比较。

1. 中部六省产业结构效益比较分析

将中部六省 2011 年和 2016 年三次产业结构和就业结构分别代入公式,可算得中部六省的产业结构效益指数(见表 1-26、表 1-27)。

表 1-26　2011 年中部六省产业结构效益指数

地区	第一产业		第二产业		第三产业		效益指数
	劳动力比(%)	GDP 比(%)	劳动力比(%)	GDP 比(%)	劳动力比(%)	GDP 比(%)	
河南	43.10	13.00	29.90	57.30	27.00	29.70	1.66
安徽	38.80	13.17	25.20	54.31	36.00	32.52	1.72
湖南	41.90	14.07	23.30	47.60	34.80	38.33	1.80
江西	35.60	11.89	29.60	54.61	34.80	33.51	2.00
湖北	45.70	13.09	21.00	47.60	33.30	38.33	1.56
山西	37.30	5.71	26.90	59.05	35.70	35.25	1.56
全国	34.80	10.00	29.50	46.60	35.70	43.40	2.02

由表 1-26 可以看出,河南省产业结构效益不仅低于全国平均水平,而且在中部六省中也是比较低的,它的结构效益指数仅高于湖北、山西两省。由表 1-26 还可以看出,河南省产业结构效益较低的主要原因是第一产业劳动力结构与产业结构不相适应,占总劳动力 43.1% 的人仅创造了占总产值 13% 的价值。这说明今后河南省产业结构调整的重点应放在第一产业上来,引导第一产业的剩余劳动力向第二、第三产业转移。

表 1-27　2016 年中部六省产业结构效益指数

地区	第一产业		第二产业		第三产业		效益指数
	劳动力比(%)	GDP 比(%)	劳动力比(%)	GDP 比(%)	劳动力比(%)	GDP 比(%)	
河南	38.40	10.60	30.60	47.60	31.00	41.80	1.80
安徽	31.70	10.60	28.60	48.10	39.70	41.30	2.37
湖南	40.50	7.50	23.30	61.30	36.20	31.20	1.32
江西	29.30	10.30	32.40	47.70	38.30	42.20	2.62
湖北	36.80	11.30	23.00	44.50	23.00	44.20	1.47
山西	35.10	6.00	25.20	38.30	39.60	55.70	1.72
全国	27.70	8.60	28.80	39.80	43.50	51.60	2.62

由表 1-27 可以看出,河南省产业结构效益不仅低于全国平均水平,而且在中部六省中处于居中位置,它的结构效益指数仅高于湖南、湖北、山西三省。由表 1-27 还可以看出,河南省产业结构效益较低的主要原因是第一产业劳动力结构与产业结构不相适应,占总劳动力 38.4% 的人仅创造了占总产值 10.6% 的价值。这说明今后河南省产业结构调整的重点应放在第一产业上来,引导第一产业的剩余劳动力向第二、第三产业转移。

与 2011 年相比,2016 年河南省产业结构效益指数增加,虽然还是低于全国平均水平,但是在中部六省中的排名上升一位,说明河南省的产业结构调整较好。可是第一产业劳动力结构与产业结构仍然不相适应,所以仍需要继续引导第一产业的剩余劳动力向第二、第三产业转移。

2. 中部六省产业结构对经济发展影响比较分析

为比较中部六省产业结构对经济发展的影响,本章选择 2007 年各省的 GDP 为基期,2011 年各省的 GDP 为报告期,将有关数据代入公式计算结果见表 1-28 和表 1-29。同时选择 2012 年各省的 GDP 为基期,2016 年各省的 GDP 为报告期,将有关数据代入公式,计算结果见表 1-28 和表 1-29。

表 1-28　2007~2011 年中部六省偏离份额分析结果

地区	总增长		全省分量		产业结构分量		竞争力分量	
	增量(亿元)	增率(%)	增量(亿元)	增率(%)	增量(亿元)	增率(%)	增量(亿元)	增率(%)
山西	5504.20	96.00	5131.35	89.50	-16.02	-0.28	388.82	6.78
安徽	7936.47	107.77	6590.94	89.50	-64.34	-0.87	1409.61	19.14
江西	6202.57	112.77	4922.72	89.50	140.88	-2.56	1420.54	25.83

续表

地区	总增长		全省分量		产业结构分量		竞争力分量	
	增量(亿元)	增率(%)	增量(亿元)	增率(%)	增量(亿元)	增率(%)	增量(亿元)	增率(%)
河南	11918.57	79.39	13436.15	89.50	-416.30	-2.77	1101.72	-7.34
湖北	10401.58	112.68	8261.46	89.50	1.02	0.01	2138.82	23.17
湖南	10469.56	113.80	8234.00	89.50	-81.14	-0.88	2316.37	25.18

表1-29　2007~2011年中部六省三次产业偏离份额明细　　　单位：亿元

地区	第一产业			第二产业			第三产业		
	地区增长	产业结构	竞争力	地区增长	产业结构	竞争力	地区增长	产业结构	竞争力
山西	241.36	55.28	185.61	3077.53	271.99	391.14	1812.46	311.26	187.93
江西	810.66	185.68	-139.86	2542.62	224.72	1231.72	1569.44	269.52	328.68
河南	1984.81	454.62	-236.05	7413.13	655.17	386.29	4038.21	693.49	1251.95
湖北	1233.31	282.49	240.20	3550.18	313.76	2612.85	3477.97	597.28	714.23
湖南	1455.74	333.44	18.88	3505.21	309.79	2250.13	3273.05	562.09	47.36
安徽	1074.16	246.04	-13.24	2943.76	260.17	2336.67	2573.02	441.87	913.82

由表1-28可以看出，在2007~2011年河南省产业结构总偏离份额为-416.30亿元，在中部六省中是最低的。这说明河南省的产业结构不合理，且在中部六省中产业结构现状也是最差的。从三次产业的结构来看，河南省第一、第二产业的结构偏离份额为负，第三产业的结构偏离份额为正，这说明河南省第一、第二产业的发展速度低于国民经济的发展速度，而第三产业的发展速度高于国民经济的发展速度，但是由于第一、第二产业的结构偏离份额过低导致总的结构偏离份额为负，对经济发展的贡献为-2.77%。由此可见与中部其他省份相比，河南省第三产业的结构较为合理，但是第一、第二产业内部的结构有待进一步优化和升级。

河南省竞争力份额使地区经济损失1101.72亿元，在中部六省中也是最不具有竞争力的。但是，河南省第二产业的竞争力偏离份额为正，说明河南省第二产业的发展具有良好的区位条件和较强的竞争力优势，区位因素在河南省第二产业的发展中发挥了重要作用。

由以上分析可见，河南省三次产业的结构均具有一定的不合理性，产业结构不能很好地促进区域经济的发展，河南省的产业结构还需进一步调整，产业结构的合理化和高级化是调整的目标，根据经济发展和增长的实际情况做相应的调整，有利于整个国民经济的发展。

表1-30 2012~2016年中部六省偏离份额分析结果

地区	总增长		全省分量		产业结构		竞争力	
	增量(亿元)	增率(%)	增量(亿元)	增率(%)	增量(亿元)	增率(%)	增量(亿元)	增率(%)
山西	839.62	6.92	4572.65	37.71	-274.22	-2.26	3458.81	28.52
安徽	6905.84	40.12	6490.26	37.71	-755.57	-4.39	1171.15	6.80
江西	5475.19	42.04	4910.97	37.71	-490.43	-3.77	1054.64	8.10
河南	10674.66	35.82	11235.79	37.71	1204.55	-4.04	643.41	2.16
湖北	10047.46	45.16	8390.12	37.71	-641.16	-2.88	2298.50	10.33
湖南	22432.78	41.24	20511.55	37.71	3741.96	-6.88	5663.19	10.41

表1-31 2012~2016年中部六省三次产业偏离份额明细 单位:亿元

地区	第一产业			第二产业			第三产业		
	地区增长	产业结构	竞争力	地区增长	产业结构	竞争力	地区增长	产业结构	竞争力
山西	263.32	-88.15	-88.71	2507.39	1105.07	3088.57	1801.94	919.00	-281.53
安徽	821.55	-275.03	-157.53	3546.34	1562.96	202.03	2122.37	1082.42	1126.65
江西	573.24	-191.91	2.96	2640.90	1163.91	348.92	1696.82	865.39	702.76
河南	1392.35	-466.12	-332.51	6057.07	2669.50	-174.99	3786.38	1931.08	1150.91
湖北	1074.20	-359.61	95.97	4220.65	1860.15	821.53	3095.26	1578.60	1381.00
湖南	1849.22	-619.07	-398.23	13295.8	5859.82	4433.48	5366.46	2736.93	1627.95

由表1-30可以看出,在2012~2016年河南省产业结构总偏离份额为-1204.55亿元,在中部六省中是比较低的。这说明河南省的产业结构不合理,且在中部六省中产业结构现状也是比较差的。从三次产业的结构来看,河南省第一、第二产业的结构偏离份额为负,第三产业的结构偏离份额为正,这说明河南省第一、第二产业的发展速度低于国民经济的发展速度,而第三产业的发展速度高于国民经济的发展速度,但是由于第一、第二产业的结构偏离份额过低导致总的结构偏离份额为负,对经济发展的贡献为-4.04%。由此可见与中部其他省份相比,河南省第三产业的结构较为合理,但是第一、第二产业内部的结构有待进一步优化和升级。

河南省竞争力份额使地区经济增加643.41亿元,在中部六省中也是不太具有竞争力。但是,河南省第三产业的竞争力偏离份额为正,说明河南省第三产业的发展具有较强的竞争力优势。

由以上分析可见,河南省三次产业中第三产业的产业结构具有一定的合理性,而第一产业和第二产业的产业结构却不能很好地促进区域经济的发展,所以河南省的产业结构还需根据经济发展和增长的实际情况对第一产业、第二产业做相应的调整，使其有利于整个国民经济的发展。

与2007~2011年相比，2012~2016年河南省产业结构总偏离份额更小了，产业结构总偏离增率也更小了，但是在中部六省中排名上升了一位，这说明河南省的产业结构虽然不合理，但是在中部六省中产业结构现状稍微变好。河南省竞争力份额使地区经济由减少转变为增加，且增加较多，而且在中部六省中排名上升了一位，但是在中部六省中还是不太具有竞争力。同时第三产业的竞争力偏离份额变为正值，且第三产业的结构偏离份额也为正值，说明第三产业的发展具有较强的竞争优势且第三产业的产业结构具有一定的合理性。

第四节 河南省产业结构存在的主要问题及原因

综合前三部分的分析可以看出，河南省产业结构在改革开放40年来确实取得了不小的成就，但由于人口、体制、历史等原因，目前河南产业结构仍存在着一些问题。

一、三次产业结构不合理

经过40年的发展，河南省产业结构的调整和优化取得了显著的成效，但是放眼世界发达国家和地区的产业升级，以及与我国平均水平，河南省产业结构的演进还存在很大的差距。目前，世界发达国家像美国、德国、法国、日本均实现了产业结构的升级，已经形成"三二一"倒金字塔型的产业格局，已步入工业化后期阶段。而河南省刚刚从工业化初期过渡到工业化中期阶段，与全国平均水平相比仍存在一定的差距。2016年全国"一二三"产业的比重为8.6∶39.8∶51.6；河南"一二三"产业的比重为10.6∶47.6∶41.8。与全国平均水平相比，河南省三次产业结构仍不尽合理，主要表现在第一产业比重过高、第三产业比重严重偏低。河南省第一产业比重高出全国平均水平2个百分点，而第三产业比全国平均水平低9.8个百分点。由此可见，河南省三次产业的结构水平仍相当落后。

（1）第三产业规模不够大，社会效益不高。2011年，河南省三次产业就业比重为43.1∶29.9∶27；全国三次产业就业比重为34.8∶29.5∶35.7。可以看出河南省第一产业劳动力就业比重较大，比全国第一产业劳动力就业比重高出8.3个百分点。而第三产业就业比重比全国平均水平低了8.7个百分点。2016年，河南省三次产业就业比重为38.4∶30.6∶31；全国三次产业就业比重为27.7∶28.8∶43.5。可以看出河南省第三产业就业比重比全国平均水平低了12.5个百分点比2011年的差值低了3.8个百分点，而且第一产业劳动力就业比重虽然比2011年减少，但是与全国第一产业劳动力就业比重的差值增加了2.4个百分点，仍然较大。这种劳动力过度集中在农业的状况不利于第二、第三产业的发展和整个产业结构的优化调整。这主要是由于目前河南省的农业仍偏重于传统种植业，新型高效农业比重小，农产品品种不优、优质率低，农业规模化、标准化、产业化程度还比较低，导致第一产业就业比重大，社会效益不高。

（2）第二产业的发展对第三产业的发展未起到很好的拉动作用。由于河南经济发展走的是一条资源依赖型的重工业化发展道路，内部结构失衡，整体层次和水平较低，对第三产业的发展并未起到显著的带动作用。2011年河南省能源、原材料等重工业实现增加值占工业增加值的70%左右，其中位于前7位的均为传统产业，即非金属矿物制品业，煤炭开采和洗选业，农副食品加工业，通用设备制造业，有色金属冶炼及压延加工业，化学原料及化学制品制造业等。这些行业占工业增加值的比重高达50%，而高新技术产业、高附加值产业则发展缓慢，产业规模较小；2016年河南省能源、原材料等重工业实现主营业务收入占工业主营业务收入的65%左右。其中位于前7位的大部分为传统产业，即非金属矿物制品业，农副食品加工业，有色金属冶炼及压延加工业，化学原料及化学制品制造业，专用设备制造业，计算机、通信和其他电子设备制造业，黑色金属冶炼及压延加工业，这些行业占工业主营业务收入的比重高达47.12%，虽然高新技术产业、高附加值产业的发展有所提升，但是发展仍然缓慢，产业规模仍然较小，而正是这种低水平的产业结构层次透支着河南省经济持续发展的资源，也严重弱化了中原地区的资源优势和劳动力成本较低的优势。

（3）第三产业的发展对其他产业的带动作用不大。改革开放以后，第三产业作为产业结构优化和升级的主要标志，得到长足发展。但由于第三产业尤其是金融、物流、信息等生产性服务业发展滞后，区域城市实力弱小，难以形成合理的区域产业分工，造成主导产业与配套产业和基础产业难以形成紧密联系、快速成长的产业体系，从而造成第三产业带动力较弱。

二、各地市产业结构存在较大差别

（1）各地市产业结构与就业结构之间适应性差别很大，且适应性较差。各地市产业结构的调整的方向大致相同，均为减少第一、第二产业比重，同时增加第三产业比重，使各地产业结构呈现"二三一"形式。由此可见我省的产业结构已由改革开放初期的"二一三"结构调整到现在的"二三一"结构。1992年以前一直处于"二一三"形式，从1992年开始，逐渐由"二一三"过渡到"二三一"形式。而且各地市产业结构的调整速度各不相同，如2011年地市中结构效益最差的是济源市，但是到2016年地市中结构效益最差的变为平顶山市。所以仍然没有改变各地市产业结构存在较大差别、产业结构和就业结构之间的适应性差别很大及适应性较差的局面。

（2）各地市第一产业都不具有产业结构优势，对经济发展起到了推动作用的产业结构由第二产业转变到第三产业。这主要是由于之前第二产业的产业结构以能源、原材料等重工业为主。2011年河南省能源、原材料等重工业实现增加值占工业增加值的70%左右，其中位于前7位的均为传统产业，即非金属矿物制品业、煤炭开采业和洗选业、农副食品加工业、通用设备制造业、有色金属冶炼及压延加工业、化学原料及化学制品制造业，这些行业占工业增加值的比重高达50%，而高新技术产业、高附加值产业则发展缓慢，产业规模较小；2016年河南省能源、原材料等重工业实现主营业务收入占工业主营业务收入的65%左右。其中位于前7位的大部分为传统产业，即非金属矿物制品业，农副食品加工业，有色金属冶炼及压延加工业，化学原料及化学制品制造业，专用设备制造业，计算机、通信和其他电子设备制造业，黑色金属冶炼及压延加工业，这些行业占工业主营业务收入的比重高达47.12%；虽然高新技术产业、高附加值产业的发展有所提升，但是发展仍然缓慢，产业规模仍然较小，而正是这种低水平的产业结构层次透支着河南省经济持续发展的资源，也严重弱化了中原地区的资源优势和劳动力成本较低的优势。随着经济的进一步发展，第二产业的产业结构尤其是工业结构的深层次结构性矛盾日益突出，依靠高投入、粗放经营的生产方式越来越受到资源环境的约束，致使供需结构出现不平衡。第三产业的产业结构不断优化，对经济发展起到了推动作用。

（3）省内农业结构的区域差异明显。由本章第三节的分析结果可知，河南省内农业结构的区域差异明显。虽然由2005~2010年的种植业竞争力最强的信阳市，林业竞争力最强的洛阳市，牧业、农业服务业竞争力最强的驻马店市，渔业竞争力最强的商丘市转变为2010~2016年的种植业、林业、渔业、农业服务业竞争力最强的信阳市，牧业竞争力最强的平顶山市，但是河南省各个地市的农业结构差异仍然明显，而这主要是由河南省各地市的地理位置、资源禀赋不同造成的。

三、河南省产业结构效益在中部六省中处于落后地位

（1）河南省产业结构效益不仅低于全国平均水平，在中部六省中也是比较低的。由第三节的分析我们可以看出河南省产业结构效益较低的主要原因是第一产业劳动力结构与产业结构不相适应。虽然与2007~2011年相比，2012~2016年第一产业的劳动力比重与产值比重之间的差值减少，但是差距依旧很大，仍然有占总劳动力38.4%的人仅创造了占总产值10.6%的价值。这是由河南农村大省和农业大省的特殊地位决定的。河南是人口大省，农村人口基数大，农村劳动力的供给随着农村人口增长速度的不断加快而迅速增长，农村教育、社会保障制度不完善，这些都导致了

农村剩余劳动力的不断壮大。而在农村剩余劳动力向城市转移的过程中又受到城市发展战略、工业技术结构、城乡福利保障制度、城市化水平等因素的制约，导致城市吸纳能力较差，阻碍了农村剩余劳动力的转移。

（2）河南省产业结构总偏离在中部六省中是比较低的。与中部其他五省相比，河南省的产业结构不合理，产业结构总偏离份额仅高于湖南省，且在中部六省中产业结构现状也是比较差的。即使与 2007～2011 年相比，2012～2016 年河南省产业结构总偏离份额在中部六省中排名上升了一位，但是其数值更小了，说明河南省的产业结构仍然不合理。

第五节　优化河南省产业结构的思路和对策

河南既是全国第一农业大省、第一粮食生产大省、第一粮食转化加工大省、第一劳动力输出大省，同时也是重要的经济大省。通过分析河南省三次产业结构与其内部结构的演变趋势，可清楚地了解到，河南省产业结构无论在总体上还是三次产业内部结构上都需要进一步调整优化。产业结构的合理化可促进经济健康快速发展，对中原经济区建设具有重要的现实意义。

一、积极发展农业和农村经济，促进农业结构调整

1. 河南农业大省的地位不能动摇

河南在历史上长期是一个粮食调入省，1970 年以后，才逐期转变为粮食调出省。而一向被誉为"天下粮仓"的南方沿海诸省却从 1980 年中期起，随着"两头在外，大进大出"的外向型经济发展，为追求土地利润产出最大化而主动放弃了自古以来的粮食大省地位，河南粮食大省的确立与此大有关系。由于沿海省份耕地的占用和不可逆性污染，河南农业大省的地位已被历史性地定格。国际粮食供求前景日趋紧张，为保证国家的粮食安全，中央也绝不允许河南为实现工业化而损及粮食的生产。

"既来之，则安之"是河南对农业大省地位唯一的选择。从这个意义上讲，河南第一产业的比重高于大多数兄弟省份和全国平均水平是完全正常的。现在如此，将来亦是如此。根据这样的道理，河南以压缩第一产业比重为指向的产业结构调整，不能再像以往那样，仅以产值比重的下降为标准。第一产业的比重应该下降，且确实还有相当的下降空间，但首先应该是其所占劳动力和人口比重的下降。如果能够使绿色、高效农业大规模发展起来，使河南农产品品质优化、价格提高，则第一产业增加值占 GDP 的比重保持在当前的水平上，在近几年内，应该是可以接受的。但是需要关注这一比重上升的可能性，如果出现第一产业比重上升，必将是世界性通

货膨胀爆发与国内通货膨胀相互激荡的结果。因此，应该认真关注这种可能性，研究其出现的条件和利弊得失，制定一些应对的措施和策略。

2. 调整河南农产品结构

大力发展优质高效的经济作物和优质专用粮食作物，调整优化种植业结构，加强优势粮、棉、油生产的基地建设，加快农业高新技术产业的发展和推广，全面提高农产品品质。转变政府职能，推进农业产业化，大力发展农村第二、第三产业，继续扶持农业产业化龙头企业，支持其建立原料基地，开发新产品，拓展国内外市场。推广龙头带基地、公司连农户、产加销"一条龙"等多种模式，建立健全企业与农户利益共享、风险共担的经营机制。

规格化、标准化是促使农产品生产向优质、高效转化的必要条件，也是为食品工业提供优质原材料的需要。农产品需要加工增值，加工食品的发展需要越来越多的规格化、标准化工业原料。河南农产品的品牌优势不强，因此农产品只有创造自己的品牌，提升市场竞争力，才能实现有效增值。名牌是品牌的升华，意味着该品牌所代表的产品本身品质好、质量高、知名度和美誉度高。当然，河南已经拥有了一批在国内外有一定影响力的名牌农产品，如"金苑"面粉、"三全"汤圆、"思念"水饺、"华英"鸭、"大用"鸡、"双汇"火腿肠、"莲花"味精等，但创建名优农产品，凸显河南农业产品特色仍需继续努力。

3. 建立合理的农业生态结构

发展循环农业，积极开展农业清洁生产，推广秸秆气化、固化成型、发电、养畜等技术，开发生物质能源，培育生物质产业；大力发展节地、节水、节肥型农业和集约生态养殖业，提高农业投入品的利用效率，加强农业污染防治，加快养殖业废弃物综合治理，推广农村生活污水净化技术等。

4. 积极引导第一产业的剩余劳动力向第二、第三产业转移

把发展劳务经济作为转移农村剩余劳动力、提高农业劳动生产率、加快工业化和城镇化进程的重要途径。"林州建筑""长垣厨师"等一大批劳务品牌享誉国内外。加快发展第三产业、调整其内部结构是解决河南剩余劳动力问题的现实选择。适当发展中小企业、加快小城镇建设。河南农业人口比重过大，通过发展中小企业建设小城镇，可以有效地使一部分农业人口转向第二、第三产业。

二、增强第二产业竞争力

1. 改造提升传统产业

推进河南工业产业结构的调整，首先用高新技术、先进实用技术改造提升传统产业，促进信息化和工业化的融合，振兴装备制造业，夯实工业发展的基础，发展

高新技术产业群，支持新能源、新材料、信息、生物、医疗、节能环保等新兴产业的发展，培育新的经济增长点。支持发展具有比较优势的劳动密集型产业，改善工业投资结构，防止重复建设，淘汰落后产能。

大力扶持区域传统主导产业，做大做强优势产业。根据资源分布和区域经济特点，依据主导产业的优势，将产业结构调整与发展特色经济和优势经济结合起来，按照"有所为，有所不为"的指导思想，发挥主导产业的导向作用，形成新的区域经济比较优势。

2. 开发新能源与能源新的利用方式

在当前人们最为关注的几项新技术中，新能源名列第一。但是，在审视全世界新能源技术的发展前景与河南产业结构实际的基础上，我们在此提出了两个问题。一是"新能源技术与新能源产业"的突破与发展；二是"能源新的利用方式"，即能源利用方式的进步与转变。通常所说的新能源，是指石油、煤炭等以外的风能、水能、太阳能、核能、地热能、氢能等。而新能源技术，则指这些新能源的获取、传输、转换、利用等诸环节上的技术，由这些技术所支撑的产业，被称为新能源产业。随着传统能源日益紧缺和环境问题的日益严重，新能源受到世界各国的高度重视，其相关技术和产业发展很快，被认为是世界经济赖以走出危机的支点之一。

河南省在这一技术方向和产业领域上都取得了令人瞩目的进展。我们赞成对新能源技术和产业的发展所采取的"密集扶植"政策，并建议省政府在诸如"新能源，生物工程，新材料"等的技术攻关和产业形成问题上，考虑启动"举省体制"，集中全省的人力、物力和财力，与中央的相关举措相配套协调，聚焦到若干项目上，争取实现技术突破，获得自主知识产权。在力争新能源领域主动权的同时，也要强调传统能源在开采、输送、转换和利用诸环节上以节约和提高效益为主要目的的技术进步、产品开发和产业整合。这些内容统称为"能源新的利用方式"，与"新能源"相并列，目的在于彰显其在现阶段对河南这一能源大省的特别性与重要性。

其实，在上述环节中，除开采获取这一环节，新能源与传统能源各有其不同的技术依据产业标准以外，其他的诸如传输、控制转换、使用等环节上的大量技术，对新、老能源来说，是通用的。河南省已经并继续在煤炭、发电等领域实行的产业整合，将大幅度提高回采率与热能转换效率，是能源利用方式转变上的具有战略意义的进展。利用"平高"和"许继"在能源传输和控制领域的技术和产能优势，河南省在能源新的利用方式上是有可能走到全国前列的。

在能源使用环节的节约和效率提高方面，河南县级产业聚集区工程的启动将产生不可低估的作用，在建筑节能、循环经济等方面也取得了可喜的进展。

能源利用方式的进步和转变"新能源"那样具有革命性的意义。但是，它见效快、风险小，经济技术前景确定，与河南既有的产业结构高度默契。且河南已拥有一部分技术和产业优势。此外，它的技术渗透能力和产业带头能力很强。仅以建筑节能为例，据有关方面研究，我国目前的建筑耗能，包括采暖、空调、通风、照明、热水、发电在内，已超过一次能源消费总量的1/4并呈上升趋势。建筑节能的发展空间十分巨大，且具有很强的产业带动能力，涉及的领域包括建筑结构设计、节能型建材、节能型建筑施工、智能型建筑施工等。其发展将能够带动河南整个建材工业和建筑业的产业升级。能源利用方式的进步与转换将与新能源技术等一起，推动河南产业结构的调整和升级，加速河南经济发展方式的转变。

3. 限制资源型产业的发展

河南省产业结构的一个重要特征是资源型产业比重偏大，这得益于河南的资源禀赋，也为河南省几十年来的经济发展做出了突出贡献。但时至今日，河南的矿产资源储藏越来越不容乐观。石油已开采大半，天然气则业已告罄。就连比较丰富的煤炭资源也快开采完了。而钢铁工业的原料已大部分依赖进口。国际市场供求关系和价格走势表明这些矿产资源将变得越来越珍贵，甚至会奇货可居。因此，限制这类资源型产业的发展是必要的。即使那些储藏量较大的矿藏，也不易再采取那种"有水快流"的粗放式方式去开采。比如对2005年在信阳地区发现的钼矿，从河南经济的大局来讲，与其招商引资大规模开采，不如暂时将其封存，以免其在国际市场上与栾川钼矿的产品进行价格竞争，"惠人伤己，遗憾子孙"。

4. 推动河南工业产业组织结构的调整

推进企业兼并重组，鼓励优势企业强强联合，培育一批行业的龙头骨干企业，提升产业的集中度，鼓励中小企业向精、专、新的方向发展，增强工业发展活力，支持优势企业并购落后企业和困难企业，加快形成大中小企业的合理产业链与上下游企业协作配套的产业组织体系。在符合我国产业布局的前提下，引导外商投资重点发展优势产业，并支持鼓励本土企业"走出去"。

5. 提高产品的竞争力

加强技术创新，以企业为主体、市场为导向、技术中心为平台的基本原则，建立多层次的技术研发创新体系。改进生产工艺，提高产品的技术含量和附加值，顺应国内外市场的需求，开发生产适销对路的产品，提升产品的竞争力，提高经济效益。

6. 高新技术的调整方向

高新技术产业的发展不仅可以促进产业结构优化，而且可以增强产业竞争优势。但是长期以来，河南省的高技术产业增加值占规模以上工业增加值的比重都不足10%，因此，推动高新技术产业发展势在必行。首先应该加快发展通信技术、超级电容、工业CT等河南已有基础的创新项目，积极培育发展以电子核心元件、智能制造装备、生物医药等为代表的新的项目，着重加大关键技术和共性技术的研发力度，提升自主创新能力。与此同时，政府和有关部门在资金、人员等方面给予一定程度的支持，促进高新技术产业的发展。

三、推动第三产业发展

1. 改造传统第三产业

传统第三产业与现代服务业是一个相对的概念，传统第三产业主要包括邮电运输业、住宿餐饮业等产业，是第三产业的主要组成部分，在第三产业中仍占据绝对的优势。河南省传统第三产业经过多年的发展，已经形成了较为完善的产业体系，但与我国发达省份和地区还存在较大差距。在第三产业不断发展和内部结构调整的过程中，传统第三产业面临着时代的挑战。当前，在河南乃至整个中部地区承接东部产业转移、中原经济区不断发展的大背景下，改造传统第三产业，是提高河南省第三产业整体发展的重要内容，具有战略意义。

2. 优先发展第三产业中产业关联比较大、带动作用比较强的部门

在第二产业内部，积极发展对经济增长有重大带动作用的高新技术产业。结合河南省的实际情况，优先发展信息产业，坚持以信息化带动工业化，以工业化促进信息化，推进产业结构优化升级。利用高新技术去改造传统产业，大力振兴装备制造业，以此促进第三产业的发展。

在第三产业内部，优先发展第三产业中产业关联比较大、带动作用比较强的部门。加快发展"交通运输业"等现代物流业，优先发展"公共管理和社会组织"等现代服务业，提升"批发和零售贸易业"等传统服务业，有效管理和发展"房地产业"等，大力发展"教育产业"等。虽然"科学研究和技术服务"对全省的经济带动作用不太显著，产业关联度也不是很大，但是这些部门属于见效慢且又致力于发展生产力的基础工作，它们的发展对全省经济的持续健康发展具有长远作用，也应大力发展并使之壮大，政府应当适当加大对这些部门的扶持力度。以市场为导向，在政策上积极扶持新兴服务行业。近年来，社会对社区服务、房地产服务、旅游服务、医疗保健服务、教育服务等方面的需求增长很快，供求矛盾比较突出。对此，有关部门应制定优惠鼓励政策，在资金、税收、用地等多方面予以支持。同时，要加强管理，制定统一标准，规范经营者行为，保护广大消费者利益。

3. 强化现代服务业发展的政策扶持

从现代服务业发展的轨迹来看，特别是经济发达国家和地区的现代服务业发展状态，无一例外地可以得出现代服务业的发展与政府的支持力度密不可分，政府的大力支持与完善的管理体制有助于发挥现代服务业的优势。为了加快河南省现代服

务业的发展，政府必须加大对现代服务业的支持力度，发挥政府职能部门在现代服务业中的组织协调能力。相对于提供基本生活性服务的传统服务业，现代服务业市场准入比较困难，受限因素较多，如金融、保险、电信、邮政、供电、民航、铁路港口等，因此政府应适时制定一些针对性的优惠扶持政策；对偏重于消费性的服务行业，如旅游、餐饮等，它们的主要特征是与居民生活需求息息相关，政策的重点应该是加强市场调控及引导，建立健全市场管理体制，切实为提高居民的生活服务而尽职尽责；对于公益性较强的服务行业，必须改变以往的政府"一揽子"包办的做法，真正心为民所想，事为民所办。只有这样才能促进整个现代服务行业的发展，同时积极应对发展过程中出现的一些问题，及时反思、及时总结，查找管理体制上的优劣，切合实际地为整个现代服务行业创造出一个和谐的管理氛围，要让现代服务业保持一个良性的发展态势。

4. 发展生产性服务业

现代服务业涉及面广，不可能齐头并进，在一定时期内要有所侧重，优先发展。现代服务业主要包括四个领域：一是基础服务，二是生产性服务，三是个人消费服务，四是公共服务。其中，生产性服务业是指直接或间接为生产过程提供中间服务的服务性产业，它涉及信息收集、处理、交换的相互传递、管理等活动。生产性服务的发展与社会生产力的发展及科技进步密不可分，它不直接参与生产或者物质转化，但又是任何工业生产环节中不可缺少的活动。目前，生产性服务业已成为许多西方发达国家的支柱产业，在世界经济发展和国际竞争中的地位日益显著，同时，它为产业结构优化与升级提供强有力的保证。所以，河南省应优先、重点发展生产性服务业。大力发展生产性服务业，这对服务业来讲是一个高技术化和规范化的过程。

在生产性服务业发展中，一是大力发展现代物流业，加快建立社会化物流体系，有效降低流通总成本，提高经济效益。二是有序发展金融服务业，培育金融市场服务主体，健全金融体系。三是积极发展信息服务业。四是大力发展围绕发挥市场机制基础性作用提供服务的商务服务业，如咨询服务、科技服务、法律服务、信息技术服务、广告服务、会展服务、会计审计税收服务、知识产权服务、专业化的工业设计服务等行业。与此同时，用现代经营方式和信息技术改造提升传统服务业，提高服务业的比重和水平，也是服务业发展的大方向。

5. 加快第三产业市场化、产业化和社会化进程

着力发展成长性强和就业容量大的现代服务业，拓宽服务领域，优化服务结构，提高服务水平。如充分发挥河南省旅游资源优势，把旅游业培育成河南省重要的支柱产业；发挥河南省的区位优势，引导物流资源、设施、企业向园区聚集，初步确立郑州现代物流中心在全国的重要地位；调整文化产业结构，推进文化资源大省向文化产业大省的跨越。

四、推进城市化进程，扩大产业发展空间

城市化是产业结构向现代化转型过程中必然出现的趋势。城市化对产业结构最根本的影响在于改变了资源的空间布局。有限资源的集聚，既有利于发展中国家集中力量在某些领域实现赶超，也有利于强化产业间的关联，发展和衍生出新的产业，扩大产业发展空间。对于显著"二元结构"特征的农业大省，推进城市化进程，还有扩大内需、消除"二元结构"城乡差别的作用。因此，河南经济向现代化的转型，必须顺应规律。在城市化进程中，由重点发展小城镇向发展重点城镇的转变，形成规模配置和空间布局合理的城市网，为产业结构升级提供空间载体，然后通过城市化的辐射作用，带动全省经济的发展和产业结构的升级。

第二章 河南省产业结构调整效果评价

第一节 引　言

区域产业结构是区域进行资源配置，实现资源增值的载体。区域经济增长的效率与发展状况很大程度上取决于其产业结构的先进性及其变化。结构效果好的产业结构能使国民经济以较快速度增长，甚至能在不增加投入总量的情况下实现经济增长。对产业结构进行实时跟踪测评能及时了解产业结构的调整状况，对政府及时调整产业政策具有一定指导意义。

在改革开放 40 年的发展演进历程中，河南省产业结构的调整和优化取得了显著成效，但与发达国家和地区的产业升级和全国平均水平，甚至与中部其他省份相比，还处在一个较低层次上，在产业间及各产业内部间还存在许多问题。一是河南省三次产业结构层次低、不合理。河南 2016 年三次产业结构为 10.6∶47.6∶41.8，呈现"二三一"的格局，与全国及发达地区"三二一"的格局存在较大差距。二是工业实力不强。2016 年，河南省工业对全省 GDP 增长的贡献率达到 42.11%，但是河南经济发展走的是资源依赖型的重工业化发展道路，内部结构失衡，整体层次和水平较低，对国民经济其他部门的发展并未起到显著带动作用。三是第三产业发展滞后。2016 年，代表现代服务业的金融业比重只占河南省服务业的 13.35%，房地产业占 11.18%，生产性服务业，像产品设计、市场咨询、金融、保险和技术服务等行业相当薄弱。因此，为探索河南省产业结构调整效果存在怎样的不足，和全国水平的差距在哪，以及怎样的产业结构调整方向适合河南省经济发展。本书将通过四种方法的探讨，对这些问题做简要分析，有利于对河南省产业结构调整提供政策性的参考。

第二节 产业结构调整效果评价

一、基于失衡指数的产业结构调整效果评价

产业结构失衡指数是经济结构失衡指数的一种，它与投资消费结构失衡指数、金融结构失衡指数、收入分配结构失衡指数和国际收支结构失衡指数统称为产业结

构失衡指数。结构失衡是指本国的经济发展以及产业结构的调整不能适应世界市场的变化而出现的国际收支失衡的现象。因此，可以用产业结构失衡指数为指标来衡量河南省产业结构调整效果。

评价区域产业结构调整效果应以《河南省人民政府关于加快推进产业结构战略性调整的指导意见》为标准，假设一共有 j （j=1，2，3，…）个产业，其中，g_{j+t} 表示第 j 产业在第 t 年的增加值，k_{j+t} 表示第 j 产业在第 t 年的新增固定资产，l_{j+t} 表示第 j 产业在第 t 年的就业人数，然后计算出产业结构调整不合理程度的综合得分，以之前数个年度为参考。其基本步骤为：①计算出第 j 产业在第 t 年的增长率、平均劳动生产率以及平均资本生产率。②然后对这 3 个指标进行标准化，以消除量纲的影响。③将劳动力生产率和资本生产率求平均值得到综合效益后再进行标准化。④用综合效益的标准值减去增长率标准化值得到的差额可以代表以效益代表的不合理化程度。⑤依据第 4 步得到的结果，对 t 年的各产业的实际增长速度进行修正得到合理增长速度。⑥由合理产业增长速度计算出合理增加值。⑦计算出所有增加值中不合理增加值部分，并得到其比重。⑧由当年的第 j 个产业不合理比重乘上它们的权重得到第 t 个年度的失衡指数 R_t。公式如下：

$$R_t = \sum_{j=1} w_{j+t} \times ((g_{j+t} - g_{j+t-1} \times (1 + y_{j+t} + \{(z'_{j+t} - y'_{j+t}) \times [\max(Y_t) - \min(Y_t)]\})) / g_{j+t}) \qquad (2-1)$$

式中，$z_{j+t} = \dfrac{1}{2}(v'_{j+t} + p'_{j+t})$，$p_{j+t} = \dfrac{1}{2}\left(\dfrac{g_{j+t-1} - g_{j+t-2}}{k_{j+t-1}} + \dfrac{g_{j+t-2} - g_{j+t-3}}{k_{j+t-2}}\right)$，$v_{j+t} = \dfrac{1}{2}\left(\dfrac{g_{j+t-1}}{l_{j+t-1}} + \dfrac{g_{j+t-2}}{l_{j+t-2}}\right)$ （j=1，2，…），$y_{j+t} = \dfrac{g_{j+t} - g_{j+t-1}}{g_{j+t-1}}$ （j=1，2，…），z'_{j+t}，p'_{j+t} 是经过标准化的 Z_{j+t}，p_{j+t}。

根据数据的实用性及可获得性，本章采用河南省 2000～2016 年的八个产业，包括农业、工业、建筑业、批发零售及住宿餐饮业、交通运输仓储及邮电通信业、房地产业、金融保险业和其他服务业的实际数据，运用以上所提出的产业结构评价方法，对河南省的产业结构调整效果进行评价。通过上述计算步骤，对原始数据进行计算得到的结果如表 2-1 所示。

表 2-1　历年各产业结构与全部产业结构失衡指数　　单位：%

年份	农业	工业	建筑业	交通运输仓储及邮电业	批发零售住宿餐饮业	金融、保险业	房地产业	其他服务业	结构失衡总指数
2003	-5.90	11.10	28.22	-18.63	-4.29	12.84	27.60	11.80	3.85
2004	0.00	13.42	6.78	-11.03	-0.13	8.53	6.36	-6.65	4.78

年份	农业	工业	建筑业	交通运输、仓储及邮电业	批发零售住宿餐饮业	金融、保险业	房地产业	其他服务业	结构失衡总指数
2005	9.75	5.81	12.19	5.97	2.44	15.12	10.60	9.20	7.33
2006	-24.46	-6.58	12.40	14.60	3.73	10.86	27.75	4.67	-4.09
2007	-11.27	-13.91	2.72	11.61	6.64	3.31	-3.07	-10.51	-7.17
2008	-2.68	-11.50	2.30	1.79	6.28	13.35	11.14	-46.87	-5.13
2009	-8.94	-16.42	3.17	-10.32	1.25	10.58	-9.60	0.00	-10.94
2010	-16.31	-31.23	-4.73	9.52	0.50	0.06	-7.70	66.33	-20.03
2011	-7.84	-46.98	-9.80	3.93	5.28	14.00	-12.82	-1.29	-27.99
2012	-21.06	-51.59	-12.37	0.35	2.94	-1.49	-22.09	13.07	-33.23
2013	-18.69	-52.03	-20.40	-4.31	-9.77	-6.98	-19.85	-8.00	-34.92
2014	-21.82	-46.15	-20.83	-14.19	-15.23	-7.78	2.18	16.96	-30.57
2015	-26.08	-43.28	-45.32	-21.33	-16.23	-5.11	-0.36	-42.66	-32.27
2016	-28.51	-33.74	-60.22	-54.71	-11.14	-6.73	-19.25	-44.34	-31.03

通过式（2-1），对原始数据进行计算得到的结果如表 2-1 所示。纵向来看，2003~2016 年，河南省 8 个产业的发展都体现出不平稳的特性，其各个产业的不合理比重忽高忽低，实际增长速度和按效率增长速度相比也没有稳定的特性。产业结构年度失衡总指数最小值为-34.92%，最大值为 7.33%。河南省产业结构失衡指数跨度大，且在 2006~2016 年这十年结构失衡总指数呈负值的逐渐增大，这十年实际增长速度低于按效率增长速度不断扩大的趋势，其中在 2013~2016 年，各产业不合理比重均为负值，河南省各产业及产业结构总体发展欠佳，这些服务业还存在很大的发展潜力。其中各年度的结构不合理程度为 3.85%（2003 年）、-5.13%（2008 年）、-34.92%（2013 年）和-31.03%（2016 年）。

如果横向分产业来看，以 2016 年为例，在 8 个产业中，各个产业的实际增长速度则低于按效率衡量的速度。这也说明了在同一发展时点上，河南省对各产业的投入和发展力度还没有做到足够的均衡、科学，因而导致了 2016 年河南省整个产业结构中包含了-31.03%的不合理比重。虽然从 2003 年以后河南省产业结构失衡指数在波动中下降，可以认为河南省产业结构优化升级已取得一定成效，产业结构发展日渐完善，但是和零相差较远，产业结构仍然存在失衡，由产业结构变化所带来的实际增长速度远低于按效率增长速度，说明河南省的产业结构调整仍存在很大的发展空间，因此我们依然不能松懈，依然需要继续对河南省产业结构进行加固、升级，使之更好地发挥对经济增长的促进作用。

二、从工业产业资本配置效率看产业结构调整效果

资本配置效率是资本的配置和利用的效率，是衡量要素市场运行效率的重要指标之一（陈月生，2011），固定资产的变化代表资本的流动方向，而利润总额的变化代表投资机会。理性的市场行为当然是把资本投入到利润增长的行业，将资本撤出利润减少的行业。因此，我们有理由认为固定资产与利润总额的变化是相关的，如果固定资产与利润总额正相关变化就说明资本配置效率高，否则就认为资本配置效率低。

一个省份的产业结构调整效果的好坏，直接影响着资本的有效配置，河南省第二产业在三个产业中占比最大，而工业产业在第二产业中占比最高，因此本章将借助于工业产业资本配置效率的比较来检验河南省产业结构调整效果，从而对产业结构调整效果进行评价分析。因此，研究河南省总体的资本配置效率，对河南省了解自身的状况以及未来的发展前景，制定应对发展的政策，对提高投资率和促进经济增长有着重要的意义。

首先，行业资本配置效率的研究可以借鉴 Wurgler 在 2000 年提出的思路，即用资本形成对其盈利能力的敏感性，作为衡量工业产业资本配置效率的主要指标。以河南省 2000 年到 2016 年的固定资产净值（亿元）为自变量，规模以上工业企业利润总额（亿元）为因变量，通过对两者关系的考察，来研究河南省规模以上工业企业的资本配置效率。

其次，基于资本配置效率对河南省规模以上工业行业资本配置效率进行实证研究，以研究方法为理论支撑，文献研究和实证分析相结合。用于实证研究的河南省工业行业的资本配置效率的模型为：

$$Ln(y_t/y_{t-1}) = \alpha_i + \beta_i \times Ln(x_t/x_{t-1}) + \varepsilon_i \qquad (2-2)$$

式中，β_i 表示行业 i 的资本配置系数，反映了 i 行业的资本配置效率，α_i 为常数项，ε_i 为随机干扰项，y_t 为规模以上工业企业利润总额，x_t 为固定资产净值。

这里需要特别说明的是，固定资产净值指固定资产原价减去累计折旧后的净额计算得到；利润总额＝营业收入+投资净收益+补贴收入+营业外收支净额+以前年度损益调整，利润总额指企业在一定时期的最终经营成果，是企业的收入减去有关的成本与费用后的差额。

原假设H_0：模型显著，即固定资产的增长与利润总额的增长是线性相关的。设置检验显著水平为95%，即 $\alpha = 0.05$。Sig. 反映的是设置的检验水平，Sig. 越小说明模型越显著。若 Sig. <0.05，认为模型高度显著；若 Sig. <0.1，认为模型显著。

表 2-2 回归方程描述性分析

Variable	Coefficient	Std. Error	T-Statistic	Prob
C	-100.68	226.42	-0.44	0.66
X	0.26	0.02	13.61	0.00

R-squared	Adjust R-squared	F-Statistic	Prob（F-Statistic）
0.93	0.92	185.34	0.00

最后，令固定资产净值为自变量，规模以上的工业企业利润总额为因变量，用Eviews 软件进行简单的一元线性回归模型检验分析。结果显示，调整 R^2 和 R^2 均接近于 1，模型拟合效果很好。系数 β_i 的 T 检验统计量检验 p 值为 0.00 远远小于 0.05，自变量的 T 检验统计量是显著的，说明两者之间存在一定的线性关系，且相关系数为 0.26，也就是说，固定资产净值平均余额每增长 1 个单位，工业企业利润总额增长 0.26 个单位，固定资产投资带来的效率是偏低的，工业产业资产配置效率不足，河南省产业结构调整效果不容乐观。如表 2-2 所示。

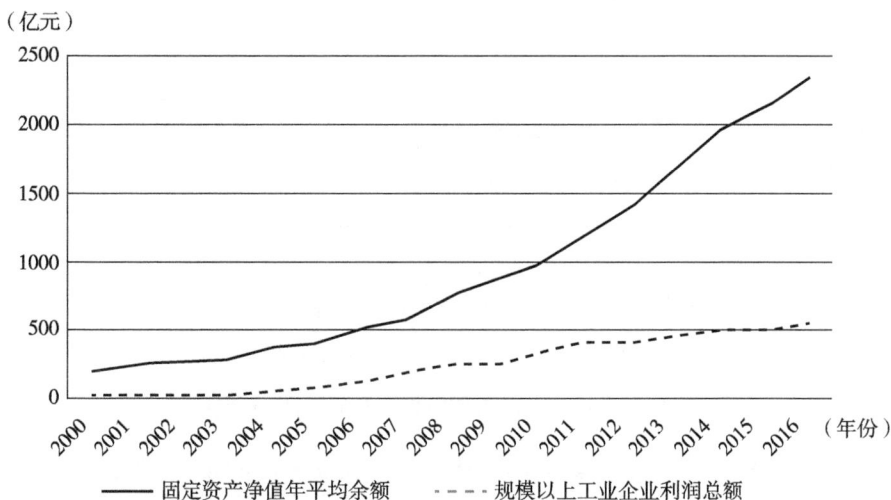

图 2-1 河南省固定资产增长与利润总额增长

由于固定资产净值平均余额等于固定资产原价减去累计折旧得到，由表 2-2 的数据显示，以及图 2-1 直观观察可得随着时间的增长，固定资产净值平均余额的增长速度要快于规模以上工业企业利润总额的增长速度，也就是说，随着固定资产的增加投资的增加，所带来的规模以上工业企业利润总额增长速度不及固定资产投资的增长速度，这从另一方面体现了资源配置率的低下，从而间接地反映了产业结构调整的效果是不容乐观的。

三、构建产业结构调整体系看产业结构调整效果

产业结构调整的目标在于产业结构的优化与升级，为了合理检验产业结构调整效果，本节构建了河南省产业结构调整的评价指标体系。产业结构是一个复杂的系统，影响因素众多，但产业结构合理化评价指标体系不是一些指标的简单堆积和随机组合，而是根据相关原则建立起来的能反映评价对象产业结构状况的指标集。

结构效果指标。即产业内部结构包括各产业产值所占比重以及增长速度，能客观地反映产业发展现状与演变趋势。利用三次产业产值比重表示产业间协调程度，GDP 的增长速度则反映产业间的供求平衡关系，故本书选取的指标为河南省三次产业产值比重与三次产业增长速度。1998~2016 年河南省的三次产业占比与增长速度如图 2-2 所示。

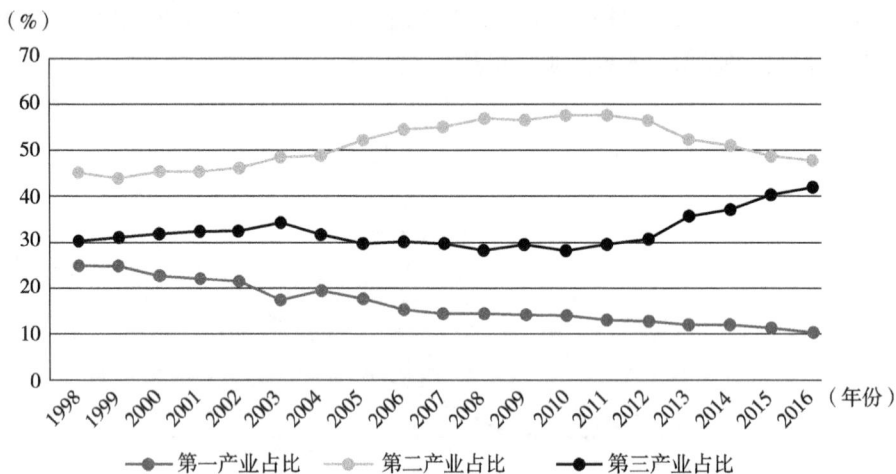

图 2-2　1998~2016 年河南省三次产业 GDP 占比

表 2-3　2008~2016 年全国和河南省三次产业增加值在总 GDP 中的占比　单位:%

年份	2008	2009	2010	2011	2012	2013	2014	2015	2016
全国第一产业	10.3	9.8	9.5	9.4	9.4	9.3	9.1	8.8	8.6
河南第一产业	14.8	14.2	14.1	13.0	12.7	12.3	11.9	11.4	10.6
全国第二产业	46.9	45.9	46.4	46.4	45.3	44.0	43.1	40.9	39.9
河南第二产业	56.9	56.5	57.3	57.3	56.3	52.0	51.0	48.4	47.6
全国第三产业	42.8	44.3	44.1	44.2	45.3	46.7	47.8	50.2	51.6
河南第三产业	28.3	29.3	28.6	29.7	30.9	35.6	37.1	40.2	41.8

由图 2-2 可知，1998~2016 年河南省三次产业 GDP 占比中，第二产业占比呈现先缓慢上升然后又缓慢下降的趋势，最终达到将近与 1998 年占比持平的态势，而第三产业的占比一直缓慢上升，最终达到和第二产业占比相当的程度。两者之间的差距最大的时间是在 2003~2013 年。而第一产业从起初的 25% 左右的占比减少到 2016 年的 10.6% 的占比。

结合图 2-2 和表 2-3 发现以下几点：

一是第一产业在总的 GDP 增长中占比逐渐下降，对经济增长的贡献率也逐渐下降，河南省第一产业增加值占比在总的 GDP 中的占比高于全国。我国第一产业增加值占比从 2008 年的 10.3% 降低到 7.9%，河南省第一产业增加值占比从 2008 年的 14.8% 降低到 9.6%。

二是第二产业的增加值在总的 GDP 中的占比呈现波动中下降的趋势，河南省第二产业的增加值占比超过全国水平。全国第二产业增加值占比从 2008 年的 46.9% 下降到 2017 年的 40.5%，2008~2016 年有升有降，升降的幅度都很细微，整体来看呈现小幅度下降的趋势。河南省第二产业的占比从 2008 年的 56.9% 下降到 2016 年的 47.6%，它的升降趋势和全国水平的第二产业的占比趋势大致相同。

三是无论是从河南省还是从全国来看，第三产业的增加值在总的 GDP 占比都是逐年上升的。全国第三产业的占比从低于一半的占比（42.8%）上升到超过一半的占比（51.6%），而河南省第三产业的占比从 2008 年的 28.3% 上升到 2016 年的 41.8%，从上升的比例来看，全国水平的第三产业增加值占比上升 20.56%，河南省的第三产业增加值占比上升 50.78%，明显看出河南省的第三产业占比上升的幅度远大于全国水平的第三产业增加值占比。2016 年，河南省的第三产业占比与全国水平值相接近，但还是存在些许差距的。

对全国水平的第三产业的增加值占比而言，河南省的第三产业在国民经济中的比重较低。河南省在增加第三产业占比上仍然存在很大的潜力，因为三次产业对国内生产总值的拉动从 2014 年的 0.3%：3.5%：3.5% 到 2015 年的 0.3%：2.9%：3.7% 再到 2016 年的 0.3%：2.5%：4.0%。连续的几年中，第一产业对国内生产总值的拉动没有变化，第二产业对国内生产总值的拉动在下降，而第三产业对国内生产总值的拉动逐年上升，第三产业对经济增长的拉动是很明显的。

结合图 2-3 的三产业增速对比图，可以清晰地看出，2010 年之后第三产业的增速最大，其次是第二产业，最后是第一产业。而第一产业的增速逐渐减慢，截至 2016 年增速将近变为 0，而 GDP 的增加主要由第二产业拉动，同时第三产业对其拉动的作用越来越大。由 2010~2015 年 GDP 增速逐渐下降，在 2015~2016 年 GDP 增速又有所回升，2010 年以前 GDP 增速也有此起彼伏的波动。用 GDP 的增速来间接地反映产业结构的调整效果的话，GDP 增速快的年份产业结构调整效果较好，GDP

（%）

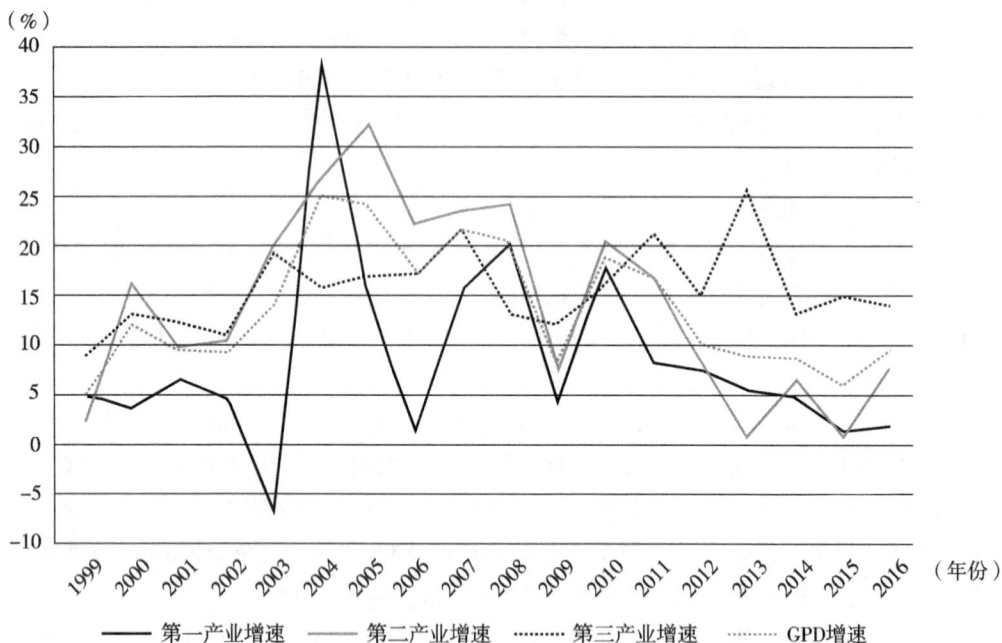

图2-3　1999~2016年河南省三次产业增长速度

增速慢的年份产业结构调整效果较弱。综合来看，2010~2015年产业结构调整效果不如2015~2016年，但是整体来看2010~2016年河南省的GDP增速有较大幅度的下降。

四、用主成分分析法看产业结构调整效果

主成分运用降维的思想，将多个变量转换成几个综合变量的组合，仅仅少量的指标就能代替原来指标所包含的信息，对各个指标权重的确定也是客观的，因此常常用来评价各年的经济效益。这里引用主成分分析法，通过各年经济效益的凸显反映出产业结构的调整效果。

（1）指标体系的建立。截至目前，对于河南省产业结构的分析，大部分学者都采用的是单一指标的评价，但是，单一指标只能反映问题的一个侧面，显然，最终的结论也无法全面地反映现象的变化，有时得出的结论难以支持观点。因此，设计河南省产业结构调整效果的指标体系，应以全方位多角度反映河南省产业结构的调整效果为目标。为此，接下来从反映河南省产业结构调整效果的分产业增加值，建立了一套较系统的衡量河南省产业结构调整效果的指标体系，其包括：①农业；②工业；③建筑业；④交通运输、仓储及邮电业；⑤批发和零售及住宿和餐饮业；

⑥金融、保险业；⑦房地产业；⑧其他服务业。

（2）河南省产业结构调整效果测度。在测度河南省产业结构调整效果时，运用主成分分析法，根据数据的全面性、代表性、数据易获取性等原则设计，将河南省产业部门分为8类，通过这8个分产业增加值构成产业结构调整效果评价体系，对2000~2016年河南省产业结构调整效果进行分析。

表 2-4 相关性矩阵

	农业	工业	建筑业	交通运输、仓储及邮电业	批发和零售及住宿和餐饮业	金融、保险业	房地产业	其他服务业
农业	1.000	0.991	0.990	0.940	0.975	0.925	0.965	0.813
工业	0.991	1.000	0.979	0.906	0.964	0.904	0.948	0.777
建筑业	0.990	0.979	1.000	0.971	0.993	0.961	0.988	0.869
交通运输、仓储及邮电业	0.940	0.906	0.971	1.000	0.973	0.969	0.981	0.925
批发和零售及住宿和餐饮业	0.975	0.964	0.993	0.973	1.000	0.980	0.994	0.905
金融、保险业	0.925	0.904	0.961	0.969	0.980	1.000	0.988	0.936
房地产业	0.965	0.948	0.988	0.981	0.994	0.988	1.000	0.909
其他服务业	0.813	0.777	0.869	0.925	0.905	0.936	0.909	1.000

由表2-4的相关系数矩阵可以看出，分行业间的相关系数是比较大的，也就是说，变量间有较强的相关性，分行业间的相关程度较高。

表 2-5 KMO 和 Bartlett 球形检验

Kaiser-Meyer-Olkin 测量取样适当性		0.866
Bartlett 的球形检验	大约卡方	376.524
	df	28
	显著性	0.000

由表2-5的 KMO 和 Bartlett 球形度检验可以看出，KMO 达到0.886，说明适合做因子分析。由表2-6的特征根和方差贡献率可以看出，当提取一个主成分的时候累计方差贡献率已经达到95%以上。

表 2-6 特征根和方差贡献率

	初始特征值			提取平方和载入		
	合计	方差%	累加%	合计	方差%	累加%
1	7.610	95.128	95.128	7.610	95.128	95.128
2	0.305	3.816	98.944			
3	0.039	0.484	99.428			
4	0.035	0.441	99.869			
5	0.005	0.059	99.928			
6	0.003	0.037	99.965			
7	0.002	0.021	99.986			
8	0.001	0.014	100.000			

令 x_1 为批发和零售及住宿和餐饮业；x_2 为房地产业；x_3 为建筑业；x_4 为交通运输、仓储及邮电业；x_5 为金融、保险业；x_6 为农业；x_7 为工业；x_8 为其他服务业；y 为综合效益。得到主成分表达式：

$$y = 0.362x_1 + 0.361x_2 + 0.360x_3 + 0.356x_4 + 0.356x_5 + 0.353x_6 + 0.347x_7 + 0.331x_8$$

将 2000~2016 年的数据代入主成分表达式中，得出 2000~2016 年所产生的经济效益，然后绘图如图 2-4 所示，2000~2016 年的经济效益逐年上升。

（亿元）

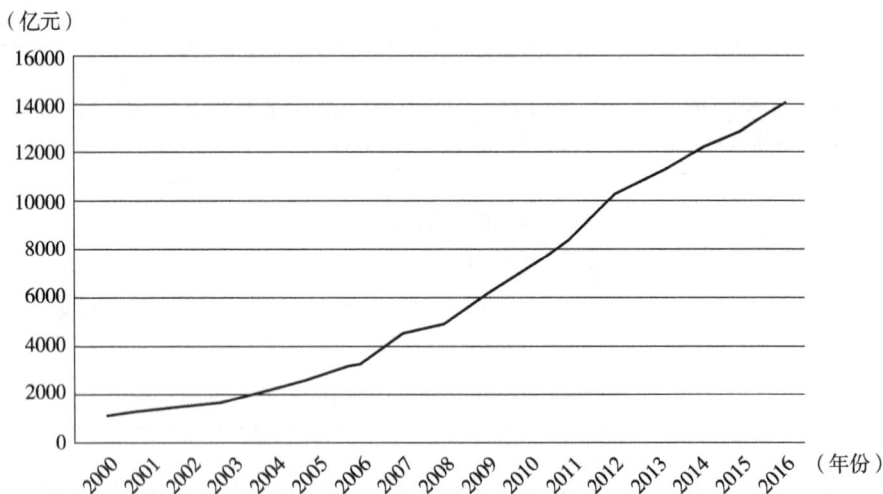

图 2-4 2000~2016 年经济效益趋势

河南省产业结构调整的直接作用为调整后的产业结构所带来的经济效益如何，

产业结构的调整与其所产生的经济效益密切相关，两者呈现了相互依赖相互制约的关系，一个合理的产业结构不仅带来资源的合理配置，减少非合理配置所带来的资源浪费，还可以带来经济的高速增长。

由图 2-4 可以发现，2000~2016 年不断调整的产业结构所带来的整体经济效益呈逐年上升趋势，这个曲线图呈现的是有些许波动但较平稳的指数趋势。综合来看，现阶段河南省的产业结构调整方向是适应其经济发展的有利方向。河南省应该朝着现有的产业结构调整方向进一步调整，以达到适合河南省经济发展的最佳状态。结合前面分析，可以看出河南省产业结构在不断调整，逐渐走向均衡，不断调整的产业结构所带来的经济效益不断提升。但是，河南省的产业结构调整水平还不及全国水平，与全国相比，河南省的产业结构还存在不均衡、产业结构效益不高的现象，优化产业结构，提高经济效益，是河南省接下来的重要任务。

五、总结

以上采用四种方法对产业结构调整效果的评价分析，从方法一基于失衡指数的产业结构调整效果评价中可以看出，河南省近几年的产业结构调整还不能满足按效益应该增长的速度。结合方法二工业产业资本配置效率看产业结构调整效果，得到工业产业的资本配置率相对较低，不足以适应经济的发展。方法三构建产业结构调整体系得到的近几年 GDP 虽在增长，但是其增速还是处于波动中下降的态势。方法四的主成分分析得知产业结构调整带来的经济效益呈逐渐上升的趋势。综合来看，河南省的产业结构在不断调整，不断提升，但是和社会发展所需求的经济效益还存在差别，仍低于按效益应该增长的速度。优化河南省的产业结构，是长远发展所必需的。

第三节　河南省产业结构调整的方向和思路

从发达国家的产业结构演进过程可以看出，第一产业的占比不断减小，第二产业的占比处于先上升后下降，第三产业占比不断提升。也就是由"二三一"的产业格局逐渐变成"三二一"是大势所趋，这是适应经济发展的正确方向，河南省接下的努力方向就是不断解决第三产业发展滞后的问题，不断提升以服务业为主的第三产业的占比，促进第三产业的大力发展。

河南省应加快各产业的发展，应大力提高自主创新能力、着重发展绿色经济，同时政府要提供完善的政策制度保障，努力营造好河南省产业结构调整的配套环境。当前优化调整三次产业结构的总体要求是：绝不放松第一产业，继续优化第二产业，加速提升第三产业。具体来说：一是促进现代农业发展。应挖掘农业的内部潜力，对当地农业资源进行重组，走农业工业化路线，发挥农业后续效益。二是加快新型工业化建设。要坚持大力发展以信息技术为代表的高新技术产业，同时还要对传统产业进行改造升级，这是新时期产业结构调整的需要。三是大力推动服务业发展。河南要以庞大的人口为依托，快速建立现代服务业体系。充分发挥地理优势，建设一批具有全国影响力的物流企业，使河南不但成为全国物流中心，同时要把服务业培育成现代产业体系的重要支柱，重点加快发展新兴第三产业，在政策机制上对各种新兴的服务行业加以扶持和引导。着重发展低碳经济，加快中原经济区建设步伐。四是通过发展低碳经济，提高资源、能源的利用效率，降低经济的碳强度，成为提高我国国际竞争力、应对气候变化的必然要求，是促进我国经济结构和工业结构优化升级的重要途径。

产业转移篇

第三章 河南省承接产业转移问题分析

产业是经济研究中的重要内容和社会发展的中坚力量。产业转移是优化产业空间布局、形成合理产业分工体系的有效途径，是推进产业结构调整、加快经济发展方式转变的必然要求。产业转移在给当地经济带来发展的同时也带来了一系列的负面影响，产业转移中的污染转移问题也备受关注。河南作为内陆省份，能否承接产业转移、承接什么产业转移、如何承接国内外产业转移，对这些问题的回答需要首先了解国内外承接产业转移的经验教训和启示，为制定河南的产业转移政策提供依据。

第一节 国内外产业转移相关理论

一、国际产业转移理论

国际产业转移是发达国家或地区通过国际贸易和国际投资等方式将产业转移到次发达国家或地区以及发展中国家和地区，以带动移入国产业结构调整和优化升级。它是 20 世纪下半叶最典型的国际经济现象之一，随着国际产业转移的发展，其理论研究也取得了一些进展，归纳起来，主要有以下几个理论：

1. 产品生命周期理论

1966 年，美国哈佛大学商学院教授雷蒙·维农（Raymond Vernon）发表了题为"产品周期中的国际投资和国际贸易"的产品生命周期。它认为当产品处于创新阶段时，本国生产具有竞争优势，产品可以采取出口方式进入他国市场。当产品处于成熟阶段时，根据技术扩散程度和生产优势转移情况，考虑以技术转让和对外直接投资等方式进入他国市场。当产品处于标准化生产阶段时，最好通过对外直接投资将生产转移到具有优势的国家和地区。维农的理论以发达国家为视角，阐述了产业如何由发达国家逐渐转移到发展中国家的过程，但却无法解释发达国家之间的投资行为和无技术优势的发展中国家的对外投资。20 世纪 70 年代，维农对该理论做出了修正，引入了国际寡占行为理论来解释跨国公司的对外直接投资。

2. 雁形形态理论

日本经济学家赤松要在 1960 年提出了产业发展模式的"雁形形态理论"，这一理论主要是后进国家参与国际分工实现产业结构高度化的途径。某一产业随着进口不断增加，国内生产和出口形成，将这四个阶段在图表上表示，图形呈倒"V"形如三只大雁展翅翱翔，于是他提出有关后起工业国典型产业发展模式理论——"雁形形态产业发展论"（见图3-1）。

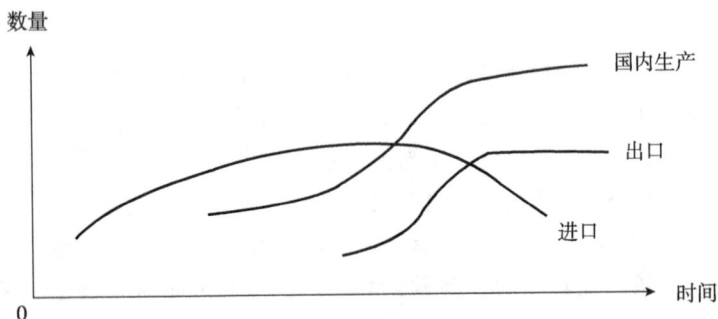

图3-1 雁形形态模型

图3-1中进口曲线表示由于后进国家产业结构脆弱、国民经济体系不健全，实行对外开放后使国外产品大量涌入后进国家市场，这时市场基本是进口产品；国内生产曲线表示国外产品进入使后进国家市场得以扩大，后进国家可以充分模仿、引进和利用进口产品的生产生产工艺和技术，并使之与本国廉价劳动力与优势自然资源相结合，不断增加进口产品的国内生产能力；出口曲线表示后进国家生产达到一定规模后，由于本国劳动力和自然资源优势，加上高新技术转化率和转化速度提高及经营管理改善，生产成本下降，产品销售在国际市场上具有较大竞争优势，最终形成产品出口浪潮。赤松要所倡导的分工结构是垂直分工，这就导致处于雁阵低梯级的国家在国际分工中始终处于不利地位，发展中国家只能跟在发达国家后面调整产业结构，而不可能赶上发达国家，显然这种思路有失偏颇。

3. 边际产业扩张论

日本—桥大学小岛清（Kiyoshi Kojima）教授根据日本企业的对外直接投资在1978年提出了著名的边际产业扩张理论。该理论认为"对外直接投资应从本国已处于或即将陷于比较劣势的产业（边际产业）"依次进行。他根据日本对外直接投资的经济材料，主张"对发展中国家工业的投资要按照比较成本及其变动依次进行，并从技术差距小、容易转移的技术开始，按次序进行转移"。他认为一国应对具有比较优势产业实行专业化，出口该产品，同时收缩比较劣势产业，并通过对外直接投资将其转移到国外，然后再由东道国将产品出口到母国。这一理论仅从经济发达国家对发展中国家这一条线来解释，且仅局限于20世纪60~70年代的日本，不能解释发展中国家的逆贸易导向型直接投资，回避了这一模式对发展中国家发展的消极影响。

4. 劳动密集型产业转移论

阿瑟·刘易斯（W. Arthur Lewis）在《国际经济秩序的演变》一书中写到，发达国家在 20 世纪 60 年代由于人口自然增长率下降，导致非熟练劳动力不足，劳动力成本上升，某些劳动密集型产业的比较优势逐渐丧失，于是发达国家将部分劳动密集型产业转移到发展中国家。由于当时国际产业转移主要发生在劳动密集型产业方面，因而刘易斯的理论主要是建立在赫克歇尔—俄林的要素禀赋理论基础之上，大多数学者认为，刘易斯在这方面没有建立完整的理论体系，但循着这一理论思路，经济学家可以更深入地考虑国际产业转移问题。

5. 重合产业论

卢根鑫（1997）认为，重合产业是发达国家和欠发达国家在一定时期内存在的技术构成相似的同类产品生产部门，它们使用相似的机器设备或生产线、运用相似的技术工艺、需要相似比例的生产资料和劳动力来生产相似商品。当产业深化不能抵消别国相对较低的成本优势，发达国家重合产业就只能够进行产业转移。因为产业转移不仅能摆脱重合产业绝对成本较高的不利地位，且能实现重合产业的再次价值增值。产业贸易和产业投资是产业转移的基本形式。发达国家可以通过产业贸易将重合产业所采用的资本品、中间品、无形资产等销售给发展中国家，让后者扩大重合产业生产，以便保证将这些产品出口发达国家，满足后者对这些重合产业产品的需要。通过产业投资，发达国家可以将重合产业所采用的大部分生产要素转移到发展中国家，在发展中国家生产发达国家所需要的全部或大部分这类产业的产品，这两种转移方式均表现为某些产业在发达国家逐渐显得增长乏力，而发展中国家重合产业正处于高速增长时期。因而全球性的产业转移浪潮往往随着世界范围内的产业调整以及产业在地区分布方面的变化。

6. 梯形产业转移论

石东平、夏华龙（1998）认为，梯形产业转移和升级是指发达国家不断向发展中国家或地区转移已失去比较优势的产业，从而推动发展中国家或地区的产业升级。这种产业转移与升级呈现梯形，沿着劳动密集型产业—资本密集型产业—技术密集型产业的方向进行转移和升级。当发达国家因原有比较优势日趋衰落并通过研究与开发投资创造新的比较优势而进入比较优势的高阶梯时，发展中国家或地区将通过吸收发达国家的直接投资和技术紧跟进入发达国家所退出的产业。一段时期后这些发展中国家或地区原来具有比较优势的产业也将因失去比较优势而转移给紧跟其后的更低发展水平的国家或地区，发展中国家或地区自己的产业得到升级。除此之外，他们还认为产业转移存在阶段性。这种国家之间的产业转移及产业移入国国内的产业升级，主要是通过较发达国家向不发达国家的直接投资来实现的。当前，随着经济全球化的深化发展和知识经济时代的到来，国际产业转移呈现新的发展态势，国际产业转移进程呈现加速化、规模扩大化和方式多样化的特点。

二、区际产业转移理论

区际产业转移一直都是现代经济学研究的重要问题。区际产业转移是指在市场经济条件下，发达区域的产业顺应竞争优势的变化，通过跨区域直接投资，把部分产业的生产转移到发展中区域进行，从而使产业表现为在空间上移动的现象。根据转移主体的性质、转移动机等差别，产业转移可分为扩张性产业转移和撤退性产业转移。产业转移具有三个特点：综合性、阶段性和梯度性。通常情况下，一国内部各个区域不会处于相同经济发展梯度上，尤其在发达区域和欠发达区域之间，这种梯度更为明显。区域经济发展水平的客观差异蕴含了区域间发生产业转移的客观基础。

1. 区位产业布局论

产业布局会影响到一个地区的发展，韦伯（A. Weber）于1909年较早研究了工业的区域布局问题，并提出了工业区位论，他认为理想的工业区应具备三个主要因素：运费、工资和集聚因素。最佳工业区位是运费、工资和集聚三者作用下的最佳。马歇尔（A. Marshall）于1920年从需求和供给两方面分析了专门工业为何集中于特定地方。地方需求的扩大和需求的不同特点导致了产业的集中，从供给方面来看，空间集聚会导致外部规模经济。汤普森（Thompson）于1966年从"人性化"的角度提出了"区域生命周期论"。克鲁格曼（P. Krugman）于1990年提出了两地区、两部门的一般均衡区位模型。Nikolaus Wolf于2002年通过分析波兰1925~1937年产业区位的动态演化过程，提出了一个考虑地理因素和比较优势来确定各自影响的模型。研究发现，熟练劳动力和市场潜力起到了一定作用。

2. 企业迁移论

"企业迁移理论"认为，企业迁移的动力是区位推力和吸力的合力。其中，推力主要有企业内因和外因，内因主要是当前区位限制企业扩张或代表性有限，企业就有迁移要求。外部原因主要是到达企业所在地困难、远离市场、现有建筑物损坏、政策环境不好等都会成为企业迁出的动力。而企业迁入因素正好相反：有足够的空间、接近分销商、供应商和顾客、劳动力供应充足、生产成本低、房地产价格合适等。

"新制度企业迁移理论"认为，产业转移不能仅视为企业行为，还要考虑植入这些行为中的社会和文化内涵。新制度区位理论的前提假设是空间经济过程不是由企业区位行为决定的，而是由社会、文化制度和价值系统形成的。企业不得不与分销商、供应商、地方政府等组织就价格、工资、税收和补贴等生产中的关键问题进行谈判，企业区位行为是这些谈判的结果。政府在企业迁移中容易起到作用，如基础设施、设定特区、补贴和退税等，基础设施建设会影响制造业企业区位选择，企业更愿意以距离更远的成本定位在更接近高速公路的区域。

三、总结

以上对国内外产业转移的相关理论进行系统总结和概括，对我们理解不同国家或地区差距的形成提供了很好的视角，但这些理论仍存在许多不足，有待于进一步完善。国外学者对国际产业转移和区际产业转移问题研究较多，区域间的产业转移问题研究较少；对区际产业转移的影响因素更侧重于经济要素，制度环境方面涉及较少；国内学者对区际产业转移问题研究，侧重于定性描述，很少进行定量分析，且较少考虑产业转移的微观机理，难以清晰反映区际产业转移对区域协调发展的作用，尤其是针对落后地区如何承接区际产业转移来加快发展的理论研究尤其不足。

第二节　国际产业转移和区际产业转移的成功经验分析

一、产业转移的发展历程

1. 国际产业转移的发展历程及趋势

（1）国际产业转移的发展历程。从"二战"以后到 20 世纪 90 年代前期，国际经济共发生了四次大规模国际产业转移。第一次是在 20 世纪 50 年代，美国科技和经济均处于全球领先地位，成为第一次国际产业转移的推动者。战后，美国对日本、西德、加拿大等国进行海外投资和资本、技术输出。通过承接转移产业，日本和西欧大大加快了工业化进程，工业产业竞争力迅速提高。第二次是在 20 世纪 60 年代，日本和美国一起成为这一时期产业转移的主导国家。在这一时期，美国和日本集中力量发展钢铁、化工、汽车、机械等出口导向型资本密集工业，同时也注重发展电子、航天等部分高附加值技术、资本密集型进口替代工业，而把纺织、服装等轻纺类劳动密集型工业和耗能多、污染大的重化工业逐渐转移到"亚洲四小龙"和部分拉美国家。"亚洲四小龙"获得了发展劳动密集型产业的契机，逐步实现了由进口替代向出口加工的过渡，成为新兴工业化国家或地区。第三次是在 20 世纪 70 年代，这一时期的石油危机和经济危机沉重打击了工业化国家的高能耗重化工业，迫使其加快产业结构调整步伐，开始发展以微电子技术为主的能耗少的知识技术密集型产业，而将钢铁、化工、造船等粗放型重化工业转移到亚洲新型工业化国家。而这些国家迅速承接发达国家转移出来的资本密集型产业，将失去比较优势的劳动密集型产业转移到泰国、马来西亚等国，促进了这些国家的工业化进程。第四次是在 20 世纪 80

年代，这一时期，美国、日本大力发展新材料、新能源等高新技术产业，将产业结构重心向高技术化、信息化和服务化方向发展，进一步将劳动、资本密集型产业和低附加值的部分技术密集型产业转移到国外。而亚洲新兴工业化国家承接美国、日本转移出来的重化工业和微电子等高科技产业，而将劳动密集型产业和一部分资本密集型产业转移到东盟和中国，带动了这些国家的发展和产业结构升级。

（2）国际产业转移的趋势。国际产业转移主要从经济发达地区到欠发达地区呈现波浪式传递效应。当前，国际产业转移呈现以下几个特点：

一是呈现价值链纵向延伸趋势。最初，国际产业转移主要集中在价值链的中间环节及辅助环节，通常会以零部件组装、来料加工、来样制作等方式呈现。随着承接国生产力水平提高、技术进步及管理水平提升，发达国家开始逐渐将产业转移的价值链向两端延伸，从技术研发到营销售后的各个环节都由承接国承担。

二是呈现高科技化与信息化特征。随着发达国家产业结构升级步伐加快，其产业转移重点已经由 20 世纪中叶的第一产业、第二产业等劳动密集型行业转移到第二产业的高端制造业及信息技术、生物技术等高新技术行业，甚至是金融、保险、物流、咨询等生产性服务业。

三是转移方向逐渐变为发达国家间和发展中国家间的相互转移。21 世纪以来，发展中国家间产业互相转移及发达国家间产业相互转移趋势加强，由于转移国与承接国经济发展水平相近，贸易壁垒和摩擦会更小。

2. 我国产业转移的发展历程

从 20 世纪 80 年代开始，中国东部沿海地区开始承接"亚洲四小龙"及发达国家或地区的劳动密集型产业，经济开始迅速发展，形成了珠三角和长三角经济圈等东部沿海发达经济带，同时还吸引了美国、日本、欧盟等世界主要经济体的大规模投资，制造业得以迅速发展。目前，东部沿海地区已进入工业化中后期，经济发展已接近世界新兴工业国水平，奠定了"世界工厂"地位。中国承接国际产业转移历程经历了三个阶段：第一阶段（1979~1991 年），这一阶段"亚洲四小龙"向外转移以轻纺产品为代表的劳动密集型产业，我国适时承接了这些轻工业，使我国的轻纺产业升级换代步伐得以加快。这一时期，外商在华投资还处于实验性阶段，投资规模小，引进外资少，FDI 更少，主要是对外借款，承接的是加工贸易。在这时期，广东占得先机，利用国家的优惠政策，充分发挥地理优势，积极利用外资，大力发展外向型经济，促进广东经济腾飞。第二阶段（1992~2001 年），这一阶段进入快速发展阶段。我国抓住国际产业结构转移和调整机遇，承接劳动密集型和资本密集型相结合的产业，机电产业得以发展，出口增加。这一阶段承接产业转移的方式多样化，外商投资特别是跨国公司开始在中国进行系统化、大规模投资，FDI 成为我国引进外资的重点，跨国公司投资主要集中在环渤海地区和华东沿海，华南地区投资偏少，上海加快承接国际产业转移步伐，极大地促进了经济发展。第三阶段（2002年至今），欧美等发达国家发展债务型经济和超前消费，带动全球进入新一轮快速经济增长。发达国家把发展中国家作为加工厂，进行产业链布局形成加工基地。跨国公司在全球范围内建立零部件加工制造网络，自己负责产品的总装与营销。我国成为世界加工厂，通过承接国际产业转移促进经济快速发展。这一阶段市场更加开放，中国经济持续高速增长带来了巨大的市场空间，中国对国际产业的吸引力进一步增强，中国成为FDI的首选地之一。中国进入承接国际产业转移的高速增长阶段，外商投资继续增加，发达国家已将成熟的资本密集型和技术密集型产业大规模地向中国东南沿海转移。以信息产业为代表的高新技术产业生产环节向我国大规模转移，珠三角、环渤海、长三角等地区已形成各具特色的信息产业基地。加工贸易在促进贸易发展、增加就业、保持外汇平衡、经济增长等方面做出了巨大贡献。2006年以来，中国承接国际产业转移的主要地区出现了由东部向中西部地区转移的态势。东部地区受外部需求减少影响，经济增速下降，且原材料和劳动力成本处于相对劣势地位，在承接国内产业转移竞争中不具优势。中西部地区对FDI吸引力加大，外资向中西部地区梯度转移趋势明显。

3. 我国产业转移现状

当前，我国沿海地区传统产业转移以核心制造业与上下游配套企业同步转移为主，进入了全面优化产业链布局的新阶段，呈现出以国内转移为主、境外转移起步、产业布局优化、生产转型与投资转移并举等特点，转移步伐与后续影响处于加速期。其中：

（1）沿海地区传统产业转移规模大，但产业优势仍然明显。东部地区近70%纺织服装企业发生过转移或有转移亿元，长三角地区10%以上代工企业向东南亚等地转移，珠三角有40%的企业发生转移。

（2）本轮产业转移主题是品牌企业和龙头企业，重点是优化产业链区域布局。以掌握自主品牌，具有研发设计能力的大中型企业为主，一些纯代工中小企业因缺乏自有品牌和核心技术，受加工成本变化影响较大，在成本上升时大多转向东南亚国家。

（3）本轮传统产业转移注重规模与效益均衡，转移与转型协调。沿海地区企业将转移与供应链管理、市场开拓相结合，在利用承接地廉价要素资源转移产能、稳定传统大宗出口订单的同时，积极引进先进设备，专注研发设计、品牌塑造、市场营销等高端环节，实现做大两个市场、优化内外结构的目标。

（4）传统产业向东南亚转移呈现四大特点：一是以订单转移为主，投资转移规模不大；二是以低端制造业为主，研发设计和采购销售仍留在国内；三是以租用厂房为主，自建厂房企业较少；四是东南亚国家用工成本低、贸易环境宽松，但诸多因素不利产业转移落地。这些不利因素有：产业配套差，有些国家纺织服装的配套产业布料全靠进口；熟练工人匮乏，劳动生产率低；基础设施落后，投资环境较差。

（5）随着经济发展、市场格局变化和产业升级，沿海地区传统劳动密集型产业将加速向外转移，对整个东亚地区和我国经济和产业布局产生深远影响。

第一，随着全球化深入发展，我国东部沿海劳动力优势不再，劳动密集型产业向中西部和东南亚转移，是全球化继续发展的大势所趋和模式再现。

第二，沿海地区传统企业在投融资、供应链管理、国际化营销等方面已有明显优势，产业向外转移的硬件和软件也渐趋成熟。

第三，沿海企业将加工制造环节转出，集中于研发、设计、营销、品牌等价值链高端环节，有利于企业充分利用全球优势资源，迈向价值链高端。虽然短期沿海企业会出现就业下滑、税收下降等阵痛，从长期看，有利于地方和企业提高市场竞争优势，获得更多价值和发展机会，在全球产业分工中赢得主动、掌握先机。

第四，东南亚与我国都将从传统产业中获得重要机遇。东南亚承接我国产业转移、加速推进工业化，将为我们创造更多外需，促进国内发展、增强我国与东南亚地区经济联系，深化产业合作。

4. 总结

国际产业转移的新趋势给我国产业结构升级与调整提供了机会，我国应充分利用产业转移高科技化与服务化的新特征，积极承接发达国家的生产性服务业转移，进一步完善基础设施建设，改革人才培养策略。我国在承接国际产业转移中存在条块分割模式，缺乏全国范围内的统筹性与协调性，中央政府应站在更高层面对地区间的产业转移进行统一安排与部署，实现东部、中部、西部产业结构合理布局与调整。

二、承接国际产业转移的经验

1. 韩国承接国际产业转移的经验

韩国自20世纪60年代至80年代，完成了美国、日本、英国等发达国家需要半个世纪才能实现的工业化进程，被誉为"江汉奇迹"。韩国先后三次大规模承接了国际产业转移，通过产业承接带动了国内产业升级和经济发展。第一阶段承接产业以劳动密集型轻纺工业为主，主要是引进劳动密集型产业的设备和技术，外商直接投资很少，属于贸易主导型产业承接。同时，外国政府的技术援助也发挥了重要作用，美国和日本在这一时期分别提供的技术援助有12项和10项之多，这些技术援助明显带有产业转移性质。第二阶段承接产业以资本密集型重化工业为主，涉及钢铁、造船、石化等重化工业，以引进设备和技术为主，外商直接投资为辅，总体看仍属于贸易主导型产业承接。第三阶段承接产业以兼具资本和技术密集型的产业为主，包括电气电子、化工、运输机械等产业，技术、设备引进与外商直接投资并重，随后外商直接投资逐渐占据主导地位，开始成为韩国承接国际产业转移的主要方式。韩国承接国际产业转移的经验主要有：

（1）准确把握时机，正确选择主导产业。韩国在承接国际产业转移时机和主导产业选择上，及时把握国际产业转移动向、做到了与全球产业结构调整和升级紧密相连。当时世界范围的分工和产业结构发生重大变化，美国、日本将纺织、服装等轻纺类劳动密集型产业或耗能多、污染严重的行业向国外转移；20世纪70年代由于石油危机的影响，发达国家开始发展能源消耗较少的知识和技术密集型产业，化工、造船等重化工业则向国外转移。韩国抓住这一机会，先后承接了这一产业，实现了国内产业结构升级。此外，韩国及时将本国市场上已无优势的产业向东盟等周边国家转移，呈现双向互动局面。另外，在承接产业转移过程中，韩国政府的政策导向与效率也发挥了重要作用，连续实施了六个经济开发五年计划，结合本国国情和国际产业转移动向，从宏观上为产业承接和发展指明了方向。

（2）做好物流配套服务。20世纪60年代以来，韩国政府投入大量资金用于铁路、公路、港口、电力和通信等基础设施建设，使基础产业得到迅猛发展，为承接产业转移创造了良好的基础条件。此外，为节约基础设施建设，政府实施了工业联合体政策，为大多数企业提供特定生产区。到1979年，韩国共建成了9个工业联合体。

（3）不断提高劳动力素质。韩国政府采取以下措施提高教育投资：一是在财政资金紧张情况下，仍旧重视教育投资，确保教育投资增长速度超过经济发展速度。二是在不同阶段的教育投资重点不同。

（4）不断调整外资政策。韩国政府在各阶段实施不同的外资政策。在经济发展初期以借款为主，10年后外商直接投资才开始占据重要地位。外资投向上一般以政府经济开发计划规定的重点行业、产业或产品为主。在外资立法与优惠政策方面，明确了外商直接投资的免税期、与国内企业的平等待遇及撤资担保等条件。进入20世纪80年代以后，政府在引资方式上倾向于吸引外商直接投资，提高了外国人可投资领域，但产业导向更加明显，只对高科技或引进大规模资金的企业和设在自贸区符合要求的企业给予税收优惠。韩国外资政策的不断调整为顺利承接产业转移提供了政策支持。

（5）处理好引进与创新的关系。韩国政府妥善处理了技术引进与创新的关系，使韩国企业从模仿起步，逐步实现从技术追赶到自主创新的跨越，从而推动了国内产业升级。20世纪70年代以后，政府对技术研发给予高度重视，提出科技立国战略，为有研发的企业减免税额等。

2. 日本承接国际产业转移的经验

日本承接产业转移的路径是依据日本学者赤松要的雁形发展模式，也即按照产业的周期从最开始的进口到能够进行国内生产，再到出口的循环发展，来促进产业结构高度化。日本在承接产业转移过程中注重对技术的大量引进。在 20 世纪 50 年代，美国进行了产业结构调整，把制造业等部分产业转移到日本等国家。日本及时抓住了美国对海外中等发展国家在技术和资本方面的投资机遇，加大对资本和先进技术的引进，从而推动了日本工业化的资本积累。日本利用比较优势通过承接发达国家的产业转移，缩短了与欧美国家的差距。日本通过对发达国家的技术引进，促进本国企业的技术改造来推动产业竞争力的提升。此外日本还实施"进口替代"战略，吸收国际剩余劳动力为本国服务。日本从最初的承接轻工业到后来的全面承接，均是对国外先进技术的消化吸收，从最开始的模仿到实现技术创新的跨越，然后成为世界发达国家之一。

3. 总结

在承接产业转移过程中政府和民众的态度起了非常重要的作用。以马来西亚和印度尼西亚为代表的东南亚大国，虽然劳动力富足、自然资源丰富、交通便利，但民众对产业转移认识不足，误认为是经济入侵，在承接产业转移过程中不是采取迎合策略，而是将信将疑，政府没有做好承接产业转移的准备。因此在产业转移结束后，其经济也没有大的改观。而"亚洲四小龙"虽然地域不广、自然资源匮乏、消费市场不大、经济起步阶段资金严重不足、人员素质较低，但对产业转移却表现出完全不同的认识，采取迎合态度，顺势而为，甚至造势而为。政府在承接产业转移中采取了两项政策：一是搞好软硬件建设。在软环境上，出台一系列促进工业发展和对外贸易的法案，优化招商引资政策。如在企业设立上都是实施准入制而不是核审制，办理登记注册非常高效便捷，外资进入非常方便。对企业管理上，政府实行的是无为而治，由市场主导，只在引导和服务上做文章，减少对企业干扰。总之在软环境建设上体现了"政策宽松"和"服务优质"，迎合了外来投资者的要求，对外来投资有很大吸引力。在硬环境上，紧抓通信系统、电力供应系统和交通设施。先建设后招商，通过"超前建设、集中管理、资源共享"模式，降低投资企业的生产成本，以此达到招商引资的目的。二是借外来投资做大本土优势产业。如中国香港的强势产业是服务业，因此政府在产业引导上主要吸引外资投向金融、港口服务和娱乐，把香港打造成世界金融、海上交通运输和旅游娱乐中心。韩国则利用其技术优势做大生产加工业，使韩国现代、三星跻身世界前列。新加坡则利用便利的交通条件大力建设海港和炼油行业，迅速发展成为全球航运中心、国际贸易中转站和炼油中心。

三、承接区际产业转移的经验

1. 美国中西部承接东部产业转移的经验

在美国历史上发生了大规模的产业转移，主要是中西部地区承接了东部沿海地区的产业转移，美国主要采取了以下措施：第一，联邦政府和西部各州县政府以税收优惠来吸引企业转移。第二，在制定西部发展政策时，加大对西部基础设施的投资，改善投资环境。第三，由于西部地区的工业基础薄弱，但自然资源丰富且人力成本相对低廉，在军工业向民用工业转型的契机下，大力发展以电子、生物工程为代表的高新技术产业，形成"硅谷"等高新技术产业集聚区。第四，加大对人才的储备。通过财政支出加强落后地区的基础教育，各州通过预算支持新工人和再就业人员的培训，保证转移企业在劳动力方面的需求。第五，有计划地对落后地区进行开发，重要法令的颁布为开发计划营造了稳定的环境，相应机构的设立为开发计划提供了行政上的支持。

2. 湖北省承接东部产业转移的经验

自 2006 年东部沿海开始大规模产业转移以后，湖北省承接东部沿海地区产业转移的规模日渐扩大。2009 年湖北省引进省外资金项目有 1969 个，实际到位资金有 1134 亿元。2011 年湖北省引进省外资金项目增加到 2165 个，实际到位资金达 3377 亿元。2013 年湖北省引进省外资金项目 2746 个，实际引进东部资金达 6157 亿元。以广东为代表的珠三角，以浙江、上海为代表的长三角、环渤海湾和福建等地是湖北吸引内资的核心来源地。湖北省采取建立工业园区的方式吸引大量项目，不断发展壮大，聚集效应不断显现，已成为国内外产业转移的主阵地，在全省招商引资中发挥"领头羊"作用。但从区域分布来看，区域高度集中于武汉。且随着国家招商引资工作大力推进，中西部地区纷纷制定相关政策，争项目、拉客源、抢商机、促发展，省域之间相互比拼、相互赶超的竞争态势逼人。东南沿海省内的就近转移也对湖北承接东部产业转移带来了竞争压力。

3. 河南省承接产业转移的经验

河南省主动吸纳东部沿海地区产业转移，不仅优化了本地区产业布局和产业结构，而且促进了东部地区产业持续增长。近年来，外商直接投资不仅高于全国水平，在中部地区对外资也具有较强吸引力。河南省自 2009 年起每年举办若干次全国性或区域性的产业转移对接活动。随着信息网络、智能终端、生物医药、高端装备等一批战略性新兴产业项目向中原经济区转移集聚，带动了相关技术密集程度高的配套企业向河南转移，河南省产业结构明显优化。河南省正逐步调整产业结构，承接更多的以技术为核心的高附加值行业。当前河南省的产业转移带动了产业集群和城市群发展。其经验可归结如下：

（1）全省动员，力促重大项目落户。河南省引进承接东部沿海地区的制造组装产业链环节作为重点目标，省委省政府亲力亲为，确保重大项目落户。富士康手机生产线的落户不仅降低了生产商的用工成本，实现战略转型，而且为河南省带来了几十万的就业岗位，培养了一批技术技能人才，使河南省各项优势得到了充分发挥，实现了富士康与河南省"双赢"的局面。

（2）搭建了多个产业转移对接平台，促进转移对接。河南省通过搭建实体平台和网络平台，促进产业转移"一对一""点对点"对接。该平台不仅为承接产业转移项目而推动产业对接，同时还举办各种交流活动，为探讨产业转移、区域发展趋势、推动产学研深度合作、不断总结经验教训，对产业发展和产业合作起到了良好的引导示范作用。

（3）突破行政壁垒，让市场机制配置产业要素。河南在承接产业转移示范区过程中打破了行政壁垒，促进产业要素在更广阔的地域内自由流动，提高承接产业转移水平。承接地在转移产业融入发展时从产业配套、人文环境、发展理念、行为模式等方面提供较好的衔接，减少适应成本、增加产业合作双方对产业转移的认同感和产业承接便利性，增强产业转移吸引力。

（4）产业转移手段选择与本地特色优势相一致。具有产业集群优势的地区，应当推动产业链整体转移；具有禀赋优势地区，应充分利用禀赋优势，不同产业优势地区互相之间应分工合作，形成优势互补。

（5）政府服务与市场机制有机结合。尽可能降低产业落户的相关成本，创造低融资成本、低要素成本、低土地房产成本、低税费成本、低物流成本的"五低"商务环境。减少审批环节，提高行政效率，为企业营造自由开放的经营环境和高效人性化的服务环境，加强产业转移项目的事中事后监管。

4. 新疆承接产业转移的经验

新疆地域辽阔，矿产资源、农业资源、旅游资源丰富，矿产储量大、种类多，具备承接产业转移的资源比较优势。新疆近几年产业发展迅速，第一产业比重在不断缩小，第二产业比重在不断扩大，第三产业比重则基本保持稳定，表明新疆已形成"二三一"的产业格局（见图3-2）。三次产业变化说明农业在新疆国民经济中的地位已经下降，第二、第三产业在国民经济中占主导地位的格局已基本形成，具备了承接产业转移的产业基础。2011年以来，新疆引进外资取得较快发展，对外贸易再创历史新高。2011年实现进出口总额228.22亿元，同比增长33.2%，增速高于全国平均水平10.7个百分点。传统大宗商品出口保持较快增长，机电与高新技术产品出口突破30亿美元，创历史新高，吸引了中集车辆、陕西重汽、中国重汽和三一重工等一批机电企业来新疆投资发展，出口商品结构进一步优化。

（亿元）

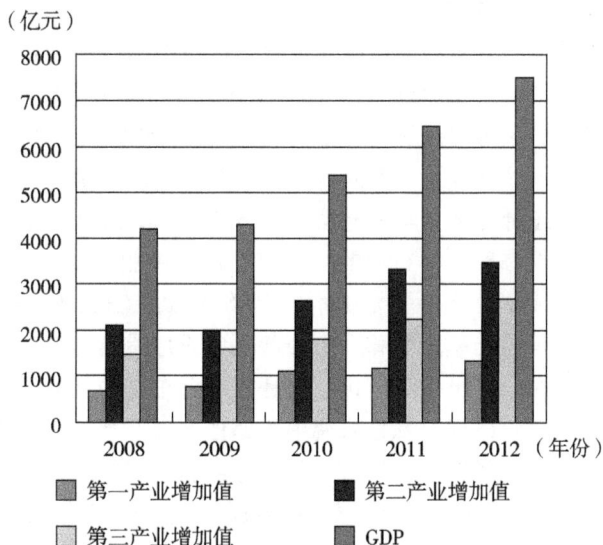

图 3-2　新疆第一、第二、第三产业增加值与 GDP 对比

因此，新疆承接产业转移具备三个优势：一是资源优势。新疆拥有非常丰富的水土光热资源，很多农产品驰名国内外，矿产品也在全国名列前茅。与新疆接壤的中亚国家也是未被开发的资源富集区，这对东部企业有吸引力。此外，新疆在土地、光热、人文风光等方面也都有独特的比较优势。二是区位优势。新疆国境线长、毗邻国家多、具有向西开放和扩大经贸合作的条件。新亚欧大陆桥的开通为新疆的"双向开放，东进西出"提供了良好契机，成为了联结亚太地区和整个欧洲地区最便利的运输通道。三是市场优势。新疆居民生活水平显著提高，购买力大大增强。且周边国家在产业结构上差异性大，如俄罗斯、哈萨克斯坦、土库曼斯坦等国产业结构中油气资源占有重要地位，属于资源密集型经济体，对轻纺、食品、机械电子等轻工业产品的需求较大。东部产业向新疆转移，可以开拓新疆及周边地区市场。

但承接产业转移也存在一些问题，如基础设施较差，交通、邮电、供水供电、文化教育等虽然在不断完善，但铁路密度、水运密度、电话普及率等还比较落后，尤其是交通运输方面，铁路网密度低、民航航班数量和机场密度不足，远落后于东部地区，导致我国东部地区产业向新疆转移的物流成本太高，加大产业转移成本，从而降低产业竞争力。此外，从新疆劳动力素质来看，缺乏高素质人才是承接产业转移的一大劣势。虽然近年来新疆注重引进人才，但高素质人才缺乏的状况并没有得到根本改变，这些都会对承接产业转移构成不利影响。

5. 劳动密集型产业转移的经验

近年来，随着劳动力和土地等要素成本上升，我国东部劳动密集型产业比较优势减弱，部分产业发展遇到"瓶颈"，向西部地区转移已成为必然趋势。这样既可确保衰退产业顺利转移，又可避免东部地区因产业发生大规模转移而导致产业空心化，对优化产业结构、协调区域发展具有重要意义。罗勇、张倩倩（2015）运用工业经济效益指标，评估了东部地区劳动密集型产业发展现状，筛选出应当优先转移的产业，并利用主成分分析法对目标行业的承接地进行承接能力评价。结果表明，东部地区劳动密集型产业成本上升，亏损加剧；江苏纺织服装制造业、浙江家具制造业、上海通用设备制造业等应当率先转移，中西部各省份应综合考虑地区承接能力，选取适宜的承接地。他们还得出以下结论：一是加大对东部地区衰退期产业转移的金融支持，确保其顺利落户发展。二是协调中西部地区对承接产业的选择，引导中西部地区承接具有比较优势的产业，统筹区域产业结构，避免重复建设。三是大力发展东部高新技术产业，避免因传统产业转移导致的产业"空心化"，全面促进区域产业结构优化升级。

6. 总结

欠发达地区承接发达地区的产业转移已成为我国产业发展的必然趋势。产业转移有利于优化产业布局，促进转型升级，为中西部发展提供资金、技术支持，有利于推进城镇化，缩小地区差距。但也会影响我国传统产品的投资与出口，沿海地区出口订单转走，对吸收外资也形成了一定压力，也可能导致沿海地区产业"空心化"，影响当地经济和就业稳定。

四、总结

我国东部沿海地区承接发达国家的国际产业转移和我国中西部地区承接东部沿海地区的产业转移是当前我国产业转移的一大特征。通过对国内外产业转移的分析可得出以下几点结论：

（1）从承接国际产业转移和区际产业转移的经验上来看，国际产业转移还没有形成地区间的协同配合作用。国内产业转移中，中西部地区贸易便利化相对滞后，部分省市缺乏系统化、网格化布局；一些地区过度竞争、盲目引进、重复建设、环境破坏问题突出等。因此，沿海地区应顺应全球化产业转移趋势，抓住机遇，优化要素和产能配置，促进产业升级，增强开放型经济发展后劲，坚定结构调整主线，加强部门协作、做好规划引导，推进传统产业稳妥有序转移。

（2）从承接国际产业转移和国内产业转移的对比上来看，承接国际产业转移与承接国内产业转移的特征和性质不同。国际间资本可以自由流动，劳动力不能自由流动。国内资本和劳动力均可自由流动。因此国际间的产业可以转移而且必须转移，国内区域间的"外向型"产业转移的必要性不充分，因为沿海大部分是外向型的且节约成本，往内地迁的成本太大。

（3）承接国内外产业转移首先要对承接地进行评估，并预测对当地经济发展带来的正面效应和负面效应。每个地区的资源禀赋、区位特征、劳动力资本等都不同，需要首先评估适合承接什么类型的产业转移，预测承接后会对当地经济产生什么影响，然后得出承接产业转移的行业。

第三节　对承接地产业转移负面效应的分析

产业转移在给地区经济带来加速发展的同时，也承担着污染转移的代价。污染转移是产业转移的负面效应。污染产业转移是指企业在不同经济发展水平区域之间，将产品生产的部分或全部由原生产地转移到其他地区，从而在产业的空间分布上表现出该企业由发达区域向发展中区域转移的现象。污染产业产生的污染物不仅对人体、周围动植物有巨大危害，而且还会对整个生态系统构成极大威胁，造成我们赖以生存的环境恶化。本部分拟分别总结国际产业转移过程中的污染问题和国内区域间产业转移的污染问题。

一、污染产业转移相关理论

"二战"后污染产业在国际和区域间转移开始备受世人关注，成了国际经济关系中的一个典型现象。其间，一些国家产业化进程加快，要求将其污染产业转出，于是这些产业就被转移到其他国家。亚洲地区间的产业转移初始于日本，劳动力价格上涨使其在劳动密集型产业的优势逐渐丧失，于是转移到"亚洲四小龙"国家和地区，十年后又转移到中国，很多学者将污染产业转移的现象进行了研究，并提出了相关理论来解释其带来的环境污染，主要有以下五个理论：

1. 比较优势理论

比较优势理论认为在贸易自由化条件下，各国出口本国具有比较优势的产品达到福利最大化。发达国家对外投资向发展中国家输出污染产业相当一部分是基于这一理论，经济、社会与环境协调发展要求发达国家不断增强环境管制，使其一些污染密集型产业在国际竞争中逐渐丧失原有优势，从而导致该类产业不断流向环境管制宽松的发展中国家。从表面上看，发达国家不再担心外部环境成本，发展中国家也在贸易中获得了丰富的资金和先进的技术与管理经验。但实际上牺牲了发展中国家的环境质量。

2. 要素禀赋理论

要素禀赋理论即赫克歇尔—俄林理论，该理论强调不同的国家和地区具有不同的要素禀赋，不同商品也有不一样的生产函数，这些共同作用决定了贸易的产生和类型。如果将环境看作生产要素，则环境管制较弱的国家倘若其环境资源也相对富裕，就会生产环境密集型产品（污染密集型产业），而环境管制较强的国家倘若它的环境资源相对较为稀缺，就会将本国的这类产业转移到其他国家。因此，对环境管制程度的差异可能造成污染产业转移。

3. 产品周期理论

产品生命周期理论认为发达国家在产品生命周期发生变化时，为了逃开相对劣势，会将其产业向外流转。在产品创新阶段，创新国获得该种产品垄断权；产品成熟阶段，仿制产品出现对创新国形成竞争，为维护市场份额，采用独资、合资等形式将这种产品生产转移到需求类型相近的国家；当产品进入标准化阶段时，这种产品在本国不再具有竞争优势，创新国会放弃在本国生产这种产品，转而将其转移到其他国家。在本质上就是将这些即将淘汰或已经淘汰的高耗能、高耗材、高污染的产业转移到发展中国家。

4. 边际产业理论

边际产业理论是指投资国在对外投资过程中，应分析本国形势，发掘本国比较劣势产业，即边际产业，并将该产业投资到他国，这样可以把本国资源集中到优势产业，并把东道国的资源与劣势产业相结合，利用本国技术使该产业在东道国充分发展。以对外投资形式把污染密集型产业转移到发展中国家可以保持其比较优势，而且发展中国家对资源的消耗和环境保护力度不足，该产业可以进行多项实验使本产业升级，并可将产品返销国内，不但发展了该产业，而且利益链条得到了延长，因此，发展中国家必然成为污染密集型企业的避风港。

5. 中心—外围理论

中心—外围理论将世界划分为两部分：处于中心生产多样化高级产品的西方发达国家和处于外围生产专业化初级产品的大多数发展中国家。中心—外围理论揭露了发达国家和发展中国家在产业转移中的不平等现象，同时也指出经济全球化不仅没有消除这种不平等，反而会扩大两者之间的差异。在地区间经济差异不可避免的前提下，产业转移也能为欠发达地区带来积极影响。

二、污染产业转移对环境的影响

污染产业转移主要通过两种途径：一是贸易转移，二是产业投资转移。目前贸易方式转移污染产业越来越难以实现。在研究产业转移问题时，需要考虑其与外商直接投资的关系，企业进行对外直接投资的目的要么是扩大生产规模，要么是增强垄断优势，要么争取自然资源，抑或减少生产成本，尤其是跨国企业，目标亦多是如此。其投资动因按级别有初、次两级。将主要目标是为获取最大投资受益的企业定为初级动因类，如通过生产成本减少、生产效率提高等来增加更多收益。而将主要目标是最大化企业的全部资产收益的企业划定为次级动因类，如通过跨国性和有效控制率的提高获取更大受益的企业。按照上述分类，发达国家在对外直接投资初级动因驱使下，将污染产业由国内迁入发展中国家。

随着外商直接投资的不断加大，为当地经济注入了新的活力，当地就业机会得以改善，技术转移也促进了科技创新，地区经济发展得以增长，但同时我们也应该看到，资源被大肆占用，环境质量不断恶化，产生了巨大负效应。如果外商投资将污染密集型或资源消耗型产业投入到该国中，那么必然加重地区的资源环境压力。国内许多学者研究表明外商投资的主要产业集中在污染密集产业特别是高度污染密集产业。在经济发展初期，社会发展首要任务是发展经济，提高物质文化生活水平。外商直接投资备受欢迎，一些无管制或宽松管制下的外资引进让一些污染产业转入国内，这样会以牺牲环境质量为代价，于是出现经济越来越繁荣而环境越来越恶劣的情形。这将会使发展中国家的 EKC 转折点被抬高或同时向右平移，这时发展中国家再想越过 EKC 的顶点向前发展将变得更加困难。因此，把握当前国际环保大趋势、努力协调 FDI 与区域环境问题已成为各地方政府所面临的严峻而又现实的问题，产业转移与环境污染之间的关系问题引起了众多学者的广泛关注。如图 3-3 所示。

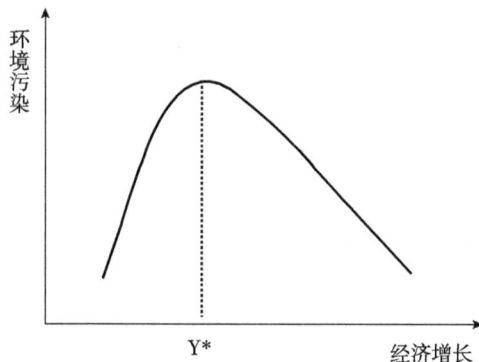

图 3-3　经济增长与环境污染的关系

三、中国承接国际污染产业转移状况分析

近年来，我国外资引入再创新高，国家统计局数据表明，2014 年我国实际利用外资达到 1197.05 亿美元，但是外商对我国投资的产业主要集中在污染大、能耗高的

劳动密集型产业。国际产业转移对我国环境造成污染的具体表现为：

（1）通过把大量高能耗、高污染的初级产品转移到我国生产，造成严重环境污染。一些西方发达国家把高能耗、高污染的初级产业转移到中国进行生产，这些生产活动过程中造成的大量污染留在了国内，所转移的初级产品主要包括原材料产品、中间产品和劳动密集型产品，这些初级产品的生产加工过程中会对环境资源造成重大破坏，特别是一些国外公司通过跨国合资的形式从事一些高污染、高能耗的矿产品开发，给当地空气和水土带来极其严重的污染。

（2）通过把大量淘汰工业设备或生产线转移到我国继续生产，造成严重环境污染。发达国家把落后淘汰的工艺输入和生产线转移到中国等发展中国家，同时也将污染产业转移到发展中国家。如20世纪八九十年代，日本和欧美产业转移即将过时的加点生产线，在我国投产的冰箱和空调仍然采用能耗高、污染严重的工艺设备，沿海一些地方甚至重复引进加点生产线造成浪费和污染。

（3）通过技术许可和贴牌生产的方式大量生产资源消耗型产品出口，造成严重的环境污染。外资企业进入中国，有很多是出于保护本国资源和环境的目的，他们利用技术上的某些优势，对一些污染环境的产品进行技术许可和贴牌生产的方式以合资合作的模式让我国企业为他们大量生产资源消耗型产品，并以最低价格收购，在生产过程中给我们国内环境造成很大污染。

（4）通过引进或转移国外大量垃圾废物到我国进行再加工造成严重环境污染。一些发达国家企业在生产过程中会产生工业垃圾，但为了节约成本，并没有在国内进行积极无害化处理，而是通过出口转移到发展中国家销毁，这使诸如中国等一些发展中国家成了垃圾加工厂。

国际污染产业转移对我国的影响有正有负，正面影响主要表现在：

（1）国际污染产业转移从某种程度上给我国提供了更多就业岗位。污染产业转移给我国创造了新的就业岗位，增加从业人员数量，我国东部沿海从业人数从2005年的4522.7万人增加到了2011年的7800.1万人，在6年间就业人数增加了42.2%，发达国家产业转移起到了很大作用。外资流入不但创造了大量工作岗位，还提升了劳动者的一般工资水平。外资企业生产力水平相对较高，员工平均工资高于其他企业，会给其他企业造成竞争压力，迫使其他企业也提高工资，从而带来整体工资水平提升。

（2）国际污染产业转移可促进我国出口增长。外商通过直接投资方式将污染转移到我国的过程中也会相应带来一些先进生产工艺和高效管理手段，加快国内产业优化升级，提高投入产出效率，促进我国经济发展，并且还可以通过对人力资源的优化为经济增长积累人力资本。单纯从产业转移对出口的影响上来看，国际污染产业转移客观上促进了我国出口贸易增长，对我国经济增长起到了一定促进作用。

负面影响表现为：

（1）承接国际污染产业转移恶化我国环境，且违背经济社会的可持续发展。2014 年我国二氧化硫排放量达到 1974.42 万吨，氮氧化物排放量为 2078 万吨，粉尘排放量为 1740.75 万吨。二氧化硫以及粉尘大量排放会给环境带来很大影响，近年来因为工业排放的污染物增加而导致的我国 PM2.5 严重超标，导致我国许多城市遭受雾霾侵袭，大半个中国都面临严重雾霾问题。随着我国承接污染产业数量逐渐增加，尤其是隐性污染转移增加，所带来的环境污染问题也越来越严重，使我国环境系统结构与功能发生变化，导致环境质量持续恶化，不利于社会可持续发展。

（2）对国际产业转移过于依赖，影响我国产业创新能力。我国通过产业转移获取了经济发展初期必需的资金和技术，近年来发达国家在一定程度上开始将他们的研发机构设立在我国，但大多没有涉及核心技术，而是利用我国环境成本低的政策优势进行投资，即使有新技术转移到我国，也是因为其国内已经研发出更新的技术，对我国科技创新意义不大，反而会使国内企业对发达国家产业转移产生路径依赖，影响我国产业自我创新能力，并对产业升级产生一定阻碍。以苹果公司为例，其产品研发、设计都在美国，生产过程在我国，所获收益很少，却给我国生态环境带来了巨大隐患。

（3）国际污染转移加重了我国污染治理成本。我国东部沿海地区是承接国际污染转移的第一梯队，但同时其废水排放量和环境污染治理投资也在逐渐增加。我国在环境污染治理上的投资比重也逐年增加，从 2002 年的 1367.2 亿元上升到 2011 年的 6592.8 亿元，环境污染治理投资总额占 GDP 比重已达到了 1.36%，国家每年在污染治理上都要耗费相当大的资金，随着污水治理成本的逐渐上升，小城镇正在成为污染行业的转移地，这又给当地生态环境造成新的威胁。

（4）转移产业质量不高，导致产业空心化。我国在承接国际产业转移过程中，片面注重产业转移数量和规模，忽视引资质量，导致一些产业出现结构失衡、质量下降的局面，从而导致我国产业结构升级停滞甚至退步。发达国家借着投资高新技术产业为由在我国发展低技术含量的劳动密集型产业，享受着政府提供的优惠政策，并从中谋取暴利。这种产业转移对我国来说不仅不能促进产业结构优化升级，而且还会降低国外企业在我国的竞争成本，使国内同类企业承受巨大压力，对国民经济发展而言是双重损失，最终后果可能会导致产业空心化。

国际产业转移对环境污染影响盛行的一个观点是"污染天堂"假说。国外不少学者对污染天堂假说进行了理论和实证研究，其中一些学者的研究为这一假说提供了有力证据，认为国际产业转移恶化了环境质量。在经济发展早期，发展中国家为了吸引更多外资流入，往往会放松环境管制标准，加速自然资源的开发和利用并生产更多资源密集型产品，因此，发展中国家更多是从事"肮脏行业"的生产，出口也往往是污染密集型和资源消耗性产品，从而沦为发达国家的"污染天堂"。另一些学者认为，国际产业转移不但没有恶化东道国的环境质量，反而有利于改善区域环境污染。首先，产业转移的生产活动和污染治理活动都具有规模效益递增特征，FDI通过提高收入水平进而提高区域环境质量，因而"污染天堂"只是一个短暂现象。其次，与当地企业相比，外资企业往往执行严格环境标准，因此，其海外投资减少了当地污染排放量，并且它所推行的国际环保标准能促进东道国环保技术发展，产生污染晕轮效应。最后，FDI所提供的新技术有利于改善环境质量，FDI为发展中国家提供了采用新技术的动机和机遇，促使其实现清洁或绿色生产，且外资企业间接的生产外溢效应可以改善东道国环境质量，因而，FDI可以通过引进环境友好型的技术和产品改进东道国的环境福利。

国内学术界一般集中考察通过FDI的国际污染产业转移与环境污染的关系。到目前为止还没有一致结论。一种观点认为，FDI有益于环境改善，如Frankel（2003）认为，发展中国家在引进FDI的同时也采用了同发达国家处于同一发展阶段的新技术，这有助于促进他们实现绿色生产，从而促进环境质量提高。杨万平（2008）认为，FDI的流入通过技术溢出效应影响了国内的生产方式，在一定程度上改善了我国的环境质量。黄菁（2010）认为，FDI通过对经济增长、产业结构和环境污染治理的影响最终有利于我国的工业污染治理和环境状况改善。彭文斌（2011）认为，地区外商投资企业工业总产值增加，环境污染反而减少。许和连（2012）通过省际面板数据的空间计量研究，证明了FDI在地理上的集群有利于改善我国的环境污染。另一种观点则与前者相反，认为FDI加速了环境污染。张彦博（2009）认为，我国FDI的存量增加所诱致的经济规模扩张和经济结构的重污染化加剧了污染排放，但其诱致的技术转移带来了正面的环境效应。王文治使用环境投入产出模型，衡量FDI流入我国制造业对污染物排放的影响，研究结论表明，FDI主要流入我国制造业中相对清洁的部门，但通过产业关联导致其他制造业部门污染物排放增加。但刘荣茂（2006）均与前述两种对立观点不同，他认为外商直接投资对环境的影响比较复杂，与经济发展阶段和外商投资结构有关，因此，有选择性地进行产业转移将有助于环境改善。

四、中国承接国内区域间污染产业转移状况分析

在我国，社会经济一直以来呈现出东部、中部、西部的梯度发展格局。我国这种地区发展不平衡、东西部贫富差距逐渐拉大的状况，为区域间的产业转移提供了新的动力。同时，随着东部经济发展，当地人民对环境质量的要求也越来越高。某些产业失去了比较优势，面临着将高污染、高能耗、低效率企业对外转移的压力。

而中西部地区环境质量标准低、为东部污染企业提供了条件。但中西部地区在承接污染产业转移的同时是否会导致承接地区的环境损害加剧，是学术界非常关心的问题。区际污染产业转移对环境的影响是目前的热点问题。

国内对区际产业转移的研究主要集中在东部沿海地区的污染产业向中西部地区转移方面，目前存在两种相反的观点：一种观点认为，没有发现污染产业份额增加会导致环境污染加重的经验证据，如龚健健（2011）研究了高能耗产业占全国份额表示的工业集聚对 SO_2 排放的影响，结果发现中西部地区高能耗产业份额增加产生的集聚效应带来了范围经济，并且由于积聚产生的知识和技术外溢使高能耗企业在节能减排的技术交流与合作中具有较大的正外部性，有助于中西部地区的节能减排，并且西部地区的高能耗产业集聚对于节能减排的作用要大于中部和东部地区。赵大平（2013）认为，制造业以合资、合作或并购方式转移，能提高中西部地区污染企业的技术和制造规模，有效降低上游地区的污染程度，从而减少上游地区污染扩散导致的危害。另一种观点认为，污染产业增加会导致环境相对损害加剧，张燕（2009）对江苏省污染产业转移的实证研究表明，内资企业工业总产值增加将增加"三废"排放量。李中建（2013）研究认为，中部地区在承接东部产业转移中，承接的多为不利于环境的产业，加剧了环境污染。在前述研究的基础上，刘友金、曾小明、刘京星（2015）为了描述污染产业的区域分布状况，通过对 2003~2012 年 31 个省份的 16 种污染产业的工业总产值占比变化情况分析得到污染产业的区域转移变化图。污染产业在 2003~2012 年的区域分布变化表明，2003~2012 年的时间段内，共有 9 个省份的污染产业有相对减少现象，减少份额共计 13.79 个百分点，其中有 6 个省份为东部地区，减少份额达到 13.21 个百分点，占全部减少份额的 95.79%。污染产业相对减少份额最高的是广东省，达到近 5 个百分点。其次是上海和浙江，分别达到 3.27 个百分点和 2.73 个百分点。中部地区除了山西和黑龙江，西部地区除了西藏有小幅降低外，其余省份都是污染产业增加区域。中部地区污染产业增加份额最高的省份依次是河南、江西、湖南、安徽和湖北，区域位置相对集中。而西部地区污染产业增加份额最大的省份区域位置则相对分散，污染产业增加份额最大的省份是内蒙古、广西、四川和陕西。从局部区域特征来看，污染产业转移在地理位置上表现出分散转移趋势，转移路径是由近到远、从中部到西部不断变化的过程。污染产业转移基本遵循了梯度转移规律，即由发达地区梯次向欠发达地区、东部地区向中部再向西部地区转移。这是因为，污染产业转移到相邻省份，既能同原来产业链保持联结，又能节约综合要素成本。污染产业转移对环境损害具有正向影响，但不同地区环境相对损害状况存在显著差异，不同因素对环境损害的影响程度和作用方向不同，这为探讨中西部地区"承接产业转移但不承担沉重环境损害代价"的可行路径及管控政策提供了理论依据。

五、总结

产业转移不仅给当地经济带来正面效应，也会引发很多负面问题。污染转移是产业转移的负面效应。本部分首先对污染产业转移的理论进行总结，然后运用环境库兹涅茨曲线说明了污染产业转移与经济增长和环境之间的关系。接着分别分析了中国承接国际污染产业的状况和国内区域间污染产业的状况，最后得出中国承接国际产业时应有选择性地进行产业转移，在进行国内产业转移时也得出中西部地区可以在承接产业转移的同时不承担环境损害的代价。因此，承接国内外产业转移首先要对承接地进行评估，并预测对当地经济发展带来的正面效应和负面效应。每个地区的资源禀赋、区位特征、劳动力资本等都不同，需要首先评估适合承接什么类型的产业转移，预测承接后会对当地经济产生什么影响，然后得出承接产业转移的行业。

第四节　对承接地产业转移承接能力的评估

在 21 世纪世界经济发展实践中，国际产业转移是经济全球化、世界经济一体化的重要内容。国际经济协作与各国产业结构升级的过程是产业一轮又一轮不断跨国转移的过程。发达国家通过产业转移调整产业结构，实现全球战略目标，发展中国家通过承接产业转移加快产业结构升级和经济发展。当前发达国家正在进行产业结构大调整，美国、日本、西欧等国家将主要经济致力于信息产业的发展，而将包括装备制造业等第二产业逐渐向发展中国家转移，中国、泰国、马来西亚等东南亚一些国家，还有准备开放的不发达地区和国家，都将成为产业承接地。产业转移承接地必须具备一定的吸引力，才能在竞争中取胜。我国各地区都在密切参与国际经济循环和经济合作。因此，需要更加合理地利用国内外资源，根据地区产业转移规律和经济发展实际状况，积极、有选择地承接各地区具有一定优势的产业，从而提高产业结构层次和水平。各地区在承接产业转移实践中，必须对地区的产业转移承接能力有清醒的认识，才能充分发挥产业转移对各地区提高产业水平与结构的积极作用。本部分讨论承接产业转移能力评估指标体系构建的问题。

地区产业转移承接能力是指一个国家或地区在面对产业转移时所具有的吸引产业、接纳产业、发展产业的能力。它是一个国家或地区适合某种产业移入和发展所具有的比较优势和竞争优势的综合体现，最终表现为具有竞争优势的能力。吸引产业能力是指一个国家或地区由于资源供给或产品需求的比较优势所具有的吸引产业转移的能力，包括市场潜力吸引力、产业集聚吸引力和优惠政策吸引力；接纳产业的能力是指一个国家或地区已具备的顺利接纳产业转移的能力，是使接纳来的产业得以生存和为今后发展奠定基础的能力；发展产业的能力是指一个国家或地区使吸纳而来的产业规模不断扩张、优势地位不断递进、进而推动产业结构不断高度化和合理化的能力。展宝卫等（2006）认为，产业承接能力是产业承接地集聚转移产业的吸引力、准确甄别转移产业的选择力、稳固接纳转移产业的支撑力和融合提升产业的发展力等多种作用力的综合系统。孙世民（2007）认为，产业承接能力是指一个国家或地区在一定时期和一定技术组织条件下所拥有的、凝聚吸引转移产业、准确选择转移产业、稳固接纳转移产业、融合发展转移产业、进而提升产业结构最终促进区域经济发展的能力。产业转移综合承接能力涉及面广、影响因素多、是长期形成的一种能力。本书将产业转移综合承接能力定义为：一个国家或地区在一定时期内，稳固接纳转移来的产业得以存续的能力（包括基础承接能力即基础承接条件和当地经济发展水平），将转移产业与本地原有产业体系融为一体并使本地产业规模不断壮大、结构不断改善的能力（产业协调配套能力、技术创新能力、开放合作能力）及对产品需求的比较优势所具有吸引转移产业的能力（市场吸引能力）的综合。

一、指标体系构建

国内学者在构建评价指标体系上成果丰硕。翟相如（2008）基于对产业转移经典理论及其影响因素的深入剖析和产业转移形成机理的全面把握，结合评价要素和指标选取原则，设计出了承接能力的评价指标体系，包括成本因素、市场潜力、投资政策环境、产业配套能力、技术研发水平、经济效益6个二级指标和10个三级指标。吴勇（2012）归纳出6个与产业转移能力相关的指标，包括承接地的市场规模和市场潜力、承接地的要素成本、承接地的经济和产业发展水平、承接地的基础设施、承接地的资源禀赋和承接地的产业承接政策，以省外境内投资来表征区际产业承接能力。罗哲等（2012）认为，影响产业转移的因素包括自然资源禀赋、生产要素价格、人力资本、基础设施、资本市场、科技水平、产业基础、制度和政策等，并用16个指标建立了西部地区产业转移评价指标体系。李世杰等（2014）从产业转移的转移方和承接地两个方面来考虑承接能力指标体系的构建，选取产业吸引能力、产业发展能力、产业支撑能力和产业选择能力4项二级指标，21项四级指标构建指标体系。孙威等（2015）从承接地对转移产业的吸引能力、支撑能力和发展能力三个方面出发，构建了3个二级指标和15个三级指标的产业承接能力指标体系。李璐璐（2014）从地区发展水平和产业结构、技术创新能力、市场吸引能力、对外开放合作程度、产业配套能力5个方面，设计了27个评价指标组成指标体系对中原城市群承接产业转移能力进行评价。肖雁飞等（2014）根据PREE系统构成，分别从人口、资源、环境和经济等出发构建中部地区承接沿海产业转移影响因素。

上述产业转移能力指标体系为我们评价产业转移提供了基础，但上述文献在设置指标体系时存在指标体系不统一，有的指标过于繁杂，存在重复，如赵淑琪在2002年提出的指标太多，很多指标相关关系数太大，可以剔除其中一些。有的指标不全面，有的指标过少。很少有学者将资源环境承载力考虑在内。在方法上有的存在运用不当、研究结果与理论不符等问题。本节在上述研究基础上构建全面衡量地区承接能力的指标体系。

产业转移承接能力评价指标应依据产业转移承接能力的内涵及影响因素来选取，本节从影响产业转移的因素方面来考虑，包括：经济发展水平、基础设施、市场化水平、科技创新水平、资源环境承载力5个方面构建指标体系对产业转移能力进行评估。

（1）经济发展水平。选取人均GDP、建成区绿化覆盖率、固定投资价格指数、金融机构各项存款年底余额、居民消费价格指数5个指标来衡量。

（2）基础设施条件。选取每万人拥有公共交通车辆、城市生活垃圾无害化处理、城市燃气普及率等指标。

（3）对外开放程度。选取进出口总额与实际使用外资额来衡量。

（4）产业结构水平。选取规模以上工业增加值指数、第二产业产值、第三产业产值来衡量。

（5）市场潜力。选取城乡居民储蓄存款年底余额、职工工资总额、社会消费品零售总额、常住人口数、城镇居民家庭人均可支配收入来衡量。

二、研究方法选择

在研究方法上，由最开始的定性分析逐渐过渡到定量分析，定量分析方法有梯度系数法、主成分分析、博弈论分析、计量模型法、TOPSIS模型、灰色关联模型、Theil不均衡指数法、空间滞后面板数据模型等方法。本节选择主成分分析法对指标体系进行评价。

三、河南省承接产业转移能力分析

自2000年以来，河南省实际利用外资金额呈上升的趋势，从2000年的5.40亿美元上升到2016年的169.93亿美元。根据外商和港澳台商投资的产业分布来看，2014年投资第一、第二、第三产业的占比分别为3.3%、18.5%和78.2%。外商主要投资在第二产业和第三产业。河南省和台湾地区经济交流不断加深，经贸合作持续加强，截至2014年6月，河南已入驻富士康、友嘉实业集团、旺旺集团、丹尼斯百货等1935家台资企业，实际利用台资143.23亿美元。2016年河南省发布《河南省制造业承接产业转移2016年工作计划》，将承接产业转移的重点放在八大"制造业"上，分别为高端装备制造业、电子信息产业、消费品工业、汽车及零部件产业、能源原材料工业、生物医药产业、节能环保产业、食品工业。另外，河南省承接产业转移的步伐也不断加快，规模也不断扩大，承接长三角、珠三角、渤海地区等沿海地区项目上百项，行业集中在电子信息、装备制造、汽车及零部件、食品、建材、现代家居六大高成长性产业，签约的项目有 80 项。18 个省辖市及郑州航空港经济综合实验区签约项目达 200 项。

本部分主要通过选取可量化指标，构建承接产业转移能力指标体系，并用这个体系去评价 2006~2016 年河南省承接产业转移能力的变化。指标选取要从承接产业转移的实践考虑，从承接地的实际情况出发；选取的指标易于获得且具有代表性；选取的指标可量化，且具有连续性和可比性。根据选取的可量化指标，运用因子分析方法，将众多指标提取出主成分，算出因子得分，进行综合排序。选取的一级指标有经济发展水平、产业结构水平、对外开放程度、基础设施条件、市场潜力，选取的二级指标有 18 个（见表 3-1）。

表 3-1 承接产业转移能力指标体系

一级指标	二级指标
经济发展水平	人均 GDP（元）
	建成区绿化覆盖率（%）
	固定投资价格指数（上年=100）
	金融机构各项存款年底余额（亿元）
	居民消费价格指数（上年=100）
产业结构水平	规模以上工业增加值指数（上年=100）
	第二产业产值（按当年价格计算）（亿元）
	第三产业产值（按当年价格计算）（亿元）
对外开放程度	进出口总额（万元）
	实际使用外资额（万美元）
基础设施条件	每万人拥有公共交通车辆（标台）
	城市生活垃圾无害化处理（%）
	城市燃气普及率（%）
市场潜力	城乡居民储蓄存款年底余额（亿元）
	职工工资总额（亿元）
	社会消费品零售总额（亿元）
	常住人口数（万人）
	城镇居民家庭人均可支配收入（元）

在因子分析的时候，选取一级指标，通过 SPSS 对此进行因子分析。以市场潜力为例，选取市场潜力下的城乡居民储蓄存款年底余额（亿元）、职工工资总额（亿元）、社会消费品零售总额（亿元）、常住人口数（万人）、城镇居民家庭人均可支配收入（元）。由于数据的数量级存在差别，要将原始数据进行标准化，用标准化后的数据再进行检验。进行 KMO 和 Bartlett 球形检验，得出结果（见表 3-2）。

表 3-2　KMO 和 Bartlett 球形检验

取样足够度的 Kaiser-Meyer-Olkin 度量		0.775
Bartlett 球形检验	近似卡方	139.234
	自由度	10
	显著水平	0.000

检验得出 KMO 统计量为 0.775，显著性水平小于 0.01，即各变量间具有较强的相关性，适合做因子分析。

在因子分析的时候，提取的主成分应使累计方差贡献率达到 85% 以上为宜。得到的方差贡献率如表 3-3 所示。由表 3-3 可知，在提取的因子中，第一公因子保留原始变量 71.139% 的信息，第二公因子与第一公因子累计保留 99.518% 的信息，几乎可以解释全部变量信息。所以在该因子分析中，提取两个公因子比较合适。根据因子载荷矩阵的求解方法，得出的因子载荷矩阵如表 3-4 所示。

表 3-3　总方差解释

成分	初始特征值			提取平方和载入		
	合计	方差百分比（%）	累计方差百分比（%）	合计	方差百分比（%）	累计方差百分比（%）
1	4.498	89.951	89.951	3.557	71.139	71.139
2	0.478	9.567	99.518	1.419	28.379	99.518
3	0.014	0.285	99.802			
4	0.008	0.163	99.965			
5	0.002	0.035	100.000			

表3-4　因子载荷矩阵

	成分	
	1	2
标准化［社会消费品零售总额（亿元）］	0.995	−0.083
标准化［职工工资总额（亿元）］	0.992	−0.102
标准化（城镇居民家庭人均可支配收入）	0.989	−0.127
标准化［城乡居民储蓄存款年底余额（亿元）］	0.978	−0.186
标准化［常住人口数（万人）］	0.768	0.640

从因子载荷可以看出，第一公因子只在常住人口上有较小数值，其余都有接近1的载荷；第二公因子同样常住人口有较大正载荷，其余都为较小负载荷。为了使公共因子有更为明确的意义，可对因子载荷使用方差最大旋转。得到的因子载荷矩阵如表3-5所示。

表3-5　旋转后矩阵

	成分	
	1	2
标准化［城乡居民储蓄存款年底余额（亿元）］	0.946	0.310
标准化（城镇居民家庭人均可支配收入）	0.927	0.367
标准化［职工工资总额（亿元）］	0.917	0.390
标准化［社会消费品零售总额（亿元）］	0.911	0.409
标准化［常住人口数（万人）］	0.362	0.932

旋转之后，第一公因子除了在常住人口有较小载荷之外，在其他变量上都有较大的载荷值，可以称第一公因子为消费因子；第二公因子只在常住人口上有较大载荷，可以称第二公因子为人口因子。

运用此类方法，便能得到其余各一级指标下的二级指标的公共因子。

根据能力指标体系的构建，及 SPSS 得出的分析结果，继续以市场潜力下的二级指标为例分析，将两个公共因子表示为指标变量的线性组合：

$$F_i = \sum F_{ij} w_{ij} \tag{3-1}$$

式中，w_{ij} 为方差贡献值。则市场潜力得分（方差最大旋转后）为：

$$F_5 = 71.48\% \times F_{51} + 28.52\% \times F_{52} \tag{3-2}$$

对其余指标进行检验，都适合做因子分析。按照以上步骤对其余指标进行因子分析，得到的一级指标因子得分，分别为：$F_1 = 60.21\% \times F_{11} + 39.79\% \times F_{12}$；$F_2 = 95.55\% \times F_{21}$；$F_3 = 99.16\% \times F_{31}$；$F_4 = 94.35\% \times F_{41}$。计算得出各指标的分子得分如表3-6所示。

表3-6　因子得分

年份	经济发展水平得分	产业结构水平得分	对外开放程度得分	基础设施条件得分	市场潜力得分
2004	-0.26	-1.27	-1.12	-1.09	-0.98
2005	-1.11	-1.13	-1.06	-0.86	-0.89
2006	-1.10	-1.02	-0.97	-1.27	-0.78
2007	-0.12	-0.91	-0.82	-0.86	-0.66
2008	0.59	-0.50	-0.65	-0.68	-0.48
2009	-1.19	-0.13	-0.66	-0.25	-0.33
2010	0.06	-0.16	-0.46	-0.03	-0.15
2011	0.80	0.04	0.14	0.18	0.09
2012	0.20	0.48	0.67	0.34	0.35
2013	0.41	0.79	0.93	0.64	0.66
2014	0.44	1.00	1.15	0.88	0.88
2015	0.42	1.28	1.41	1.36	1.05
2016	0.85	1.54	1.44	1.64	1.23

其中，经济发展水平、产业结构水平、对外开放程度、基础设施条件、市场潜力得分均呈上升趋势。

根据以上一级指标的得分再一次运用因子分析法对河南省承接产业转移能力进行综合评价。首先进行 KMO 和 Bartlett 球形检验，显著性水平小于0.01，即适合做下一步分析。如表3-7所示。由3-7表可知，在提取的因子中，第一公因子保留原始变量70.983%的信息，第二公因子与第一公因子累计保留99.007%的信息，几乎可以解释全部变量信息。所以在该因子分析中，提取两个公因子比较合适。这一公因子即河南省承接产业转移能力因子和经济发展水平因子。得出因子得分如表3-8所示。

表 3-7　总方差解释

成分	初始特征值			提取平方和载入		
	合计	方差 百分比（%）	累计方差 百分比（%）	合计	方差 百分比（%）	累计方差 百分比（%）
1	4.475	89.498	89.498	3.549	70.983	70.983
2	0.475	9.508	99.007	1.401	28.023	99.007
3	0.035	0.697	99.704			
4	0.013	0.258	99.962			
5	0.002	0.038	100.000			

表 3-8　能力因子 F 得分

年份	2004	2005	2006	2007	2008	2009	2010
F 得分	−1.13	−1.03	−1.09	−0.85	−0.67	−0.55	−0.34
年份	2011	2012	2013	2014	2015	2016	
F 得分	0.16	0.58	0.87	1.10	1.43	1.53	

2004 年至 2010 年得分为负，2011 年至 2016 年得分为正，并呈现持续上升的趋势。由分析可得经济发展水平和市场潜力与承接产业能力关系较为密切，即经济发展水平越好，市场潜力越大，承接产业转移的能力也就越高。在 2008 年至 2010 年得分变化较为平缓。这可能是受 2008 年全球金融危机的负面影响。河南省承接产业转移的能力受外界环境的影响，如果环境恶化，则不利于承接产业，也不利于产业的发展。2010 年后，全球经济逐渐复苏，河南省承接产业转移能力保持平稳较快增长，承接产业的数量和规模也不断增大。

对选取的可量化指标进行因子分析后，可以得出这样的结论：在 2006～2016 年，河南省承接产业转移的能力呈上升趋势。经济发展水平的提高和市场潜力增大促进了承接产业转移能力的提升。考虑到河南省承接产业的现状，承接的产业多为制造业，第二产业占比仍保持较高的水平。河南省要由农业大省向制造大省发展，这也是一个必然的过程，但在承接制造企业时，要注重创新及科学技术的掌握，提高产业生产效率。

近年来随着承接产业转移规模越来越大，河南计划从农业大省朝着制造大省的方向发展。为了更好地促进河南经济发展，提高人民生活水平，更加科学地承接产业转移势在必行。

首先，政府政策支持很有必要。如果政策实施得当，将会为承接产业转移提供稳定的社会条件。政府鼓励（减税、补贴）承接产业将会对河南省承接产业产生积极影响，并且也为承接产业赢得相应的主动权。其次，河南省的产业结构有待调整。有选择地承接高端制造业并积极主动地承接服务业及科学技术行业，不仅有利于优化产业结构，也能带动经济发展，提高就业率。再次，除了要有政策支持，也要加强产业配套能力，加速实现产业链式发展，使承接的产业更快融入河南省并能得到发展。21世纪最宝贵的资源是人才。河南省应实施相应政策引进人才、留住人才，大力发展教育事业，增强科技实力，引进技术，加强创新，运用科学技术研发出新产品并且使科研产品产业化，实现"科教兴省"。最后，承接产业要注重持续发展，绿色发展，不可为了短暂利益破坏环境、浪费资源。因此，河南省承接产业转移要结合"天时、地利、人和"，不仅要注重经济发展，还要从产业的可持续及创新考虑，提升承接产业转移的能力。

第五节　研究结论和启示

一、研究结论

本章通过对国内外承接产业转移的理论、经验和教训进行分析后可得结论如下：

一是通过对国内外产业转移相关理论的总结发现，国外学者对国际产业转移问题研究较多，对区际产业转移的影响因素更侧重于经济要素，资源环境方面涉及较少，注重研究发达国家的产业向外转移，对欠发达国家承接产业转移研究较少，注重研究产业进化和产业发展，较少研究生产要素的流动性。国内学者对承接国外产业转移研究较少，更多研究区际产业转移问题，且定性研究较多，定量研究较少，较少考虑产业转移的微观机理，尤其对于落后地区如何承接区际产业转移的研究不够深入。

二是通过对国际产业转移发展历程和国际产业转移的趋势进行总结得出，发达国家向欠发达国家和地区输出落后产业已成为历史，目前呈现出的国际产业转移趋势为价值链从技术研发到营销售后的各个环节都可以由承接国承担；产业转移重点已经由劳动密集型行业转移到高端制造业及信息技术、生物技术等高新技术行业，甚至是金融、保险、物流、咨询等生产性服务业；转移方向逐渐变为发达国家间和发展中国家间的相互转移。

三是通过对中国承接国际产业转移的历史梳理发现，中国承接国际产业转移态势由东部沿海地区逐步向中西部地区转移，中西部地区对 FDI 吸引力加大，外资向中西部地区梯度转移趋势明显。

四是通过对韩国、日本、马来西亚、印度尼西亚等国承接国际产业转移的经验总结得出：

（1）准确把握时机，实现产业结构高度化。在承接国际产业转移时机和主导产业选择上，要及时把握国际产业转移动向、做到与全球产业结构调整和升级紧密相连，实现国内产业结构升级。

（2）引进先进技术，并处理好技术引进与自主创新的关系。在承接发达国家产业转移时，通过技术引进来促进本国企业的技术更新改造，推动本国产业竞争力的提升。引导企业从模仿起步，逐步实现从技术追赶到自主创新的跨越，从而推动国内产业升级。

（3）做好承接产业转移准备。政府应搞好软硬件建设，出台一系列促进工业发展和对外贸易的法案，优化招商引资政策。如办理登记注册高效便捷，外资进入方便。在企业管理上，实行无为而治，由市场主导，只在引导和服务上做文章，减少对企业干扰。并投入大量资金用于铁路、公路、港口、电力和通信等基础设施建设，为节约基础设施建设，政府应为企业提供特定生产区。

（4）不断调整外资政策。政府应在不同阶段实施不同的外资政策。明确规定外商直接投资的免税期、与国内企业的平等待遇及撤资担保等条件；规定外商的可投资领域与优惠政策的实施领域。

（5）不断提高劳动力素质，吸收外国劳动力。提高劳动力素质的有效办法就是加大教育投资，确保教育投资增长速度超过经济发展速度，并且在不同阶段的教育投资应有所侧重。在本国劳动力成本较高时，可以吸收国外劳动力为本国服务。

五是通过对美国、湖北、河南、新疆等地区承接国内区际产业转移的经验得出：

（1）产业转移手段选择与本地特色优势相一致。具有产业集群优势的地区，应当推动产业链整体转移；具有禀赋优势地区，应充分利用禀赋优势，不同产业优势地区互相之间应分工合作，形成优势互补。如美国西部地区利用自然资源丰富且人力成本相对低廉的优势，大力发展以电子、生物工程为代表的高新技术产业，形成"硅谷"等高新技术产业集聚区。

（2）搭建多个产业转移对接平台，促进转移对接。在承接国内产业转移过程中，不少地区通过搭建产业转移对接平台，促进产业转移有效对接。如河南省通过搭建实体平台和网络平台，促进产业转移"一对一"对接。

（3）政府服务与市场机制有机结合。有些地方政府通过为企业提供便利的服务环境来促进产业转移。如河南省通过尽可能降低产业落户的相关成本，创造低融资成本、低要素成本、低土地房产成本、低税费成本、低物流成本的商务环境、减少审批环节等，为企业营造自由开放的经营和服务环境，加强产业转移项目的事中事后监管。

六是从承接国际产业转移和区际产业转移的经验对比上来看，国际产业转移还没有形成地区间的协同配合作用。国内产业转移中，中西部地区贸易便利化相对滞后，缺乏系统化、网格化布局；承接国际产业转移与承接国内产业转移的特征和性质不同，国际间资本可以自由流动，劳动力不能自由流动，国内资本和劳动力均可自由流动。因此，国际间的产业可以转移而且必须转移，国内区域间的"外向型"产业不必转移。

七是通过对污染产业转移理论分析得出，发达国家向外转移产业的目的一方面是产业结构升级，另一方面是将污染产业转出，因此，承接产业转移不仅给当地经济带来好处，还要承担环境污染的代价。

八是通过对中国承接国际污染产业转移状况进行分析，得出：

（1）承接国际污染产业转移恶化本国环境，且违背经济社会的可持续发展。

（2）对国际产业转移过于依赖，影响本国产业创新能力。

（3）国际污染转移加重了本国污染治理成本。

（4）转移产业质量不高，导致产业"空心化"。

九是通过对中国承接国内产业转移进行分析，得出国内对区际产业转移研究主要集中在东部沿海地区的污染产业向中西部地区转移方面，且有两种相反的观点，一种观点认为，没有发现污染产业份额增加会导致环境污染加重的经验证据；另一种观点认为，污染产业增加会导致环境相对损害加剧。

十是通过对产业转移给当地经济带来的正面效应和负面效应两方面的对比分析，得出中国承接国际产业时应有选择性地进行产业转移，在进行国内产业转移时中西部地区可以在承接产业转移的同时不承担环境损害的代价。

二、启示

第一，国际产业转移的新趋势给我国产业结构升级与调整提供了机会，我国应充分利用产业转移高科技化与服务化的新特征，积极承接发达国家的生产性服务业转移，进一步完善基础设施建设，改革人才培养策略。我国在承接国际产业转移中存在条块分割模式，缺乏全国范围内的统筹性与协调性，中央政府应站在更高层面对地区间的产业转移进行统一安排与部署，实现东部、中部、西部产业结构合理布局与调整。

第二，沿海地区应顺应全球化产业转移趋势，抓住机遇，优化要素和产能配置，促进产业升级，增强开放型经济发展后劲，坚定结构调整主线，加强部门协作、做好规划引导，推进传统产业稳妥有序转移。

第三，承接国内外产业转移首先要对承接地的承接能力进行评估，每个地区的资源禀赋、区位特征、劳动力资本等都不同，需要首先构建指标体系评估该地区产业转移的承接能力，然后根据指标测算结果得出适合承接产业转移的类型。

第四，通过对国内外构建评价指标体系的分析得出，应依据产业转移承接能力的内涵及影响因素来选取评价指标体系，前人在评价产业转移时较少考虑到环境因素，本书认为评价指标体系应包括经济发展水平、基础设施条件、产业结构水平、对外开放程度、市场潜力五个方面。

第五，通过对河南省承接产业转移能力分析得出，近年来河南省承接产业转移能力呈上升趋势，经济发展水平的提高和市场潜力增大促进了承接产业转移能力的提升，需要更加科学地承接产业转移。政策实施得当会为承接产业转移提供稳定的社会条件。有选择地承接高端制造业和服务业及科学技术行业有利于优化产业结构。加强产业配套能力，加速实现产业链式发展，使承接的产业更快融入本省并得到发展。承接产业要注重持续发展，不仅要注重经济发展，还要从产业的可持续及创新考虑，提升承接产业转移的能力。

高技术产业篇

第四章 河南省高技术产业产出增长和关联效应分析

第一节 引 言

一、背景和意义

1. 背景

高技术产业是国民经济的战略性先导产业，是推动产业结构升级和经济发展方式转变的重要力量，是国际经济和科技竞争的重要阵地。发展高技术产业对提高劳动生产率和经济效益，具有不可替代的作用。《中共中央、国务院关于加速科学技术进步的决定》（1995 年 5 月 6 日）明确指出："国家产业政策和发展规划要把发展高技术产业摆到优先位置，在政策上给予重点扶持。"到 2000 年，我国的高技术产业产值要力争达到工业总产值的 15%，2010 年提高到 25% 左右，接近美国 20 世纪 90 年代初期水平。2015 年是全面完成"十二五"规划的收官之年，是全面深化改革的关键之年，也是高技术领域取得重大突破的一年。党的十八届五中全会提出"创新、协调、绿色、开放、共享"的发展理念，明确要求把创新摆在国家发展全局的核心位置。举国上下深入贯彻实施创新驱动发展战略，高技术领域取得了北斗系统全球组网首星成功发射、多自由度量子体系隐形传态、国产大型客机 C919 首架机总装下线、首套"永磁高铁"牵引系统通过首轮线路试验等一批具有国际影响力的重大创新成果，自然科学类诺贝尔奖实现了零的突破，创新型国家建设取得重要阶段性进展。我国高技术产业增速高于经济总体，也明显快于整体工业。党的十八大提出创新驱动发展战略以来，我国高技术产业的 R&D 投入力度进一步增加，产业发展的创新驱动特征日益凸显。

众所周知，河南省是一个农业和人口大省，国家还提出了建设中原经济区的经济发展战略，经济发展蒸蒸日上。随着我国高技术产业的大力发展，河南省高技术产业也有了很大程度的发展。2016 年 11 月 25 日，《河南省科技创新"十三五"规划》正式出台，进一步强调了"十三五"期间河南省的科技创新目标，安排部署了河南省科技创新的各项工作，是河南省实施创新驱动发展的具体"施工图"。"十二五"期间河南省科技创新工作成果丰硕,全社会研发投入达到440亿元,相比2010年增长了108.2%;专利申请量和授权量分别达到6.2万件和3.3万件,是2010年的2.5倍和1.9倍;共获得国家科技奖励106项,填补了自然科学奖、企业技术创新工程奖和创新团队奖等奖项的空白,综合科技进步水平指数在全国的排名由第26位升至第21位,科技创新能力显著提升。因此,我们对河南省高技术产业产出增长和关联效应进行研究对建设中原经济区、促进产业结构升级具有重要作用。

李晓梅(2012)指出:"21世纪是知识经济时代,高技术产业作为知识经济时代的支柱产业在整个国民经济发展中的重要地位越来越明显。"在世界各国都致力于发展高技术产业的大趋势下,中国也不甘落后,从20世纪50年代以来,高技术产业开始在中国出现,此后中国的经济发生了翻天覆地的变化。1978年3月,我国召开了全国科学大会,同时,"863计划"的实施使我国的高技术研究开发实力和发展水平快速提高,其产业也获得了持久快速的发展。侯海苏(2011)指出:"河南省也紧随着国家的步伐,致力于发展高技术产业,并且取得了较大的成就,也促进了产品技术的升级和产业结构的优化。"2011年河南省高技术产业总产值2127.4亿元,在全国31省市中排名第10位,比2010年上升了两位。2013年河南省高技术产业增加值为2720亿元,与往年相比,增长幅度很大。

高技术产业除了自身快速成长,也给其他产业带来了不容小觑的影响,这和高技术产业的关联效应分不开。汪芳(2008)指出:"高技术产业本身带着较高的关联度和创新率,即产业关联。产业关联可以实现产业的自我强化和自我扶持,并且通过与其他各产业的关联带动各产业的产出增长。"也就是说,高技术水平的快速提高不仅带动了自身产业的蓬勃发展,使高技术产业的产出增长不断增加,同时也带动了其他各产业的产出增长(张同斌,2013),促进了经济的快速发展,即高技术产业的关联效应。

2. 意义

高技术产业是我国经济发展的稳定剂和增强剂,在当前世界经济增速明显放缓的背景下,2015年上半年我国GDP增长速度为7%,这和我国经济结构的优化分不开,国家明确将节能环保、新一代信息技术、生物、高端装备制造业产业打造成为国民经济的支柱产业,将新能源、新材料、新能源汽车产业打造成为国民经济的先导产业。为了实现经济继续快速发展,产业结构越发呈现出服务业化、智能化、高端化的高技术特征。河南省也在国家发展大势之下,越来越重视高技术产业的发展,经济发展传统优势减弱而新的动力尚在形成之中,加快动力转换,推进供给侧改革,实现可持续发展,都迫切需要高技术产业的发展,强化科技创新,我们对河南省目前高技术产业发展现状进行研究,找出优缺点,并提出相应的解决措施,以使河南省的经济更好发展,人民的生活更加幸福。高技术产业的智力性、创新性、战略性和环境污染少等优势，对社会和经济的发展具有极为重要的意义。20 世纪 80 年代以来，高技术产业的蓬勃发展，对世界经济产生了巨大影响，为人类社会开拓了一个前所未有的美好前景。

虽然河南省高技术产业成长迅速，但是与发达地区之间差距仍然很大。主要表现在：①河南的地理位置在中部，承接产业转移滞后。河南省的优势在于能源和劳动力等，所以对外承接的主要是加工制造业，资金也大多都投进了这些行业，导致高技术产业的发展受阻。②陈保超（2012）指出："河南省原材料、能源等传统产业乘势发展，高技术产业发展相对迟缓。"对投资者而言，投资高技术产业所需要的资金太多，而且在短期内很难看到回报，所以投资者不愿意投资高技术产业，而愿意投资传统产业。③高技术产业仍处在初级阶段。河南省目前仍以传统产业为主，高技术产业在这样的环境中发展极受限制，尚不成熟。这些都警示着我们加快高技术产业发展势在必行，深入分析河南省高技术产业的产出增长及增长背后的因素，探讨高技术产业的关联效应，从而为河南省产业结构调整和优化升级服务。

二、研究内容

本章拟利用河南省 2002 年、2007 年、2012 年的《投入产出表》及河南省历年《统计年鉴》等数据资源，并结合河南省目前的实际情况，分析高技术产业的发展历程，发现河南省高技术产业存在的突出问题，寻找原因，提出相应的发展思路和对策。具体来讲分为以下五部分：

第一部分：高技术产业的基本概念及对河南省进行分析时的划分标准。

第二部分：河南省高技术产业的发展历程。主要运用历年统计年鉴资料描述历年高技术产业的发展状况变化。

第三部分：河南省高技术产业产出增长及其影响因素分析。主要利用各年份的投入产出数据资料，并构建分解模型来分析高技术产业生产的效益水平变化和高技术产业内部的生产结构变化状况。

第四部分：河南省高技术产业关联效应分析。主要利用 Dietzenbacher 和 Van der Linden（1997）的非完全假设抽取法测度高技术产业与其他各产业的后向关联和前向关联。

第五部分：提出发展河南省高技术产业的思路和对策。

三、理论基础与文献综述

侯海苏（2011）指出："国外高技术产业的发展起步较早，大致经历了 1951 年至 1957 年的起步阶段，1957 年至 1969 年的成长阶段，1969 年至 1979 年的低潮阶段和 1980 年至 1989 年的快速发展阶段。"而中国高技术产业的起步较晚，虽与发达国家相比仍有较多不足，但是通过这么多年的努力，现已初具规模。关于对高技术产业的研究，国内外主要有以下观点：

1. 高技术

高技术指正在迅猛发展的超越传统技术的高级新兴技术，又叫高新技术、尖端技术或先导技术，张颖（2010）指出："其具有创新性、战略性、增值性、渗透性和风险性等特征。"张春玉（2010）指出："美国学者 D. Crane（1986）认为：应用研究如果同科学有联系，那么它有时被称为高技术；如果没有联系，它就被称为低技术。"储瑾蓉在 2011 年指出："我国学者王伯鲁（1999）提出高技术领域是指：微电子与计算机技术、信息技术、自动化与机器人、生物技术（包括制药技术）、新材料技术、新能源技术（包括核技术）、航空和航天技术（空间技术）、海洋开发技术。"

2. 高技术产业

高技术产业是知识、技术密集度高的行业，是在开发高技术的基础上形成的新兴的产业部门，特点是发展速度高，变化快，以人工智能、大规模集成电路、生物工程、新材料、遗传工程等高技术产业为产业核心。美国劳动局定义高技术产业："研究试制费和科技人员比例高出全美制造业平均数一倍以上的行业。"杨本南（2005）指出："我国将其定义为：高技术产业是指用当代尖端技术生产高技术产品的产业群。"周燕萍（2014）指出："其研究开发投入高，研究开发人员比重大，对其他产业的渗透能力强。"

3. 影响高技术产业发展因素

王晓莉在 2013 年指出："高技术产业是知识和技术密集型产业，对创新能力要求很高。"Audretsch（1995）研究了 1974 年至 1982 年的高技术产业，认为"R&D 投入可以有效地提升企业的创新能力和创新效率。"我国著名经济学家吴敬琏认为，发展高技术产业的关键是发挥专业人员的积极性，如何发挥专业人员的积极性呢，吴敬琏（2002）指出："制度重于技术，制度重于资金，制度重于政府的加意扶持。"制度创新的根本目的是改变原本计划经济抑制了科技人员的主动性、积极性和创造性的状况，从而充分发挥科技人员的积极性和创造性。张建升、胡秀忠于 2012 年对中国省域高技术产业自主创新能力进行了综合评价，从创新投入能力、创新产出能力及环境支撑三个方面对综合评价指标体系进行了构建，应用 SPSS 软件对中国 31个省份的数据进行主成分分析，计算各地区得分，研究表明，高技术产业自主创新能力与区域经济发展之间存在显著相关关系；人力、财力、设施等方面的投入以及高技术产业自身的产出规模是高技术产业自主创新能力的主要影响因素；各地区高技术产业自主创新能力差异较大，东部沿海省份发展较好，由东部向西部呈现逐渐降低的梯度分布格局。

4. 高技术产业关联效应现状

美国经济学家艾伯特·赫希曼指出："某一产业的经济活动能够通过产业互相关联的活动效应影响其他产业的经济活动。"汪芳、赵玉林（2007）指出："高技术产业关联是指高技术产业部门间以各种投入品和产出品为连接纽带的技术经济联系。"李善同等在 1998 年指出："产业的关联效应体现在生产过程中的或直接或间接的经济联系中，是一种定量研究。"姜永玲等于 2014 年在《基于投入产出分析的高技术产业关联作用研究》中分析了高技术产业内部以及与其他产业间的关联情况和动态变化，发现高技术产业对国民经济的拉动力很强，但推动力较弱，出口是拉动高技术产业长期发展的关键所在，资本是实现产业快速扩张的主要因素。他们从需求角度即后向关联作用和生产诱发系数，供给角度即前向关联作用和投入诱发系数，分别表示高技术产业的拉动作用和产业投入发生变化对其他产业的推动作用，分析了河南省高技术产业。河南省高技术产业内部发展不均衡，大部分只是拉动力作用较强。高技术服务业的产业关联度较低，在制定相关政策上应关注技术渗透与能级提升，加大自主研发提高产业的附加值，提高产业间的联动性。

第二节　河南省高技术产业的发展历程

一、高技术产业的基本概念和分类

1. 高技术产业的概念

高技术产业的含义随着时代的变迁而发生变化。我国最早对高技术产业概念的研究可追溯到 20 世纪 80 年代的"863 计划"。首先，高技术产业既包括高技术制造业，又包括高技术服务业，现阶段的核心是高技术服务业。金苗在 2013 年指出："高技术产业一般被认为是用当代尖端技术（主要是信息技术、生物技术、核心材料等）生产高技术产品的产业群。"高技术产业是指用当代尖端技术（主要指信息技术、生物工程赫尔新材料等领域）生产高技术产品的产业群，是研究开发投入高，研究开发人员比重大的产业。高技术产业发展快，对其他产业的渗透能力强。1971 年，美国国家科学院在《技术和国家贸易》中首先提出高技术（High Technology High-Tech）的概念，英国政府在撒切尔执政期间把高技术列为国家发展纲要。美国学者 A. Nloisog 认为，高新技术产业是研究和开发高技术密集型产业，美国商务部借鉴其研究对高新技术产业的界定主要根据两项内容，一是从业的专业技术人员，二是 R&D 占销售额的比重。Lanr Dege 等学者认为，高新技术产业是指生产高技术产品的产业而不是仅使用了高技术生产产品的产业。

一般来说，高技术产业是指相对成熟并在研究与开发领域投入比较多的一些产业。比如，民用飞机制造业、通信设备制造业和在研发方面投入多的新兴产业，如机器人研制、生物技术等。除此之外，高技术产业已经进入了可在很多产业中应用的技术领域，如新材料、电子元器件等。高技术是对一般传统技术而言的新兴尖端技术。第二次世界大战以来，由于现代科学技术高度分化和高度综合的发展特点，产生了以电子信息技术、生物技术、新材料技术、新能源技术和航天技术为代表的高技术群。以高技术产品开发和生产为主导的产业，叫高技术产业。高技术产业的主要特点有：①知识和技术密集，科技人员的比重大，职工文化、技术水平高；②资源、能量消耗少，产品多样化、软件化，批量小，更新换代快，附加值高；③研究开发的投资大；④工业增长率高。

2. 高技术产业的分类

参照国家统计局最新印发的《高技术产业统计分类》(2013)，以《国民经济行业分类》为基础，高技术产业分为高技术服务业和高技术制造业。将高技术制造业和高技术服务业划分为三层，其中第一层为 6 个大类，第二层为 29 个中类，第三层高技术制造业为 42 个小类，高技术服务业为 63 个小类。本节主要列举第一层和第二层的大类和中类。如表 4-1 所示。

表 4-1　高技术产业分类

高技术服务业	高技术制造业
一、信息服务	一、医药制造业
（一）信息传输服务	（一）化学药品制造
（二）信息技术服务	（二）中药饮片加工
（三）数字内容及相关服务	（三）中成药生产
二、电子商务服务	（四）兽用药品制造
（一）电子商务平台服务	（五）生物药品制造
（二）电子商务支付服务	（六）卫生材料及医药用品制造
（三）电子商务信用服务	二、航空、航天器及设备制造业
三、检验检测服务	（一）飞机制造
（一）质量检测服务	（二）航天器制造
四、专业技术服务业的高技术服务	（三）航空、航天相关设备制造
（一）气象服务	（四）其他航空航天器制造
（二）地震服务	（五）航空航天器修理

续表

高技术服务业	高技术制造业
（三）海洋服务	三、电子及通信设备制造业
（四）测绘服务	（一）电子工业专用设备制造
（五）地质勘测	（二）光纤、光缆制造
（六）工程技术	（三）锂电子电池制造
五、研发与设计服务	（四）通信设备制造
（一）自然科学研究和试验发展	（五）广播电视设备制造
（二）工程和技术研究和试验发展	（六）雷达及配套设备制造
（三）生物技术研发	（七）视听设备制造
（四）医学研究与试验发展	（八）电子器件制造
（五）设计服务	（九）电子元件制造
六、科技成果转化服务	（十）其他电子设备制造
（一）技术推广服务	四、计算机及办公设备制造业
（二）科技中介服务	（一）计算机整机制造
（三）其他科技推广和应用服务业	（二）计算机零部件制造
七、知识产权及相关法律服务	（三）计算机外围设备制造
（一）知识产权服务	（四）其他计算机制造
（二）知识产权相关法律服务	（五）办公设备制造
八、环境监测及治理服务	五、医疗仪器设备及仪器表制造业
（一）环境与生态监测	（一）医疗仪器设备及器械制造
（二）环境治理业	（二）仪器仪表制造
九、其他高技术服务	六、信息化学品制造业
	（一）信息化学品制造

资料来源：国家统计局印发的《高技术产业统计分类》（2013）。

　　由于下文我们需要使用河南省投入产出表来进行一些数据分析，所以结合河南省42个部门的投入产出表，栾贵勤、伏兴（2010）指出："高技术产业主要指的是电气、机械及器材制造业，通信设备、计算机及其他电子设备制造业和信息传输、计算机服务和软件业。"即本书在运用高技术产业分析时高技术产业的分类指的是上面三种产业。

二、河南省高技术产业发展的历程

1. 河南省高技术产业总产出状况

为了分析高技术产业对国民经济发展的贡献程度，我们分析了河南省高技术产业与其他部门的总产出水平及增速情况，以反映河南省高技术产业的总体发展情况。根据国家统计局指定的高技术产业分类标准，结合 2007 年和 2012 年的投入产出表，将国民经济部门分为农业、建筑业、传统服务业、传统制造业、高技术产业五大部门。如表 4-2 所示。

表 4-2　河南省高技术产业总产出状况

行业	2007 年		2012 年		增速（%）	
	总产出（万元）	比重（%）	总产出（万元）	比重（%）	总产值	比重
农业	38624970.92	9.3	66790399.83	7.4	72.9	-1.9
建筑业	22715028.17	5.5	62675946.32	7.0	175.9	1.5
传统服务业	72500328.63	17.5	122447782.48	13.7	68.9	-3.8
传统制造业	244617451.64	58.9	528577973.84	58.9	116.1	0.0
高技术制造业	23895238.26	5.8	81223889.80	9.1	239.9	3.3
高技术服务业	12637945.89	3.0	35003399.96	3.9	177.0	0.9
高技术产业	36533184.15	8.8	116227289.76	13.0	218.1	4.2
全产业	414990963.50	100.0	896719392.23	100.00	116.1	0.0

资料来源：根据 2007 年和 2012 年河南省投入产出表整理而得。

从表 4-2 可以看到，总体上无论是 2007 年还是 2012 年，河南省传统制造业所占比重都最大，占比为 58.9%，是河南省经济发展的主导产业，但是它的总产出增速却很小几乎为零，说明传统制造业的发展很稳定。其次是传统服务业，河南省传统服务业从 2007 年到 2012 年总产出水平提高很多，但是在全产业中所占比重却降低 3.8 个百分点，说明其他产业得到了很好发展。2012 年与 2007 年相比，全产业水平翻了一番，河南省经济发展状况良好，且分产业来看，虽然它们在当年全产业的比重有所变化，但是它们的总产出绝对量都提高很多。2012 年农业总产出绝对量约为 2007 年的 2 倍，但是它在全产业中所占比重却下降了 1.9 个百分点。建筑业总产出绝对量约为 2007 年的 3 倍，它在全产业中所占比重上升了 1.5 个百分点。但是 2012 年农业和建筑业总产出水平相当，且所占比重也都为 7% 左右。2012 年与 2007 年相比，高技术产业在全产业中的比重由 8.8% 增加到 13%，增速最大，且总产出绝对量将近为原来的 3 倍，高技术产业又细分为高技术制造业和高技术服务业，无论是 2012 年还是 2007 年，高技术制造业所占比重都高于高技术服务业所占比重，且 2012 年与 2007 年相比两者所占比重都有提高，但是高技术制造业的增速明显，为 3.3 个百分点。

通过以上分析，河南省制造业发展水平较高，对整个经济发展起决定性作用，传统制造业占大头，而在高技术产业中，高技术制造业也是占大头，且高技术制造业在全产业中所占的比重也高达 9.1%，因此河南省制造业非常发达，这和河南省的实际情况是分不开的，河南省在全国省份中，经济发展水平为中游，且河南省地处中原地带，平原多、山地少，气候等水文条件适合人类的居住和农作物的生长，因此河南省为我国的人口大省和粮食生产大省，河南省劳动力资源丰富，劳动力供给充足，劳动力报酬低，因此河南省传统制造业发展水平较高，高技术制造业发展良好，高技术很好地与制造业相结合，近些年由于国家的计划生育政策，以及人民受教育水平的提高，生育观念的转变，出生率降低，而人口老龄化程度却逐年加重，河南省的人力资源面临很大的挑战，单靠人力资本较低为优势的传统制造业迎来了很大的挑战，需要革新技术，转变经济发展方式。

2012 年高技术产业总产出为 116227289.76 万元，占全产业总产出的比重为 13.0%，与 2007 年相比，高技术产业总产出增加了 79694105.61 万元，占全产业的比重增加了 4.2 个百分点，高技术产业的总产出呈上升趋势。再对比其他产业，高技术产业无论是 2007 年还是 2012 年，高技术产业的总产出在五大产业的排名均不靠前，2007 年是第四位，2012 年是第三位，与第一位的传统制造业相比，差距较大。不过，从 2007 年和 2012 年高技术产业产出排名来看，高技术产业进步很大，与其他产业相比，发展的速度很快。从产出增速来看，2012 年与 2007 年相比，高技术产业的增速最大，远高于其他产业，尤其是传统服务业与农业，占全产业总产出比重的增速仍是高技术产业最大，为 4.2%，表明河南省各产业中高技术产业的增速最快，发展势头最猛。

2. 河南省高技术产业生产经营状况

近年来，在我国高技术产业飞速发展的大环境下，河南省高技术产业也得到了很大程度的发展，而河南省近十几年高技术产业的发展状况则由其生产经营状况可以看出，因此我们选取了反映生产经营状况的企业数量、从业人员平均数、主营业务收入及利润总额这些指标来进行具体分析。通过表 3-3 可见，近些年河南省高技术产业企业数量和从业人员数量都在迅速增长，主营业务收入和利润总额均呈现增长趋势，这说明河南省高技术产业正在稳步发展，同时也对其经济总水平的提升有很大的推动作用。如表 4-3 所示。

表4-3 河南省近年高技术产业生产经营情况

年份	企业数（个）	从业人员平均数（人）	主营业务收入（亿元）	利润总额（亿元）
2000	303	117308	120	11.9
2005	383	139235	297.6	15
2010	728	244892	1185.6	129.7
2011	723	400204	2033.5	167.1
2012	848	553026	3257.8	205.9
2013	933	633971	4284.4	274.1
2014	1068	697405	5293.1	340.7
2015	1176	766007	6653.8	408.3
2016	1261	790723	7401.6	444.8

资料来源：《中国高技术产业统计年鉴》（2017）。

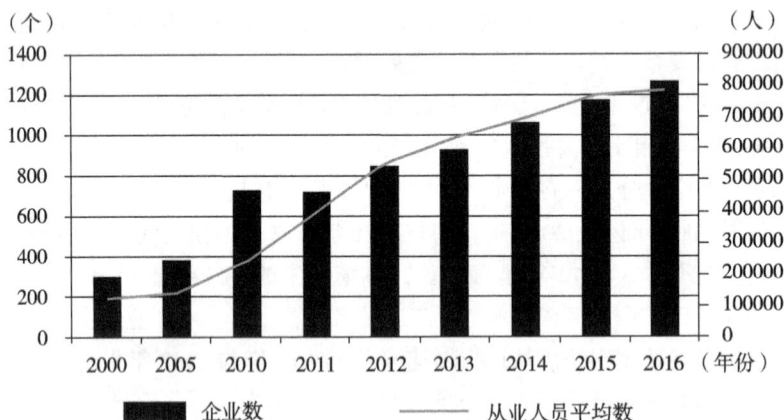

图4-1 河南省近年高技术产业生产经营状况

表4-3列出了河南省各个年份高技术产业生产经营状况的经济指标，从企业数和主营业务收入逐年增加的情况来看，总体上河南省高技术产业的规模正在不断地扩大，从事高技术生产的工作人员也越来越多，高技术产业的发展速度相当快，高技术产业的前景也被越来越看好。再对比主营业务收入和利润总额，2016年与2000年相比，主营业务收入增加了60.68倍，利润总额增加了36.38倍，对河南省经济增长做出了巨大贡献。

从图4-1可以看出近16年企业数量和从业人员平均数的具体情况，2000年到2005年，河南省高技术产业发展比较缓慢，企业数量变动很小，增加了80个；从业人员平均数也增加得比较少，大约增加了2000人。而2005年到2010年这五年的增长较快，企业数量和从业人员平均数都翻了一番，而从 2010 年开始高技术产业增长迅猛，虽然 2010 年到 2011 年企业数量有微弱减少，但是从业人员平均数却几乎为 2010 年的 2 倍，2011 年到 2016 年，企业数量平均每年增加将近 108 个，而从业人员平均数每年增加将近 8 万人。可以看出，从 2010 年开始，河南省高技术产业发展迅速，发展潜力巨大。

从表 4-3 来看主营业务收入和利润总额变动情况，2005 年与 2000 年相比，主营业务收入翻了一番，利润总额增加了 3 亿元。2010 年与 2005 年相比，主营业务收入翻了两番，利润总额为 2005 年的 8 倍，这五年，河南省高技术产业发展速度加快。从 2010 年到 2016 年，河南省高技术产业主营业务收入平均每年增加 1036 亿元，而利润总额也呈直线增加，平均每年增加将近 53 亿元。综上可以看出，河南省近年来高技术产业发展迅速，虽然高技术产业起步阶段发展比较缓慢，但后劲儿十足，发展潜力巨大，对其经济发展越来越重要，成为后起之秀。

3. 河南省科技创新状况

R&D（Research and Development）指在科学技术领域，为增加知识总量（包括人类文化和社会知识的总量），以及运用这些知识去创造新的应用进行系统的创造性的活动，包括基础研究、应用研究、试验发展三类活动。可译为"研究与开发"。国际上通常采用 R&D 活动的规模和强度指标反映一国的科技实力和核心竞争力。一国的 R&D 水平体现着一国的政治经济实力，一个企业的 R&D 水平，体现着一个企业的竞争力。而我国的 R&D 现状不容乐观，一是投入强度过低，二是结构不太合理。

表 4-4　河南省 R&D 项目、经费、人员等变化情况

年份	人员（个）	经费内部支出（万元）	经费外部支出（万元）	项目（个）	机构（个）
2007		1011302	59761	24395	1531
2008		1240890	55061	27349	1727
2009		1747599	96107	22347	1821
2010	144408	2113773	89253	24050	1798
2011	167386	2644922	109950	28422	1817
2012	185116	3107803	124399	30319	1870
2013	216269	3553486	109470	33015	2064
2014	232105	4000098.7	91021.1	36449	2203
2015	241171	4350430	92040	39956	2543
2016	249876	4941880	117270	41513	2953

资料来源：《河南统计年鉴》（2017）。

从表4-4可以看出，河南省科技投入逐渐增大。从科技经费投入中的R&D经费支出来看，R&D经费外部支出由2007年的59761万元到2016年的117270万元，增加了将近1倍。R&D经费内部支出由2007年的1011302万元到2016年的4941880万元，增加了将近4倍，上涨幅度很大。再看（R&D）项目数、（R&D）机构数和（R&D）人员数，均是呈现上升趋势，河南省愈加重视高技术产业，对其投入逐渐增大。而且，河南省每年的专利申请量和发表论文数量也是不断增多，高技术理论越来越丰富。

第三节　河南省高技术产业产出增长及其影响因素分析

一、河南省高技术产业中间投入状况

河南省高技术产业在2007年及2012年的中间投入、比重、增速如表4-5所示。

表4-5　河南省高技术产业中间投入状况

行业	2007年		2012年		增速（%）	
	中间投入（万元）	比重（%）	中间投入（万元）	比重（%）	中间投入	比重
农业	16448370.92	6.2	29094999.92	4.8	76.9	-1.4
建筑业	14970028.16	5.7	46129500.00	7.7	208.2	2.0
传统服务业	34477309.44	13.0	49389770.61	8.2	43.3	-4.8
传统制造业	176150504.50	66.5	398749350.08	66.4	126.4	-0.1
高技术制造业	17278885.40	6.5	60887171.86	10.2	252.4	3.7
高技术服务业	5541265.07	2.1	16475499.98	2.7	197.3	0.6
高技术产业	22820150.47	8.6	77362671.84	12.9	239.0	4.3
全产业	264866363.49	100.0	600726292.45	100.0	126.8	0.0

资料来源：河南省2007年和2012年河南省投入产出表。

从表4-5可知，在农业、建筑业、高技术产业、传统服务业、传统制造业五大产业中，2012年高技术产业的中间投入为77362671.84万元，占全产业总产出的比重为12.9%，在五大产业中排名第二，仅次于传统制造业。但与传统制造业的差距较大，高技术产业的中间投入仅为传统制造业的19.4%。与2007年相比，高技术产业的中间投入增加了239%，位列五大产业增幅第一位。与2007年相比，高技术产业占全产业的比重增加了4.3个百分点，增幅为五大产业之首。

2012年高技术制造业的中间投入在全产业总中间投入中的比重为10.2%，排名

第二，但仅占制造业中间投入的 13.3%。高技术服务的中间投入排在六大产业的最后一位，占服务业中间投入的 25.0%。与 2007 年相比，高技术制造业中间投入增加了 252.4%，比重增加了 3.7 个百分点，增速均排名第一。高技术服务业中间投入增加了 197.3%，比重增加了 0.6 个百分点，增速均排名第三。

二、河南省高技术产业中间使用状况

河南省高技术产业 2007 年及 2012 年的中间使用情况如表 4-6 所示：

表 4-6　河南省高技术产业中间使用状况

行业	2007 年		2012 年		增速（%）	
	中间使用(万元)	比重(%)	中间使用(万元)	比重(%)	中间使用	比重
农业	27647347.47	10.4	54121992.30	9.0	95.8	-1.4
建筑业	1530384.84	0.6	3396515.10	0.6	121.9	0.0
传统服务业	44064228.61	16.6	86702612.29	14.4	96.8	-2.2
传统制造业	168056914.85	63.5	382750706.73	63.7	127.8	0.3
高技术制造业	16159016.77	6.1	52616111.88	8.8	225.6	2.7
高技术服务业	7408470.95	2.8	21138354.16	3.5	185.3	0.7
高技术产业	23567487.71	8.9	73754466.04	12.3	213.0	3.4
全产业	264866363.49	100.0	600726292.44	100.0	126.8	0.0

由表 4-6 可知，2012 年高技术产业的中间使用为 73754466.04 万元，占农业、建筑业、高技术产业、传统服务业、传统制造业五大产业总中间使用的 12.3%，排名第三。与排名第一的传统制造业相比差距较大，高技术产业的中间使用仅为传统制造业的 13.8%。与 2007 年相比高技术产业的中间使用增长迅速，占全产业中间使用的比重由 2007 年的 8.9%，增加到 2012 年的 12.3%，增加了 3.4 个百分点，增速在五大产业中排名第一，且远高于排名第二的传统制造业。

2012 年高技术制造业的中间使用在全产业中间使用的比例为 8.8%，排名第四，仅占制造业中间使用的 12.1%。高技术服务业的中间使用排在倒数第二位，占服务业中间使用的 19.6%。与 2007 年相比，高技术制造业中间使用增加了 225.6%，比重增加了 2.7 个百分点，增速均排名第一。高技术服务业中间使用增加了 185.3%，比重增加了 0.7 个百分点，增速均排名第二，仅次于高技术制造业的增长速度。

三、河南省高技术产业最终使用状况

河南省高技术产业 2007 年及 2012 年最终使用情况如表 4-7 所示：

表 4-7　高技术产业最终使用状况

行业	2007 年		2012 年		增速（%）	
	最终使用（万元）	比重（%）	最终使用（万元）	比重（%）	最终使用	比重
农业	12440056.95	5.2	21485713.96	3.7	72.71	-1.6
建筑业	27404196.25	11.5	79671107.46	13.6	190.73	2.1
传统服务业	35174073.36	14.8	104090239.41	17.8	195.93	3.0
传统制造业	130351159.05	54.8	288275877.80	49.3	121.15	-5.5
高技术制造业	25729089.81	10.8	71660547.93	12.3	178.52	1.4
高技术服务业	6785724.60	2.9	19747513.41	3.4	191.02	0.5
高技术产业	32514814.41	13.7	91408061.34	15.6	181.13	1.9
全产业	237884300.02	100.0	584930999.97	100.0	145.89	0.0

从表 4-7 可知，在农业、建筑业、传统制造业、传统服务业、高技术产业 5 大产业中，2012 年高技术产业最终使用为 91408061.34 万元，占全产业最终使用的比重为 15.6%，排名第三，但仅为排名第一的传统制造业的 31.7%。与 2007 年相比，高技术产业最终使用增加了 181.13 万元，比重增加了 1.9 个百分点，在五大产业中，增速排名第三，落后于传统服务业和建筑业。

2012 年高技术制造业的最终使用占全产业最终使用的比例为 12.3%，排名第三，仅占制造业最终使用的 19.9%。高技术服务的最终使用排在最后一位，占服务业总产出的 16.0%。与 2007 年相比，高技术制造业最终使用增加了 178.5%，增速排名第四，比重增加了 1.4 个百分点，增速排名第三。高技术服务业最终使用增加了 191.0%，增速排名第二，比重增加了 0.5 个百分点，增速排名第四。

四、河南省高技术产业增加值状况

河南省高技术产业 2007 年及 2012 年增加值情况如表 4-8 所示：

表 4-8　河南省高技术产业增加值状况

行业	2007 年		2012 年		增速（%）	
	增加值（万元）	比重（%）	增加值（万元）	比重（%）	增加值	比重
农业	22176600.00	14.8	37695399.91	12.7	69.98	-2.1
建筑业	7745000.00	5.2	16546446.33	5.6	113.64	0.4
传统服务业	38023019.19	25.3	73058011.87	24.7	92.14	-0.6

续表

行业	2007 年		2012 年		增速（%）	
	增加值(万元)	比重(%)	增加值(万元)	比重(%)	增加值	比重
传统制造业	68466947.14	45.6	129828623.76	43.9	89.62	-1.7
高技术制造业	6616352.86	4.4	20336717.94	6.9	207.37	2.5
高技术服务业	7096680.82	4.7	18527899.98	6.2	161.08	1.5
高技术产业	13713033.68	9.1	38864617.92	13.1	183.41	4.0
全产业	150124600.00	100.0	295993099.79	100.0	97.16	0.0

从表 4-8 可知，在农业、建筑业、传统制造业、传统服务业、高技术产业五大产业中，2012 年高技术产业增加值为 38864617.92 万元，占全产业增加值的比重为 13.1%，排名第三，低于传统制造业和传统服务业。与 2007 年相比，高技术产业名义增加值增加了 183.4%，比重增加了 4.0 个百分点，在五大产业中，增速排名第一，远远高于其他产业。

2012 年高技术制造业的增加值在全产业增加值中的比重为 6.9%，排名第四，占制造业增加值的 13.6%。高技术服务的增加值排在倒数第二位，仅高于建筑业的增加值。高技术服务的增加值占服务业的 20.2%。与 2007 年相比，高技术制造业的增加值增加了 207.4%，比重增加了 2.5 个百分点，增速均排名第一。占制造业的比重提高了 11.4 个百分点。高技术服务业的增加值增加了 161.1%，比重增加了 1.5 个百分点，增速均排名第二，仅次于高技术制造业，占服务业的比重增加了 4.5 个百分点。

综合以上分析可以看出，2012 年河南省高技术产业的中间投入、中间使用、最终使用、增加值占全产业的比重均在 13.0% 左右，不到全产业的 1/7。其中，高技术产业除中间投入占全产业的比重位居第二外，其他四个方面占全产业的比重在农业、建筑业、传统服务业、传统制造业、高技术产业五大产业中均排在第三位。与 2007 年相比，高技术产业占全产业的比重除中间使用增加了 3.4 个百分点，最终使用增加了 1.9 个百分点外，其余三个指标比重增加均不少于 4 个百分点。高技术产业各指标的增加幅度均远高于全产业。分析结果表明，虽然到 2012 年河南省高技术产业的生产经营活动总规模在国民经济各部门生产经营活动的总规模中份额较小，但均有较高的增长速度，高技术产业的规模正在迅速扩大，对河南经济的增长起着强劲的带动作用。

将高技术产业分解为高技术制造业和高技术服务业。通过以上的分析可以看出，高技术制造业与高技术服务业在全产业中的比重均较低。2012 年在中间投入、中间使用、最终使用方面高技术制造业占全产业的比重均在 10.0% 左右，高技术服务业占全产业的比重在 3.0% 左右。在增加值方面，高技术制造业与高技术服务业占全产业的比重为 6.0%~7.0%。与 2007 年相比，高技术制造业除最终使用外，其他四项指标增速均为第一；高技术服务业有四项指标增速均为第二。以上分析表明，高技术制造业和高技术服务业与传统产业相比，比重较小，但增速较快，对河南省经济发展的作用将日益显著。

五、河南省高技术产业生产效益水平和生产结构变化

1. 构建行结构与列结构分解模型

表 4-9　分解模型使用的投入产出表样式

		中间使用			家庭消费	非营利性机构服务	政府消费	固定资本形成	存货变动	出口	进口	差额
		农林副牧渔业	……	家庭服务业								
中间投入	农林副牧渔业	$x_{1.1}$		$x_{1.42}$	C_1	N_1	G_1	F_1	CI_1	E_1	M_1	D_1
	⋮		……									
	家庭服务业	$x_{42.1}$		$x_{42.42}$	C_{42}	N_{42}	G_{42}	F_{42}	CI_{42}	E_{42}	M_{42}	D_{42}
	暂居居民购买		……				……			……		
	商品等其他项											
增加值	增加值合计	V_1	……	V_{42}								
	营业盈余	P_1	……	P_{42}								
	劳动者报酬	W_1	……	W_{42}								
	对生产的税收和补贴	T_1	……	T_{42}								
	总产出	X_1	……	X_{42}								

（1）行结构分解模型。通常我们用 Y、X 和 A 分别表示最终需求、总产出和直接消耗系数，则 Y、X、A 三者的关系可表示为：

$$AX + Y = X \qquad (4-1)$$

已知列昂惕夫逆矩阵 $\bar{B}=(I-A)^{-1}$，通过对式（4-1）转换得出 $X=\bar{B}Y$，则可以表示为：

$$\Delta X=\Delta \bar{B}Y_0+\bar{B}_0\Delta Y+\Delta \bar{B}\Delta Y \tag{4-2}$$

公式中的下标 0 和 1 分别代表第一期和第二期，Δ 代表的是前后期之差。

式（4-2）又可以转化为式（4-3）和式（4-4）：

$$\Delta X=\Delta \bar{B}Y_1+\bar{B}_0\Delta Y \tag{4-3}$$

$$\Delta X=\Delta \bar{B}Y_0+\bar{B}_1\Delta Y \tag{4-4}$$

因为 $\Delta \bar{B}$ 又能转换为 $\Delta \bar{B}=\bar{B}_1-\bar{B}_0=\bar{B}_1\Delta A\bar{B}_0=\bar{B}_0\Delta A\bar{B}_1$，而且，$\Delta A=A_1-A_0$，把式（4-3）与式（4-4）取平均，代入 $\Delta \bar{B}$，得出式（4-5）：

$$\Delta X=\frac{1}{2}(\bar{B}_0\Delta AX_1+\bar{B}_1\Delta AX_0)+\frac{1}{2}(\bar{B}_1+\bar{B}_0)\Delta Y \tag{4-5}$$

用 XM、I、C、G 分别表示净出口、资本形成、家庭消费、政府消费，有 $\Delta Y=\Delta C+\Delta G+\Delta I+\Delta XM$，把 ΔY 代入式（4-5）中，整理后就是行结构分解模型，如式（4-6）所示。

$$\Delta X=\frac{1}{2}(\bar{B}_0\Delta AX_1+\bar{B}_1\Delta AX_0)+\frac{1}{2}(\bar{B}_1+\bar{B}_0)(\Delta C+\Delta G+\Delta I+\Delta XM) \tag{4-6}$$

张同斌、高铁梅（2013）指出："将直接消耗系数的变动看成技术水平的变动。"所以，式（4-6）的前半部分和后半部分分别表示技术水平变动和最终使用各部分对总产出的贡献程度。

（2）列结构分解模型。用 V、B 和 X′ 表示增加值、直接分配系数矩阵和总产出行向量，三者有如下关系：

$$X'B=V=X' \tag{4-7}$$

通过式（4-7）得到 $X'=V(I-B)^{-1}$，设 $S=(I-B)^{-1}$，进而 $\Delta X'=\Delta VS_0+V_0\Delta S+\Delta V\Delta S$。其中，$\Delta X'=X'_1-X'_0$，$\Delta V=V_1-V_0$，$\Delta S=S_1-S_0$，公式中的下标 0 和 1 分别表示第一期和第二期。

参照行结构模型的转换方法，把 $\Delta X'$、ΔS 和 ΔV 变形分解，整理后得到：

$$\Delta X'=\frac{1}{2}(X'_0\Delta BS_1+X'_1\Delta BS_0)+\frac{1}{2}(\Delta P+\Delta W+\Delta T)(S_1+S_0) \tag{4-8}$$

式（4-8）中，T、W、P 分别表示对生产的税收和补贴、劳动者报酬和营业盈余。前部分后部分分别表示技术进步和增加值各项对总产出变动的贡献。

2. 分析最终需求和增加值各组成部分对高技术产业产出增长的贡献

根据河南省历年投入产出表中的数据结合构建的行结构模型和列结构模型来分析最终需求和增加值各变量对高技术产业产出增长的贡献。如表4-10和表4-11所示。

表 4-10　河南省高技术产业最终需求各变量对产出变动的贡献

		2005~2007 年	2007~2012 年
技术进步	绝对量	3382552	19193637
	贡献率	59.08	57.78
家庭消费	绝对量	1958598	2857888
	贡献率	34.31	8.60
政府消费	绝对量	0	0
	贡献率	0	0
资本形成	绝对量	6693806	7631278
	贡献率	117.27	22.97
净出口	绝对量	-6327023	3534055
	贡献率	—	10.64

表 4-11　河南省高技术产业增加值各组成部分对产出变动的贡献

		2005~2007 年	2007~2012 年
营业盈余	绝对量	1329995	4153963
	贡献量	23.30	12.51
劳动者报酬	绝对量	214854	3098913
	贡献量	3.76	9.33
税收与补贴	绝对量	389766	760982
	贡献量	6.83	2.29

　　通过分析河南省高技术产业最终需求和增加值各组成部分对产出增长的贡献分析，可以得到以下结论：

　　（1）分析最终需求各组成部分对产出增长的贡献。如表 4-10 所示，对比 2005~2007 年和 2007~2012 年最终需求各组成部分在投入产出表上变化的绝对量可以看出，除净出口外，最终需求各部分都是增长的，且增长幅度正在扩大，也能看到高技术产业的总产出也是增长的。

　　技术进步增长说明河南省的高技术水平升高，进而反映了在高技术产业产出增加上，河南省科技水平日趋成熟。再对比贡献率可以看到技术进步对高技术产业产出增长的贡献率是相当大的。然而贡献率有下降的趋势，虽然下降的比例很小，但仍能发现技术进步对高技术产业的拉动作用正在降低，河南省的高技术水平已经步入较成熟的阶段。家庭消费方面的增长表明高技术产品已经逐渐进入了居民的日常生活中，并且在居民日常生活中的作用越来越大，有效促进了河南省高技术产业的发展。但是家庭消费对高技术产业产出增长的贡献率大幅度下降，家庭的消费水平和消费习惯与省内高技术产业的发展呈现出不同步的现象，居民的消费观念仍较为传统。资本形成的增加说明河南省对高技术产业的投资增加，政府方面愈加重视高技术产业。但是 2005~2007 年资本形成对产出增长的贡献过大，河南省高技术产业产出增长主要依靠投资，缺少其自身的突破创新。2007~2012 年资本形成对高技术产业产出增长的贡献率大幅度下降，虽然比例仍较高，但是表明了河南省高技术产业对政府的依赖性正在降低，其产业自身正在积极创新，越发展现出新的活力，河南省高技术产业进入成熟期，增速放缓。2005~2007 年净出口的减少表明，河南省高技术产业主要依靠引进或购买国外的技术或设备，缺少自主创新能力，对外依赖程度高，不利于高技术产业的发展进步。2007~2012 年净出口增加，说明河南省对外的依赖程度大大降低，其高技术产品正在走向国际，政府对高技术产品的出口采取鼓励态度。

（2）分析增加值各组成部分对产出增长的贡献。如表 4-11 所示，从 2005~2007 年和 2007~2012 年增加值各组成部分变化的绝对量来看，河南省高技术产业的盈利能力和从事高技术产业的劳动者报酬都是增加的，高技术产业的发展稳中有升。税收和补贴代表了政府对高技术产业的干预程度，税收对高技术产业起到了限制作用，而补贴则是政府对高技术产业的扶持。

从增加值各组成部分对高技术产业产出增长的贡献率来看，营业盈余对产出增长的贡献最大，高技术产业的盈利能力非常强；劳动者报酬对产出增长的贡献最小，说明河南省从事高技术产业的科技人员较少，普通人员多，缺少专业型的高技术人才。对比 2005~2007 年和 2007~2012 年贡献率的变化，营业盈余对高技术产业产出增长的贡献率下降，说明高技术产业的盈利能力下降。劳动者报酬的贡献率增加，表明河南省重视培养和引进高技术人才，在高技术这一产业中从事生产活动的专业型人才增多。税收与补贴的贡献率降低，政府对高技术产业的干预程度降低，河南省高技术产业自身的发展愈加成熟，内在运行机制逐渐完善。

六、总结

第一，高技术产业的产出增长份额较小，但正在迅速扩大，对河南经济增长有强劲的带动作用。高技术产业的中间投入占全部中间投入的比重从 2007 年的 8.6% 上升到 2012 年的 12.9%，高技术产业的中间使用比重由 2007 年的 8.9% 上升到 2012 年的 12.3%，高技术产业的最终使用比重由 2007 年的 13.7% 上升到 2012 年的 15.6%，高技术产业的增加值比重由 2007 年的 9.1% 上升到 2012 年的 13.1%，以上分析结论为，虽然高技术产业生产经营活动总规模在国民经济各部门中所占份额较小，但均有较高的增长速度，高技术产业的规模正在迅速扩大，对河南经济的增长起着强劲的带动作用。

第二，技术进步对高技术产业产出增长贡献非常大，家庭消费贡献率大幅下降，资本形成贡献增加，净出口贡献率提高。这是本书的创新所在。利用行结构和列结构分解模型分析最终需求和增加值各组成部分对高技术产业产出增长的贡献，技术进步对河南省高技术产业的产出贡献率在 2005~2007 年为 59.08%，在 2007~2012 年为 57.78%，说明技术进步对产出增长贡献非常大，家庭消费对高技术产业的贡献率大幅下降，说明家庭消费水平和消费习惯与河南省内高技术产业的发展呈现不同步的现象，居民的消费观念仍较为传统。资本形成的增加说明河南省对高技术产业的投资增加，政府方面愈加重视高技术产业。2007~2012 年净出口对高技术产业的贡献率为 10.64%，说明河南省对外的依赖程度大大降低，其高技术产品正在走向国际，政府对高技术产品的出口采取鼓励态度。

第四节 河南省高技术产业的产业关联效应分析

一、利用非完全假设抽取法分析高技术产业关联

1. 非完全假设抽取法

在做高技术产业的关联效应时我们利用 Diezenbacher 和 Van Der Linden（1997）构建的非完全假设抽取法进行分析。产业关联通常指前向关联和后向关联两种。

（1）后向关联分析。其他产业向高技术产业提供中间产品时，他们之间的关系是后向关联（张同斌，2013）。可以把需要研究的部门分成两个部分，用 j 表示高技术产业，r 表示其他产业，类似式（4-1），X、Y、A 代表的含义与第三部分相同，加上下标 j 和 r 分别表示高技术产业和其他产业的总产出、直接消耗系数矩阵和最终需求。则有如下行向关系：

$$X = \begin{bmatrix} X_j \\ X_r \end{bmatrix} = \begin{bmatrix} A_{jj} & A_{jr} \\ A_{rj} & A_{rr} \end{bmatrix} \begin{bmatrix} X_j \\ X_r \end{bmatrix} + \begin{bmatrix} Y_j \\ Y_r \end{bmatrix} \tag{4-9}$$

对式（4-9）求解得到式（4-10）：

$$X = \begin{bmatrix} X_j \\ X_r \end{bmatrix} = \begin{bmatrix} (I-A_{jj}-A_{jr}G_{rr}A_{rj})^{-1} & (I-A_{jj}-A_{jr}G_{rr}A_{rj})^{-1}A_{jr}G_{rr} \\ G_{rr}A_{rj}(I-A_{jj}-A_{jr}G_{rr}A_{rj})^{-1} & G_{rr}(I+A_{rj}(I-A_{jj}-A_{jr}G_{rr}A_{rj})^{-1}A_{jr}G_{rr}) \end{bmatrix} \begin{bmatrix} Y_j \\ Y_r \end{bmatrix}$$

$$\tag{4-10}$$

其中，$G_{rr} = (I-A_{rr})^{-1}$。

研究后向关联时，其他不变，即 A_{jj} 和 A_{rj} 为 0，得式（4-11）：

$$\widetilde{X} = \begin{bmatrix} \widetilde{X}_j \\ \widetilde{X}_r \end{bmatrix} = \begin{bmatrix} 0 & A_{jr} \\ 0 & A_{rr} \end{bmatrix} \begin{bmatrix} \widetilde{X}_j \\ \widetilde{X}_r \end{bmatrix} + \begin{bmatrix} Y_j \\ Y_r \end{bmatrix} \tag{4-11}$$

对式（4-11）求解得到式（4-12）：

$$\widetilde{X} = \begin{bmatrix} \widetilde{X}_j \\ \widetilde{X}_r \end{bmatrix} j = \begin{bmatrix} I & A_{jr}G_{rr} \\ 0 & G_{rr} \end{bmatrix} \begin{bmatrix} Y_j \\ Y_r \end{bmatrix} \tag{4-12}$$

式（4-12）中，$\widetilde{X}$ 为抽取高技术产业向后关联之后的各产业的产出向量，$\widetilde{X}_j$ 为抽取高技术产业向后关联之后高技术产业的产出，$\widetilde{X}$ 为抽取高技术产业向后关联之后其他产业的产出向量。

从式（4-10）减去式（4-12），得到：

$$X-\widetilde{X}$$

$$= \begin{bmatrix} (I-A_{jj}-A_{jr}G_{rr}A_{rj})^{-1}-I & ((I-A_{jj}-A_{jr}G_{rr}A_{rj})^{-1}-I)A_{jr}G_{rr} \\ G_{rr}A_{rj}(I-A_{jj}-A_{jr}G_{rr}A_{rj})^{-1} & G_{rr}A_{rj}(I-A_{jj}-A_{jr}G_{rr}A_{rj})^{-1}A_{jr}G_{rr} \end{bmatrix} \begin{bmatrix} Y_j \\ Y_r \end{bmatrix} \tag{4-13}$$

用式（4-13）除以 X，结果即为最终所需。

（2）前向关联测度。把高技术产品作为中间产品的产业与高技术产业之间的关系是前向关联（张同斌，2013）。与式（4-7）类似，j、r、B 代表的意思不变，V 和 X′分别代表增加值和总产出的行向量，在纵向上得到如下关系：

$$X' = \begin{bmatrix} X'_j & X'_r \end{bmatrix} = \begin{bmatrix} X'_j & X'_r \end{bmatrix} \begin{bmatrix} B_{jj} & B_{jr} \\ B_{rj} & B_{rr} \end{bmatrix} + \begin{bmatrix} V_j & V_r \end{bmatrix} \tag{4-14}$$

对式（4-14）求解得到式（4-15）：

$$X' = \begin{bmatrix} V_j & V_r \end{bmatrix} \cdot \begin{bmatrix} (I-B_{jj}-B_{jr}Z_{rr}B_{rj})^{-1} & (I-B_{jj}-B_{jr}Z_{rr}B_{rj})^{-1}B_{jr}Z_{rr} \\ Z_{rr}B_{rj}(I-B_{jj}-B_{jr}Z_{rr}B_{rj})^{-1} & Z_{rr}(I+B_{rj}(I-B_{jj}-B_{jr}Z_{rr}B_{rj})^{-1}B_{jr}Z_{rr}) \end{bmatrix} \tag{4-15}$$

其中，$Z_{rr} = (I-B_{rr})^{-1}$。

研究前向关联时，其他不变，即 B_{jj} 和 B_{jr} 为 0，如式（4-16）所示：

$$\hat{X}' = \begin{bmatrix} \hat{X}'_j & \hat{X}'_r \end{bmatrix} = \begin{bmatrix} \hat{X}'_j & \hat{X}'_r \end{bmatrix} \begin{bmatrix} 0 & 0 \\ B_{rj} & B_{rr} \end{bmatrix} + \begin{bmatrix} V_j & V_r \end{bmatrix} \tag{4-16}$$

式（4-16）中的各个字母代表的含义与式（4-12）相似。

对式（4-16）求解得到式（4-17）：

$$\hat{X}' = \begin{bmatrix} \hat{X}'_j & \hat{X}'_r \end{bmatrix} = \begin{bmatrix} V_j & V_r \end{bmatrix} \begin{bmatrix} I & 0 \\ Z_{rr}B_{rj} & Z_{rr} \end{bmatrix} \tag{4-17}$$

用式（4-15）减去式（4-17），得到：

$$X'-\hat{X}' = [V_j \quad V_r] \cdot \begin{bmatrix} (I-B_{jj}-B_{jr}Z_{rr}B_{rj})^{-1}-I & (I-B_{jj}-B_{jr}Z_{rr}B_{rj})^{-1}B_{jr}Z_{rr} \\ Z_{rr}B_{rj}((I-B_{jj}-B_{jr}Z_{rr}B_{rj})^{-1}-I) & Z_{rr}B_{rj}(I-B_{jj}-B_{jr}Z_{rr}B_{rj})B_{jr}Z_{rr} \end{bmatrix}$$

$$(4-18)$$

用上式除以X'，结果就是最终所需比例。

2. 利用非完全假设抽取法测算高技术产业的前向关联和后向关联

由于投入产出表部门较多，为了便于对关联效应的测度，参考《高技术产业分类》（2013），把 42 个部门的投入产出表划分成 5 个部门，包括高技术产业、农业、传统制造业、建筑业、传统服务业，这里不再区分高技术制造业和高技术服务业。

高技术产业后向关联分析（见表4-12）：

表4-12 高技术产业与其他各产业后向关联测度　　　　　　单位：%

产业划分	2002 年	2007 年	2012 年
高技术产业	19. 23	20. 87	25. 06
农业	1. 36	4. 57	5. 09
传统制造业	21. 09	25. 03	29. 01
建筑业	0. 38	0. 86	0. 92
传统服务业	5. 91	11. 56	12. 76

高技术产业前向关联分析（见表4-13）：

表4-13 高技术产业与其他各产业前向关联测度　　　　　　单位：%

产业划分	2002 年	2007 年	2012 年
高技术产业	20. 34	23. 06	25. 87
农业	1. 27	1. 76	2. 07
传统制造业	3. 78	8. 59	10. 43
建筑业	2. 98	6. 17	7. 14
传统服务业	6. 58	6. 71	8. 12

（1）高技术产业后向关联测度。从表4-12可以看出，高技术产业与自身和传统制造业的后向关联最密切。与自身的联系密切，说明了高技术产业具有十分强烈的自给性。其与自身关联由 2002 年的 19.23%到 2007 年的 20.87%再到 2012 年的 25.06%，表明这种自给性呈现上升趋势，且上升比例越来越大，即高技术产业正在

高速发展，其企业之间的联系愈加紧密。生产高技术产品所需的原料来自其产业自己生产的占相当大的比例，高技术产业有很强烈的自我满足倾向，这种倾向正在逐渐强化。同时高技术产业对传统制造业有着很强的依赖，关联程度最高。河南省高技术产业主要承接的是加工制造业，以加工组装为主，缺乏自主创新能力，科技水平仍然较低。与传统制造业的后向关联逐年增大，说明河南省产业结构不均衡，与传统产业相比，高技术产业发展缓慢。高技术产业与建筑业的后向关联程度最低，即建筑业的中间产品或最终产品很少一部分能作为高技术产业的中间产品使用，不过这种情况有所改变，高技术产业与建筑业的后向关联程度正在增强。高技术产业和农业及传统服务业的关联最低，说明农业和传统服务业为高技术产品提供中间投入很少。

通过分析高技术产业与自身和其他产业的后向关联，我们可以发现，目前，河南省高技术产业的发展仍然不够成熟，其与其他产业的关联程度远远低于与自己的关联程度，生产的产品绝大部分为自给自足。这也证明了河南省高技术产业对其他产业的带动作用仍然较弱，虽然在提高，但是远不能满足经济发展的需要。因此，必须改变这种状况。

（2）高技术产业前向关联测度。从表4-13可以看出，高技术产业与自身的前向关联最为密切，即高技术产业的产品绝大多数仍是为高技术产业的中间产品投入使用，仍然说明了高技术产业很强的自给性。另外，高技术产业与传统服务业的前向关联程度也很高，虽然传统服务业不能为高技术产业提供中间投入，但是高技术产业对传统服务业有很强的提升作用，可以让传统服务业提高服务效率，改善服务质量，并且对服务业的提升作用正在加强。高技术产业对农业的前向关联效应很低，即高技术在农业上的应用仍然很低，河南省农业现代化的进程还是在初期阶段。河南省目前产业仍以农业为主，要想加快经济发展，必须提高高技术产业与农业的前向关联程度，让农业生产更加机械化、专业化，以提高生产效率。

高技术产品作为中间产品主要应用在高技术产业上，而农业和建筑业等其他产业所占的比例非常少，长久下去，对高技术产业的发展极其不利。如果各个产业对高技术产品的需求非常少，高技术产业只能依靠其产业内部进行资源循环，久而久之，其产业内部的循环链将会僵化。社会对高技术产品的需求越来越低，将来可能导致高技术产业的规模越来越小，甚至会有许多以高技术企业消失。这将会对河南省的产业结构造成巨大的冲击，其经济发展也会受阻。所以，必须加强高技术产业与其他产业的联系。科技才是最强的生产力，只有把高技术运用到各个产业中，河南省的产业经济才能繁荣增长。

二、利用产业波及效应分析河南省高技术产业的产业关联

根据2007年和2012年河南省投入产出表，计算出各产业部门的影响力系数和感

应度系数。如表 4-14 所示。

表 4-14　影响力系数和感应度系数

	影响力系数				感应度系数			
	2007 年	名次	2012 年	名次	2007 年	名次	2012 年	名次
农业	0.82	5	0.80	5	0.75	3	0.72	4
建筑业	1.12	3	1.19	3	0.41	6	0.39	6
传统服务业	0.87	4	0.77	6	1.06	2	0.97	2
传统制造业	1.17	2	1.20	2	2.58	1	2.60	1
高技术制造业	1.20	1	1.23	1	0.68	4	0.79	3
高技术服务业	0.82	6	0.82	4	0.51	5	0.54	5
高技术产业	1.05	—	1.14		0.70	—	0.86	7

　　由表 4-14 可知，在农业、建筑业、传统制造业、传统服务业、高技术产业五大产业中，高技术产业的影响力系数高于平均水平，意味着高技术产业的发展有利于拉动其他部门的发展，大力发展高新技术产业，利用高新技术产业的渗透作用，对于带动相关产业发展具有重要意义。与 2007 年相比，2012 年高技术产业的影响力系数有所变大，意味着高技术产业的发展对其他部门发展的拉动作用得到了一定程度的提高并在现阶段各产业部门中发挥着更大的作用。

　　与 2007 年相比，2012 年高技术产业的感应度系数得到了显著提高，但仍低于平均水平，意味着其他部门的发展整体上对高技术产业的发展的拉动作用较小。其中，传统制造业的感应度系数远高于其他产业部门，说明随着各产业部门的发展，传统制造业受到的需求感应最大，其他产业部门受到的需求感应远低于传统制造业。这主要是由于我国传统制造业部门在整个产业部门中仍然占据着较大比重，与其他产业部门的联系较为紧密。

　　在农业、建筑业、传统制造业、传统服务业、高技术制造业、高技术服务业六大产业中，高技术制造业的影响力系数高于平均水平，高技术服务业的影响力系数低于平均水平，高技术制造业的影响力系数高于高技术服务业。高技术制造业的影响力系数高于其他各产业部门，大力发展高技术制造业，利用高技术制造业对传统制造业的渗透作用，促进传统制造业的发展，可以有效带动其他产业部门的发展。与 2007 年相比，2012 年高技术制造业的影响力系数得到了一定程度的提高，说明高技术制造业的发展在经济发展过程中对其他各产业部门具有越来越大的推动作用，而高技术服务业的影响力系数与 2007 年相比变化不大，但由于农业和传统服务业等影响力的相对下降，高技术服务业的影响力超过了农业和传统服务业。总体来看，影响力较大的产业部门为建筑业、传统制造业和高技术制造业等工业部门，工业部门的影响力系数高于平均水平，工业是国民经济发展的主导。农业、传统服务业和高技术服务业的影响力较小。

与2007年相比，2012年高技术制造业和高技术服务业的感应度系数得到了一定程度提高，高技术制造业的感应度系数略高于高技术服务业，但感应度系数均低于平均水平。

与传统制造业相比，高技术制造业的影响力系数较大，高技术制造业和传统制造业的影响力系数均高于其他产业部门，说明河南省无论是传统制造业还是高技术制造业，作为工业中的主要组成部分，制造业的发展对其他产业部门均具有较大的推动作用。但高技术制造业的感应度系数远低于传统制造业，说明随着其他产业部门的发展，传统制造业受到的需求感应程度较高，但高技术制造业受到的需求感应程度相对较低。传统制造业的感应度系数远大于传统制造业，主要是由于传统制造业在整个制造业中占据相当大的比重，而高技术制造业虽然得到了一定程度的发展，但高技术制造业在整个制造业中所占比重仍然很小。

与传统服务业相比，高技术服务业的影响力系数较小，但随着服务业的发展，高技术服务业的影响力得到了提升，2012年高技术服务业的影响力系数超过了传统服务业，说明河南省的传统服务业在一定程度上实现了向高技术服务业的转变。但高技术服务业的感应度系数与传统服务业相比较低，说明随着其他产业部门的发展，传统服务业受到的需求感应程度较高，但高技术服务业受到的需求感应程度相对较低。这主要是由于传统服务业在整个服务业中仍然占据较大比重，而高技术服务业虽然得到了一定程度的发展，但高技术服务业在整个服务业中所占比重仍然较小。

第五节　发展河南省高技术产业的思路和对策

一、河南省高技术产业发展存在的问题

综合上述统计分析，河南省高技术产业发展过程中存在的问题有以下几方面：

1. 创新力不足

通过上文的分析，我们可以看到河南省高技术产业对资本形成的依赖程度很大，属于"投资驱动型"的产业，自身缺乏创新力，活力不足。而且河南省高技术产业与自身的关联性远高于其他产业，是典型的自给自足型的产业。而且河南省省内高技术产品的净出口有减少的现象，说明河南省高技术产业主要依靠从外引进，而自主开发创新或是输出国外省外的很少，对外依赖性强。这些问题从根本上看都是因

为河南省高技术产业缺乏创新能力，创造力较低，不能满足产业自身发展的需要，必须从外引进。

2. 缺少高技术方面的人才

结合第三章的分析，劳动者报酬对高技术产业产出增长的贡献也有下降趋势。河南省省内从事高技术产业的人员中，科技人员占比太少。高技术产业离不开大量的专业人才，但在市场经济的作用下，人才趋于流向经济发展水平高的地方，流出经济发展水平低的地方。河南省的发展水平在我国较落后，对人才的吸引力也相对较低，而且缺乏吸引人才的优惠政策，所以在人才竞争方面形势严峻，人才流出的现象较其他地区更严重。缺少高技术方面的人才严重限制了河南省高技术产业的发展，没有新鲜血液的输入，使河南省高技术产业发展无法焕发活力。

3. 居民消费观念与高技术产业发展不相符

对比家庭消费对高技术产业产出贡献时发现，家庭消费对高技术产业产出增长的贡献程度有大幅下降趋势，这表明居民的消费水平和消费习惯与河南省省内高技术产业的发展呈现出不同步的现象，即目前河南省居民的消费观念还比较传统，虽然高技术产业在迅速发展，但是其产品进入家庭中的很少，居民消费不起或是不愿意消费高技术产品。高技术产业发展太快，在日常生活中却没有太多的体现，居民生活与技术发展脱节，这种现象长久下去，对高技术产业的发展很不利，有需求才会有供给，如果居民对高技术产品不需要，就不能刺激高技术产业的蓬勃发展。

4. 高技术产业对经济的带动能力较弱

河南省高技术产业的发展很大程度上依赖于农业，然而其对农业的提升作用却很薄弱。河南省的农业仍是传统的农业，其技术产量较低，高技术产业对农业的支撑带动作用并不明显，省内的经济发展与高技术产业之间的关联性不强，高技术的发展主要是依赖于政府的政策和企业自身的发展。高技术产业对全省经济增长的贡献作用不大，对经济的带动能力不强。

5. 资金投入不足

高技术产业本就是高投入、高风险、高回报的产业，而河南省的财政投入主要集中在国有大型企业，对中小型和民营高技术企业的 R&D 投入不足，而银行等金融机构高技术产业贷款的资格和规模限制也很多，企业很难从这些金融机构得到融资，而且由于河南省高技术产业发展不成熟，企业自筹资金能力有限，这些均导致河南省高技术产业的资金投入不足，进而限制了高技术产业的发展。

二、发展河南省高技术产业的对策

1. 重视创新，鼓励创新

创新力是一个国家和民族的灵魂，失去了创新能力的国家将变得没有生机和活力，河南省也是如此，我们必须重视创新，鼓励所有居民敢于创新。重视中小学生乃至幼儿园和学前班的孩子的创造力，不要用老化的教育模式扼杀了孩子的创造力，他们是地区和国家未来的栋梁，他们有活力，我们河南省才能焕发活力，所以，政府必须重视孩子们的创新力，改变老化的教育模式，培养具有创新力的高技术人才。

2. 重视人才培养与引进

尚晓霞（2008）指出："高技术产业的发展依赖于高技术人才，河南省人口资源丰富，劳动力成本低，应该充分发挥这一优势。"落实人才培养战略，培育专业化人才。加大对教育事业的关注和投入，发展河南省自己的专业人才库，不断为社会输送高技术人才，提升河南省整体的文化水平。在培育人才的同时，也要重视人才的引进与留用问题，制定针对高技术专业化人才的奖励机制，留住人才，重用人才，通过塑造专业化人才使河南省高技术产业焕发新机，充满活力，促进高技术产业的发展壮大。

3. 鼓励高技术产品走进日常生活

居民缺乏对高技术产品的认知或体验，不了解高技术产品在生活中的作用。所以，这就需要政府部门或是商家，加大对高技术产品的宣传力度，不要让高技术产品只是一个名词。政府也可以采取一些措施扶持销售高技术产品的商家，给予商家一定的补贴，使高技术产品的价格更易被居民接受。商家也可以让居民有一些体验活动，切身体会高技术产品给生活带来的便利。

4. 加大高技术成果应用范围

高技术产业对经济的带动作用不强，主要缘于高技术成果的应用领域和范围有局限性，不能广泛地运用到河南省其他的产业领域，尤其是对河南省经济起支承作用的农业上。河南省现代化农业仍在起步阶段，主要还是依靠人力，成果远不及一些发达国家的现代化农业，要想促进河南省经济的发展，必须提高高技术产业对经济的带动力，把高技术产业应用到经济的各个领域，真正让科学技术转化为第一生产力。

5. 出台高技术产业融资优惠政策，加大资金投入

要想加快河南省高技术产业发展，必须解决资金不足的问题，除了政府在财政支出上多多投入，扶持中小型和民营企业，更重要的是，放宽高技术企业贷款融资

的限制，让高技术企业有更多的自由去引进资本，促进自我的发展。政府出台关于高技术产业贷款融资的优惠政策，吸引金融机构对高技术企业的支持，同时也鼓励高技术企业不断进行自我发展。

6. 重视高科技的发展

科学技术是第一生产力，是促进经济发展的重要因素之一，也是推动产业结构优化、增强产业竞争优势的重要驱动力。高技术产业和高技术服务业都是知识密集度高、对新兴技术与专业知识依赖性高，因此，高科技在"两业"之间起着纽带和桥梁的关键作用。

7. 加速主导产业转换

根据以上分析，河南省高技术产业尤其是高技术制造业具有高附加值、产业关联性强等特点，对其他产业的带动能力较强，在产业结构调整过程中能够发挥"领头羊"的作用。但是目前传统产业尤其是传统制造业仍是河南省的主导产业和优势产业，因此对传统产业的提升改造是河南省产业结构优化升级的关键。传统产业的生命力来自高技术的渗透，这种渗透正是基于高技术产业与传统产业技术经济联系基础上的渗透和技术扩散。高技术与传统产业的相互渗透，既能提升传统产业的技术水平，又能减少高技术产业的风险。由于高技术产业有辐射力强，资金投入量大、易失败等特点，从企业方面考虑，有一定的风险。因此，应进一步加大对河南省高技术企业的支持力度，鼓励企业加速运用高技术对传统产业的改造。

8. 重视高技术服务业的长远发展，制定扶持政策

河南省高技术制造业的对经济增长的带动作用整体上呈上升趋势，但是单单依靠高技术制造业对传统工业的辐射，能力有限，并且由于高技术制造业自身的发展在一定程度上依赖于高技术服务业的发展，因此若能将服务水平配合制造业的发展步伐，就能起到事半功倍的效果。高技术服务业是新兴产业，投入产出规模在全产业的比重还很小，发展还处于起步阶段，应该长远规划，加强引导，调整限制其发展的政策，在制定并完善有序的市场运作机制的基础上，提供有关的扶持政策，促进高技术服务业的良性循环和发展，使其更好地适应当前的政治经济格局。

发展战略篇

第五章 区域经济发展战略相关理论

第一节 引 言

随着经济全球化和区域经济一体化程度的不断推进，区域经济中逐渐出现了一些带有长远性、根本性、全局性、整体性和系统性的问题，这些问题需要从战略高度加以解决。一个区域的经济发展能否取得成功，在很大程度上取决于所确定的发展战略是否正确。如何从区情出发，充分发挥区域优势，制定正确的区域经济发展战略，选择科学的发展道路和路径，是实现区域经济持续稳定快速发展的重要前提和保障。因此，区域经济发展战略问题越来越引起各级政府和企业的关注和重视。

区域经济发展战略是对特定区域经济发展的全局性长远规划，具有综合性、全局性、阶段性和地域性特点。所以区域经济发展战略在不同时期、不同区域要进行适时的调整和重构。尤其是进入 21 世纪以来，世界区域经济发展结构发生了巨大变化，区域经济竞争愈演愈烈，相关研究越发多元化。这种格局对于区域经济发展而言，既是机遇，又是挑战。

河南省是我国中部六省的重要成员，也是我国第一人口大省、农业大省，省内区域间因自然条件、区位影响、经济基础等各方面的因素而使区域经济发展呈现出多元面貌。改革开放以来，河南省经济发展较快，各项相关指标大幅度提高，其中不免会出现经济发展的各种问题以及相应的对策，对河南省区域经济发展进行研究并制定出正确的战略有利于河南经济发展持续进步。

能否制定出正确的发展和规划战略，关系到区域经济发展能否取得胜利。因此，区域经济发展战略的研究已然成为相关学术界重点关注的课题。它是指，在较长时间内，根据对区域经济、社会发展状况的评估，结合区域经济、社会发展过程中涉及的各种关系，对区域经济发展的指导思想、预定目标、应解决的重点、即将经历的发展阶段以及相应的策略的总筹划和总决策。

本篇在区域经济学、产业经济学、发展经济学、决策管理经济学等学科的基础之上探究区域发展和战略原理、模式以及重点决策的权衡，丰富和发展了经济学，为学科体系的进步与完善提供了理论推动基础。

河南作为我国第一人口大省，经济、社会发展与中国整体比较相似，可以从河南的区域经济发展映射全国区域经济的状况，本书为研究中国区域经济发展战略给予参照。同时，作为正处于结构优化、产业升级阶段的河南省，对其区域经济发展和战略的研究有利于在实践中尽可能地克服经济发展的弊端（如缩小区域经济的发展差异），提高河南省区域经济竞争力，更好地实现河南省可持续发展总战略。

第二节　区域经济发展战略相关理论

一、区域经济发展战略

区域经济发展理论是区域经济发展战略的基础和理论依据，正确的、科学的、适合区域实际的经济发展理论，是构建区域经济发展战略的基础。因此，在研究区域经济发展战略时，必须有区域经济发展理论做指导。

1. 内涵

美国经济学家赫希曼在《经济发展战略》一书中，首次提出了经济发展战略的问题，并使用了"发展战略"的概念。此后，西方发展经济学把经济发展战略作为重要的研究问题之一。我国20世纪80年代初，著名经济学家于光远提出了经济发展战略问题，并逐渐形成我国经济发展战略的研究热潮。

区域经济发展战略的内涵是指对一定区域内的经济发展所进行的重大的、带全局性的谋划。区域经济发展战略的核心是解决区域在一定时期的基本发展目标和实现这一目标的途径。我们一般认为区域是指各级行政区域，超出行政区域以及政府影响的区域经济发展战略，只能是一种纯理论的假设。

2. 区域经济发展战略的基本内容

（1）战略依据。战略依据是一个战略的抉择前提，是制定战略的科学根据。战略依据分为理论依据和事实依据。理论依据是与区域经济发展有关的客观规律、定理、公理等。事实依据是与区域经济发展有关的客观情况，包括区域内部和区域外部的客观情况，通过对客观情况的分析进行形势研判。

（2）战略指导思想。战略指导思想是指建立在一定的理论基础之上，用以指导和规定战略的具体设计思想、思路和总方针。战略指导思想是战略的灵魂，决定着战略的总方向、总目标和总格局，是战略最高层次环节，起着高层次导航作用。战略指导思想的形成过程，是一个由具体到抽象、由分析到综合的过程，在充分把握各种信息的基础上，把思想材料概括和抽象到应有的高度，形成战略指导思想和战略方针。战略指导思想一旦确定，应具有一定的稳定性，一般在战略期内不应有大的根本性的变动。

（3）战略目标。战略目标是整个战略的核心，是战略指导思想的具体化和量化，是战略主体在战略期内的奋斗目标，战略目标应具体明确、不能抽象含糊。战略目标制定中应首先进行整体战略的目标定位。战略目标一般可以分为经济和社会发展两个方面，通常既可以采用定性指标来表示，也可以采用定量指标来表示，也可以两者结合。如通常可采用经济增长目标、提高人民生活水平目标、科技进步和效益提高目标和社会发展目标。

（4）战略重点。战略重点是实现战略目标的关键环节。在战略制定中，要分出重点，选择那些对实现战略目标有关键意义的部分、环节或地区集中投入、集中建设，以点带面，全面推进。战略重点选择要遵循优势原则、"瓶颈"原则、基础原则、主导原则等。战略重点的选择从产业角度讲就是要选出战略支柱产业和主导产业，这些产业在产业链中关联系数大，对区域全局的发展起着带动和主导作用；从空间意义上讲选择战略重点就是要选择能带动区域全面发展的经济增长极、经济增长带和经济增长区，形成点、线、面有机结合的网络状空间结构体系。

（5）战略步骤和战略对策。战略步骤是实现目标顺序、过程的时间界定，一般分为准备期、发展期、完善期三步，每一步有不同的阶段性目标和任务，它是从时间上安排区域经济发展战略的实施。战略措施是针对实现战略目标过程中的矛盾所采取的基本政策和基本措施。一般具有针对性、多样性、层次性、协同性和灵活性等特征。

3. 知识经济时代下区域经济发展战略的新思想

进入 20 世纪 90 年代，经济全球化进程明显加快，全球进入了知识经济时代，全球环境问题日益突出。面临新时代、新形势，在经济发展战略的研究领域涌现出了不少新理论，主要集中在经济可持续发展、加强国际合作，制度分析角度的发展，以及新经济地理视角的经济发展战略问题等。

二、区域经济发展理论流派

一般认为，区域经济发展的研究始于德国经济学家杜能（J. H. V. Thunen），杜能在其 1826 年的著作《农业和国民经济中的孤立国》中首次研究了"区位"问题。迄今为止，区域经济理论发展已有 190 多年的历史，研究过程中产生了众多理论流派。宋家泰等（1987）总结了区域发展的主要理论流派（见表 5-1）。

表 5-1　区域经济理论发展的主要流派

主要学派	理论核心	主要观点
成本—历史学派	成本与市场的相依关系	最大利润原则是确定区位的基本条件，但最大利润的实现必然与自然环境、运输成本、工资、地区居民购买力等因素有关。现代区域研究应是生产、价格和贸易理论的综合，形成竞争配置模型

续表

主要学派	理论核心	主要观点
行为学派	以人为主题的发展目标	现代企业管理的发展和交通工具的现代化，人的地位和作用是区域分析的重要因素，运输成本则成为次要的因素
社会学派	政府干预区域经济发展	政府政策制定、国防和军事原则、人口迁移、市场、居民储蓄能力等因素成为最重要的影响因素
历史学派	空间区位发展的阶段性	区域经济的发展是以一定时期的生产力发展水平为基础的，具有明显的时空结构特征。对不同阶段的空间经济分布和结构变化研究是理想区域发展的关键
计量学派	定量研究的可能性	现代区域研究涉及内容多、范围广、数据众，人工处理已到了无能为力的地步。而计算机应用、遥感数据分析和机助制图为计量化区域研究提供了基础条件

三、区域经济发展战略的理论基础

1. 均衡发展理论

均衡发展理论最初产生于 20 世纪 40 年代，它是指在整个国民经济各部门同时进行大规模投资，使工业在国民经济各部门按同一比率或不同比率全面得到发展，以此来实现工业化或经济发展。均衡增长理论避免了片面强调工业化，忽视其他部门发展的倾向，强调大规模投资和合理配置有限资源的重要性，重视市场机制作用的局限性和实现宏观计划的必要性，为发展中国家实现工业化和经济迅速发展提供了一种发展模式，有一定的理论和现实意义（张聚华，2002）。但是均衡增长过分依赖计划和国家干预，并日益受到资源和资金不足，技术和管理水平低下等不利因素的制约，这一理论在实际应用经济政策制定中缺乏可操作性，这也使越来越多的经济学家走向非均衡增长理论的研究。

2. 非均衡发展理论

经济发展本质上是一种不平衡的连锁演变过程，即从不平衡到平衡，再到新的不平衡（豆建民等，2009）。20 世纪 50 年代以来，西方经济学界相继提出了各种区域非均衡增长理论，主要包括佩鲁的增长极理论、缪尔达尔的循环累积因果理论、赫希曼的不平衡增长理论以及梯度推移理论、点轴开发理论、网络开发理论等。

（1）增长极理论。佩鲁认为，经济的增长不可能同时出现在所有区域，而是首先出现于某增长点或增长极上。增长极通过两种效应影响周围地区经济的发展，即极化效应和扩散效应。极化效应指增长极对周围地区的资源产生吸引力而使周围地区的劳动力、资金等要素资源流向增长极。增长极理论在实践过程中也可能带来一些消极后果，如可能导致地区经济差异的扩大，限制周边地区经济的发展。

（2）循环累积因果理论。该理论认为，如果某些地区由于初始的优势而比其他地区超前发展，凭借既得优势，这些地区会继续超前发展。而落后地区的情形恰好相反，大量输入工业品使本区域工业缺乏竞争力，产业结构不能升级，收入水平得不到提高。缪尔达尔的回波效应与扩散效应的原理基本上与佩鲁的极化效应与扩散效应是一致的，也是符合实际生产生活的。

（3）不平衡增长理论。1958年赫希曼在《经济发展战略》一书中，提出经济不平衡增长是经济发展的最佳方式。在经济发展初级阶段，极化效应超过涓滴效应，使区域差距扩大，而涓滴效应的产生缩小了南北方的经济发展差距。

（4）梯度推移理论。梯度推移理论源于美国经济学家维农等提出的工业生命周期理论。该理论认为，工业各部门及各种工业产品，都处于生命周期的不同发展阶段，即经历创新、发展、成熟、衰退四个阶段。梯度推移理论认为：产业结构的优劣是区域经济兴衰的决定因素；创新活动大多起源于高梯度地区，随着生命循环阶段的变化，逐步由高梯度地区向低梯度地区转移；梯度转移主要是通过多层次城市系统向外扩展（周旬，2006）。

（5）点轴开发理论。点轴开发理论是增长极理论的延伸，在重视"点"增长极作用的同时，还强调"点"与"点"之间的"轴"的作用。在我国，点轴开发模式最早是由中国科学院陆大道院士于1986年和1987年系统阐述的。陆大道院士的实践研究之后，点轴开发理论在我国各级区域开发与规划中应用得非常多，全国各地都在根据实际情况实施以中心城市、中心镇为增长极的轴线开发，事实证明这是一种有效的空间组织形式。

（6）网络开发理论。网络开发模式是区域空间开发的高级形式，是区域经济相对发达条件下的产物。通过网络的外延，加强与区外其他区域经济网络的联系，在更大的空间范围内，将更多的生产要素进行合理配置和优化组合，促进更大区域内经济的发展。网络开发一般适用于较发达地区或经济重心地区，在不发达地区不宜应用。

3. **动态均衡发展理论**

动态均衡发展理论是实现区域由低级均衡发展经非均衡阶段向高级均衡发展演化的理论，以新增长理论为基础。

动态均衡发展理论更加强调在非均衡发展的基础上实现区域的跨越式发展，通过资源的重新构建、主动开拓能力（主要体现在技术和市场两个方面）和组织学习（包括"干中学""用中学"和"研发中学"），缩小区域差距，实现区域经济协调发展。

第三节　国内外区域经济发展的实践

借鉴国外发达国家及地区的区域经济发展经历可知，政府通过区域经济调整手段来填补市场失灵的缺漏，通过开发落后地区、协调发达地区与其他地区的经济发展等方法对区域经济进行开发与改造。从他们的成功实践中，我们可以取其精华为我国所用。

一、国外区域经济的开发与政策举措

（1）美国。在19世纪之前，美国的经济核心区是大西洋沿岸的东北部和五大湖地区。自从19世纪中期至20世纪20年代，美国的新区开发逐渐转向矿产资源丰富、土地肥沃、广袤森林牧场覆盖下的中西部地区，使这里发展成一个工业、粮食和畜产品的综合供应基地。在"二战"以后，作为拥有丰富石油资源、低地价、廉价劳动力的南方地区成为美国开发的经济重点区域，使之逐步成为以新兴工业部门为主的经济区。

（2）英国。英国区域经济开发的政策举措主要针对经济衰退地区、经济过密地区和边远落后地区三种不同的地区问题而制定。

（3）法国。法国在第一次工业革命之前是一个传统的农业国家，后来在工业革命的带动下土地利用空间增大，利用率提高，工业活动区域日益广泛，农耕面积逐渐相对缩减，区域经济格局发生巨大变化，形成了以多个工业活跃点为中心的多级经济相对发达区域模式，加大了与传统农耕区发展的不平衡。从20世纪50年代开始，政府出台了国土整治和区域经济发展政策，历经40多年的发展与完善，最终形成了一系列较为完整的城市发展政策、农村改革政策、山区开发政策、滨海资源开发与保护政策、老工业区"结构改革"政策。这些政策对法国区域经济的协调发展，乃至对整个国民经济的发展都起着十分积极的作用。

（4）德国。德国统一之前联邦德国是发达国家中地区发展最均衡的，一方面取决于其独特的区域经济协调发展政策，另一方面得益于其长期地方分权的政治传统。东欧剧变以后德国统一，德国迅速对发展落后的民主德国地区加以协调、大规模投入，因而取得显著成效。

（5）意大利。意大利的南部地区以山区为主，水资源和矿产资源相对匮乏，经济发展较为落后，为了缩小南北差距，意大利政府于1950年制定并实施了一项规模宏大的南方开发计划。该计划的突出特点是，政府整体规划、分阶段推进实施，实施进程中不断调整开发重点，逐段提高开发目标。此计划分为四个阶段实施，逐步解决不同时期的重点问题。

（6）日本。日本经济在"二战"取得飞速发展，特别是自 20 世纪 50 年代后期到 60 年代末，日本经济连续 11 年呈现两位数的增长。经济高速增长的同时，也带来了空间发展的不平衡问题，如人口和产业过度集中于少数大城市，山区农村过疏化。日本的区域（人均收入）差距在 1960 年达到了最高值，人均收入区域指数的变化系数高达 0.27。为了缩小区域差距，日本政府在区域规划上采取了两种特殊战略：第一，在东京、大阪和名古屋三大都市区以外的相对落后地区进行大规模的基础设施和基础结构建设，积极培植和发展地区经济的增长极，刺激地区经济的发展。第二，在东京、大阪和名古屋三大都市区立法控制其工业特别是重化工业的过度发展和集中，使其向知识密集和技术密集型产业发展。上述战略是日本政府通过 20 世纪 60 年代以来先后制定的四次全国综合开发计划，即四全综（CNDP）。"一全综"1962 年由日本内阁批准实施，为分散大都市区工业规划了 15 个新工业城镇和 6 个工业发展特别区；"二全综"和"三全综"以及 1986 年公布的"四全综"制定工业重新布局计划的各种法令，以促进制造业从大都市向具有吸引力的边远地区扩散。

（7）巴西。巴西政府在制定开发内地的战略中，"发展极"理论起到了重要作用。20 世纪 60 年代以来，巴西以发展极理论为依据，逐渐确立了对落后地区的发展极开发战略模式。1967 年巴西政府选择远离海岸线 1000 多千米的亚马孙大森林中的亚马孙首府玛瑙斯作为经济发展极，带动了周围地区乃至整个亚马孙地区的开发。

二、国外经验对我国的启示

发达国家在解决其经济协调发展的过程中积累了许多经验，包括注重立法、设立机构、采取倾斜的财政、金融政策、重点投资基础设施等，其主要手段是在落后地区选定重点开发区域加以扶持，值得我国认真研究和汲取。

从以上发达国家的相关经验中，我们可以得到区域经济的发展启示以运用于中国的区域经济建设。

（1）制定区域政策时需要目标明确、对症下药。对于区域经济建设，欲速则不达，应当从战略高度进行规划筹谋，分阶段实施，逐步完成各阶段重点问题的解决。

（2）政府干预与市场调节相结合。在着重强调政府开发规划工作的同时，对于相对落后地区，政府应当充分发挥其制定优惠政策的灵活性。加大对落后区域的投资倾斜力度、引导投资方向、注重效益成果。将有限的资金投入到重点的基础设施建设，并且能充分发挥效率利用当地资源。同时，政府应加强发挥财政转移支付、补贴以及税收优惠等政策的效力，来扶持落后地区企业的经济发展。

（3）重视主导产业的选择和增长极的培植。各国区域经济发展实践表明，相对落后的区域可以因地制宜，采取跨越式发展战略，赢得后发优势。因此，欠发达地区要因地制宜，选择具有发展高科技产业的比较优势的区域，制定产业和经济跨越式发展战略，以此带动产业升级和经济发展。

（4）坚持科教兴国战略。由于相对落后地区经济不发达、社会生活水平低下，当地难以吸引外来人才，甚至留住本地人才也绝非易事，这是正常的社会现象。然而，政府应尽快想办法改变这种局面。所以，大力培养创新型的高素质专业人才、促进高科技产业发展是落后地区的当务之急。唯有科学技术才能帮助落后地区尽快缩小与发达地区的差距。

（5）建设程序公正的区域发展立法体系，把一般的价值理念上升为国家的意志，成为规范区域经济发展过程的权威性依据。用程序公正的区域发展立法为我国区域协调发展提供法律保障，有效解决有法不依和违法不究的现象，为规范的区域竞争秩序提供强有力的保障。

（6）设立专门基金。为保证区域经济建设工程拥有稳定的资金支持，可以考虑设立相对应的基金（如"西部开发基金""东中西地区平衡发展基金"）用于相对落后区域的基础设施建设，每种基金分别负责不同的特定用途。同时可以设立西部开发银行，用以引进外资、筹集资金等，获得经济来源。

三、我国区域经济发展战略的实践回顾

中国区域经济60多年的发展历程，宏观区域经济发展战略经历了由改革开放前的区域经济平衡发展战略到改革开放后的区域经济非均衡发展战略，再到20世纪90年代中期以后的区域经济非均衡协调发展战略，再到2000年以来的以科学发展观为指导的区域经济统筹发展战略的演化。不仅创新了发展模式和战略，而且探索出了区域经济发展基本规律，开辟出了一条中国特色区域经济和谐发展道路。

1. 1949~1978年区域经济平衡发展战略

这一时期的区域经济发展战略总体特征、手段、理论可概括如表5-2所示。

表5-2　1949~1978年区域经济平衡发展战略特征

主要特征	①平衡发展 ②平衡布局 ③缩小差别
主要手段	国家投资和重点项目布局
理论渊源	①苏联生产配置理论 ②马克思经典作家的论述 这种理论主张在全国平衡配置生产，以消灭地区间、城乡间和各族人民间事实上的不平等，忽视了生产力布局的经济效果原则

历史背景	旧中国生产力畸形分布
国防因素	朝鲜战争和对中国的封锁：使"一五"时期大工业项目基本都摆在敌人飞机不可及处。美国出兵越南，中苏交恶使"三五""四五"以备战为中心，即"三线建设"

从时期上可以分为以下三个时期：

（1）1949~1964年建设内地的区域发展战略。新中国成立前，社会生产力分布极不平衡，70%的工业集中在东部沿海地带，占国土面积40%的西北、内蒙古地区工业产值仅占全国的3%，占国土面积20%的云、贵、川和西藏地区工业产值仅占全国的6%。"一五"明确提出"在全国各地区适当地分布工业的生产力，使工业接近原料、燃料产区和消费地区，并适合于巩固国防的条件，来逐步地改变这种不合理状况，提高落后地区的经济水平"。1958年6月，为了加强协作区域工作，我国政府发布相关文件，其中把全国划分为东北、华北、华东、华南、华中、西南和西北七个经济协作区，根据各个区域的工业需求和自然条件建设大型工业支柱与经济中心，形成具备较为完整工业体系的经济区域。所谓"一省一盘棋、各省成体系"，基本建设"星罗棋布、遍地开花"，这就是后来各省市甚至县一级努力建设独立的、自成体系的工业布局的追求与成效。

这时期所取得的成就奠定了我国工业化的基础，促进生产力均衡分布的区域发展战略得到了有效实施。

（2）1965~1972年实施向"大三线"转移的战略。当时根据对战争爆发的可能性和紧迫性做出的估计，根据中共中央在1965年做出的加速全国和各省份战略后方建设的决策，全国被划分为一、二、三线地区。国家采取了突击进行"二线"建设和进一步建立地区独立工业体系两项重大的区域发展战略决策。提出了新建的项目都要设在内地。工业分布状况是大分散、小集中，少数国防尖端项目分布遵从"靠山、分散、隐蔽"原则，有的甚至要"进洞"。"三五"（1966~1970年）时期内地基本投资建设占全国的66.8%，其中三线地区建设占全国的52.7%。在1970年3月召开的全国计划会议上又提出，在"四五"期间，要建立不同水平、各有特点、各自为政、大力协同的10个经济协作区，把内地建设成部门比较齐全、工农业协调发展的战略后方。由此可以理解"四五"期间，内地基本投资建设占全国的53.5%，其中三线地区建设占全国的41.1%。

（3）1973~1978年中西部地区向东部沿海地区推进的过渡时期。我国经济建设布局战略重点由沿海地区向中西部推进转而由中西部地区向东部沿海地区推进的过渡时期，这是我国对区域发展战略所作出的重大调整。这一时期产业布局开始由内地向东部特别是沿海经济发达区域转移，基础设施建设重点也逐步东移。大部分大型重点工业项目配置在海岸带和长江沿岸。

本期政策效果的评价：一是改变了旧中国工业分布极端不平衡状况：内地工业总产值由 1952 年的 30.6% 上升到 1978 年的 39.1%。二是制约了沿海经济潜力。三是没有阻止地区差异的扩大：三大地区人均国民收入的加权变异系数由 1953 年的 0.218 变化至 1957 年的 0.195 再到 1976 年的 0.390；沿海与内地人均国民收入由 1952 年的 1.38 变化至 1980 年的 1.6。四是经济效益低下。

2. 1979~1991 年区域经济非均衡发展战略

这一时期的区域经济发展战略总体特征、手段、理论可概括如表 5-3 所示。

表 5-3　1979~1991 年区域经济非均衡发展战略特征

主要特征	①接受不平衡发展理论 ②强调效率 ③向沿海地区倾斜 ④双轨制
主要手段	从平衡发展转向不平衡发展；生产力布局转变；区域经济政策转变
理论渊源	邓小平先富理论

（1）沿海地区经济发展战略。我国这一时期实施了以特区经济优先发展的非均衡区域经济发展战略，具体采取了优先支持区位和经济条件较好的沿海地区经济发展的东倾政策。"两个大局""三步走"战略部署相继出台。"沿海地区要加快对外开放，使这个拥有两亿人口的广大地带较快优先发展起来，从而带动内地更好地发展"，这是一个事关大局的问题，内地要顾全这个大局。反过来，发展到一定时候，有要求沿海拿出更多力量来帮助内地发展，这也是个大局。那时候沿海也要服从这个大局。因此，"六五"开始，由强调战备和缩小差别，转到以经济效益为中心，向沿海倾斜。

（2）三大地带发展战略。到 20 世纪 80 年代中期，全国生产力布局已经展开，沿海、内地的划分方法过于笼统，不能适应生产力地区布局的要求。"七五"计划提出，我国经济发展水平客观上存在东、中、西三大地带的差异，在"七五"期间以至 20 世纪 90 年代，要加速东部沿海地带的发展，同时把能源、原材料建设的重点放在中部，并积极做好进一步开发西部地带的准备。"使东部沿海的发展同中、西部开发很好结合起来，做到相互支持、相互促进"。1994 年国家制定和启动了《国家八七扶贫攻坚计划》作为实施"三大地带"发展战略的重要补充，更是 20 世纪我国一项重大的区域发展规划。在这期间，各种类型的经济技术开发区、高新技术园区及沿海地区的经济特区等，成为各地区经济的主要增长点，也是技术创新的主要基地。

另外，"七五"期间提出以沿海乡镇企业为主力，"两头在外，大进大出"为内容的沿海发展战略，即走向国际市场，参与国际竞争交换，大力发展外向型经济成为国家的沿海发展战略。

（3）地区间矛盾不断加剧。1979年以来，在中央政策的积极推动下，各种形式的横向经济联合、区域性联合蓬勃开展，使区域经济呈现出活跃态势。然而在活跃背后，随着地方经济权益增加，特别是地方财政包干体制实施，地方政府为了增加本地财政收入，保护其幼稚的加工业不受外地产品冲击，便采用种种行政手段，构筑名目繁多的贸易壁垒，如设立各种管关卡、禁止到外地采购、限制外地产品进入本地市场，有的甚至采用财政、信贷、价格、奖罚等经济杠杆保护本地产品，对地区资源、技术、人才和产品的进出采取垄断和封锁，由此引发了各种资源大战，加剧了地区之间的矛盾和贸易摩擦，形成了所谓的"诸侯经济"。

（4）诸侯经济形成。"诸侯经济"形成和区际摩擦封锁的加剧，严重阻碍了商品经济的发展和统一市场的形成，导致了全国区域经济秩序的混乱。

3. 1992年至今区域经济非均衡协调发展战略

表5-4　1992年以后区域经济非均衡协调发展战略

主要特征	区域间协调发展
主要手段	全方位的对外开放、调整国家投资政策、调整产业布局、西部大开发、中部崛起等
政策背景	邓小平南方谈话

（1）全方位的对外开放战略。在沿海设立保税区，主要功能是转口贸易、保税仓库和出口加工。投资者有如下优惠：第一，宽泛的经营范围。允许区内企业（包括外资独资企业）进行国际贸易、国内贸易，并具有一般纳税人资格，可开具增值税发票。第二，免税。保税区内企业进口自用的生产设备（包括二手设备）、办公设备、装修材料、建筑物资和消耗品，享受免关税、进口环节增值税和进口许可证的优惠。第三，保税。从境外流入区内的原材料及零部件（生产用）或者货物（非生产用）进入保税区实行免关税、进口环节增值税和进口许可证。第四，税收优惠。保税区企业内享受国家公布的最低15%的企业所得税税率；生产型企业可享受2年免税（税率为0），3年减半按7.5%的税率征收所得税的优惠；贸易和物流分拨企业可享受一定的财政返还。第五，宽松的外汇管制。

开放区的范围拓宽。1992年批准广东韶关等三市、1993年批准福建三明等5市、辽宁营口、山东东营为开放区。1994年批准"三峡开放区"，包括湖北宜昌、秭归等5县市和重庆万县、涪陵、江津15个县市。实行沿海开放区的有关政策；黑河、绥芬河、满洲里、珲春、伊宁、塔城、凭祥、瑞丽等13个边境城市开放，允许其举办边境经济合作区；1992 年开放郑州等 11 个内陆省会城市，允许其兴办经济技术开发区。目前国家级开发区共 54 个，沿海 32 个，中、西部各 11 个；允许外商投资达 25% 的项目，视同外资企业，减半征收企业所得税。

（2）调整国家投资政策。中央直接配置资源的能力已经不大，1996 年，国家预算内资金占全社会固定资产投资的比重已下降到 2.7%。则有所谓分税制，2000 年提高到 6.4%。

由于整体上的倾斜方向并没改变，所以有人计算出，人均投资额 2000 年已发生逆转：东部 93.7 元、中部 96.1 元、西部 118 元。

（3）调整产业布局政策。加快中西部乡镇企业发展，该项政策整体失败，其间，沿海的乡镇企业也纷纷垮台，促进棉纺织设备的区域转移。

（4）实施西部大开发战略。西部地区特指陕西、甘肃、宁夏、青海、新疆、四川、重庆、云南、贵州、西藏、广西、内蒙古 12 个省、自治区和直辖市。其目标是用 5~10 年，使西部基础设施和生态环境取得突破性进展，有一个良好开局；21 世纪中叶，建成一个经济繁荣、社会进步、生活安定、民族团结、山川秀美的新西部。

（5）振兴东北老工业基地战略。2003 年 3 月，《政府工作报告》提出了支持东北地区老工业基地加快调整和改革的思路。2003 年 9 月 10 日温家宝总理主持国务院常务会议讨论并原则同意《关于实施东北地区等老工业基地振兴战略的若干意见》，2003 年 10 月，国务院发布《关于实施东北地区等老工业基地振兴战略的若干意见》，明确了实施振兴战略的指导思想、方针任务和政策措施。

（6）促进中部地区崛起战略。中部地区位于我国内陆腹地，具有承东启西、连南通北的区位优势。区域内人口众多，自然、文化资源丰富，科教基础较好，便捷通达的水陆空交通网络初步形成，农业特别是粮食生产优势明显，工业基础比较雄厚，产业门类齐全，生态环境容量较大，集聚和承载产业、人口的能力较强，具有加快经济社会发展的良好条件。到 2020 年，中部地区现代产业体系基本建立，创新能力显著增强，体制机制更加完善，区域内部发展更加协调，与东西部合作更加紧密，人与自然和谐发展，基本公共服务趋于均等化，城乡一体化发展格局基本形成，整体经济实力大幅提升，对全国经济发展的支撑作用明显增强，全面实现建设小康社会目标。使中部地区成为彰显发展优势、充满发展活力、城乡欣欣向荣、人民安居乐业、社会和谐稳定、生态环境良好、支撑全国发展的重要人口和产业承载地区。

（7）东部地区率先发展战略。"鼓励东部地区率先发展"是新时期我国区域发展总体战略的重要组成部分。东部地区是我国改革开放的先行地区和前沿地带，创造了许多各具特色的经济发展模式和宝贵经验，辐射带动了全国的改革开放和发展；同时，东部地区的快速发展还创造了大量就业岗位和社会财富，为增加国家财政收入、增强综合国力做出了突出贡献。但是，应当意识到，在新的发展时期，东部地区的率先发展绝不是传统发展模式的延续，而必须是符合科学发展观要求的发展，是体现以人为本的，全面、协调、可持续的率先发展。从根本上说就是要东部地区在科学发展道路上走在全国前面。

（8）新区域经济发展战略格局的形成。《第一个五年规划的建议》首次对东、中、西、东北这"四大板块"的战略布局进行了完整的表述，即继续推进西部大开发，振兴东北地区等老工业基地，促进中部地区崛起，鼓励东部地区率先发展。并首次明确了区域协调发展的"四大机制"，即市场机制、合作机制、互助机制和扶持机制。还首次确立了"四个功能定位"：不同的区域要实行优化开发、重点开发、限制开发和禁止开发。

（9）重构国土空间开发格局。2011年6月8日发布的《全国主体功能区规划》是新中国成立以来我国第一个全国性国土空间开发规划。推进形成主体功能区，就是要根据不同区域的资源环境承载力、现有开发强度和开发潜力，统筹谋划人口分布、经济布局、国土利用和城市化格局，确定不同区域的主体功能，并据此明确开发方向，完善开发政策，控制开发强度，规范开发秩序，逐步形成人口、经济、资源环境相协调的空间开发格局。一是构建"两横三纵"为主体的城市化战略格局；二是构建"七区二十三带"为主体的农业战略格局；三是构建"两屏三带"为主体的生态安全战略格局。

（10）区域协调发展总体战略。《国民经济和社会发展第十二个五年规划纲要（草案）》提出，实施区域发展总体战略和主体功能区战略，构筑区域经济优势互补、主体功能定位清晰、国土空间高效利用、人与自然和谐相处的区域发展格局，逐步实现不同区域基本公共服务均等化。

总之，中华人民共和国成立以来，中国区域经济发展理论与实践进行了大胆探索。从均衡发展战略，到非均衡发展战略和西部大开发，再到全面协调可持续发展战略，中国区域经济发展思路越来越体现理性与实践的高度结合。

四、总结

从上述三种发展战略的历史可以看出，在不同历史时期提出和实施不同的区域经济发展战略是一脉相承与时俱进的理论体系，都体现了共同富裕的目标，符合事物发展的客观规律和人们的认识规律。

（1）必须正确处理好公平与效率的关系。区域经济发展史表明：如果一味强调公平，忽视效率，所达到的只能是低水平的均衡，贫穷基础上的公平；反之，片面强调效率，忽视公平和协调发展则会出现地区发展水平和贫穷差距拉大，破坏国民经济持续快速健康的发展。我们目前选择的非均衡协调发展战略，较好地解决了我国地区发展中因效率与公平的失衡而引起的价值冲突。

（2）必须正确处理好市场调控和政府宏观调控的关系。实现市场"看不见的手"和政府"看得见的手"相结合的调节机制是区域经济发展战略顺利实施的关键。优化地区产业结构、实现区域协调发展和促进特色经济带的形成，必须充分发挥市场在资源空间配置和产业配置中的作用，使生产要素向低成本、高效益的区位和产业流动。只有把市场对资源配置的基础性作用与政府统筹的调控性作用结合起来，建立合理的调节机制，才是区域经济发展战略顺利实施的关键。

（3）建立区域协调互动机制是区域经济顺利发展的重要保障。无论是均衡战略还是非均衡战略，都含有协调发展的思想。但在实施过程中出现了区域经济发展失衡的现象，一个很重要的原因就是区域协调互动机制的缺失。一是健全市场机制；二是健全合作机制；三是健全互助机制，按照公共服务均等化原则，加大国家对欠发达地区的扶持力度，最终实现区域协调发展。

（4）坚持以科学发展观为指导统领我国区域经济发展。科学发展观所强调的以人为本、全面、协调、可持续、"五个统筹"等，是我们总揽全局、实施区域发展战略的纲领和战略方针。

坚持以科学发展观为指导统筹区域发展就是要充分发挥各个地区的自身优势和发展积极性，统筹规划、重点突破、发掘各个地区的发展潜力，促进各地区之间形成优势互补、分工协作、相互促进、良性互动的协调关系。

第六章　河南区域经济发展概况

第一节　河南区域经济发展战略演变

改革开放以来，根据社会经济发展所处阶段的特点和任务，河南在区域经济发展战略的演变上大体经历了以下几个阶段：

1. 1949~1957 年

该阶段历时 9 年包括国民经济恢复时期和第五个五年计划，采用的是封闭式的平衡发展战略。这一时期，河南省在认真贯彻执行党在过渡时期总路线的基础上，优先发展重工业，并兼顾了农业和轻工业，积累和消费协调，经济发展趋向平衡，人民生活逐步改善。这一发展战略尊重客观经济发展规律，符合当时的国情和省情，取得了较好的社会经济效果。

2. 1958~1978 年

该阶段历时 21 年，是河南经济发展最为缓慢的时期，包括"大跃进"和经济调整时期（1958~1965 年），"三五"和"四五"（1966~1975 年）以及"五五"（1976~1978 年）前期。该阶段的战略类型属封闭型、重型的不平衡发展战略，在对外关系上强调自力更生，延续闭关自守的旧有格局，在经济建设中违背客观经济规律，片面追求高速度，搞"大跃进"，强调"以钢为纲"发展重工业；在农业上强调"以粮为纲"的单一生产模式；在处理经济建设和政治建设的关系上片面强调"以阶级斗争为纲"，忽视了工作重心的转移，具有明显的赶超性和不平衡性。这一阶段是河南国民经济最困难的时期，除经济调整时期外，建设脱离省情，生产遭到严重破坏，商品供应紧张，人民生活不见改善。

3. 1979~2002 年

这一阶段历时 22 年，包括"五五""六五""七五""八五"以及"九五"时期，该阶段发展战略属开放性重效率的非均衡发展战略。与前两阶段相比，开放性和平衡性是其显著特征。这一阶段是中华人民共和国成立以后全省经济和社会全面迅速发展时期，各项建设事业蓬勃发展，成绩斐然。尤其是 1994 年实行分税制后，根据河南省的发展现状和优势资源陆续出台了一系列专项政策，逐步形成了独立自主、初具成效的政策轮廓。

在产业方面，在《90年代国家产业政策纲要》的指导下，河南省相继发布了《河南省造纸产业政策》（1997）、《河南省机电产品出口推进计划实施意见》（1999）、《关于加快我省小麦加工转化工作的意见》（1999）等产业政策，不断优化产业结构和组织形式，在传统产业继续保持发展优势的情况下，机电、化工、轻纺、食品、建材行业的影响力不断提高，逐步成为支撑河南经济发展的五大支柱产业。

在对外开放方面，1993年河南省确定了"开放带动"的经济发展主战略，1997年颁布的《对外开放工作意见的通知》，对外贸出口、利用外资、创汇农业、对外承包工程等对外开放的形式做出了较为具体的安排。正是得益于这种"大经贸"战略，河南省的对外开放规模不断扩大，1986~1995年，全省进出口总值年均增长17.9%，外商直接投资年均增长52.9%。

在城市化方面，根据1980年国家《城市规划法》的规定，河南省确立了"优先发展小城镇"的政策，并于1983年以后实行地市合并、撤地建市和以市带县的新体制，先后新建了卫辉、济源、巩义、荥阳、新郑、登封、林州、灵宝、长葛、项城等小城市。20世纪90年代，河南省的城市化建设进入了快速推进时期，不仅在大中城市的间隙处增设新市，而且在省际边缘特别是经济水平较高的豫北广大乡村中设置了新市，如汝州、新密、鹤壁、濮阳、义马等（覃成林，2008）。

在环境保护方面，1984~1991年，河南省先后召开了三次环境保护会议，确定了环境保护政策的基本框架。后来根据《国务院关于印发全国生态环境建设规划的通知》的精神，制定了《河南省生态环境建设规划》（1999）、《河南省环境污染防治设施监督管理办法》（2001），为河南省的生态环境建设提供了政策指南和实施依据。

4. 2003年至今

进入21世纪，河南省的区域经济发展战略也步入了新的发展时期，既延续了河南经济社会发展的必然逻辑，又具有鲜明的创新精神和时代特征的政策体系处于不断充实与深化中。

（1）区域布局方面，2003年颁布的《河南省全面建设小康社会规划纲要》，为实现经济社会的全面发展、奋力实现中原崛起描绘了宏伟蓝图和总体目标。此后，《河南省国民经济和社会发展第十一个五年规划纲要》（2006）、《河南省人民政府关于促进产业结构调整的实施意见》（2006）、《河南省知识产权战略纲要的通知》（2008）等政策的相继出台，为加快河南省向经济强省、文化强省的跨越做出了具体规划。

（2）区域分工方面，河南省先后批准实施了《关于推进农业现代化建设的意见》（2004）、《关于加快发展服务业的若干意见》（2007）以及《关于促进百户重点工业企业和 50 户高成长型高技术企业加快发展的意见》（2008）等政策措施。在这些产业政策的干预和引导下，河南省顺利完成了产业结构升级进程，形成了以传统农业、一般重化工业为主的大工业以及高科技产业为代表的知识经济产业为支撑的发展模式。城市化方面，2003 年做出了实施区域性中心城市带动战略、加快中原城市群经济隆起带发展的重大决策，2006 年出台的《关于实施中原城市群总体发展规划纲要的通知》，对城市群内各城市的功能定位、产业布局、重大交通基础设施等进行了统筹规划。对外开放方面：相继出台了《加快发展开放型经济的若干意见》（2004）、《河南省加快实施开放带动主战略指导意见》（2006）、《关于进一步加强招商引资工作的意见》（2008）等政策。截至目前，已经确定了 53 个县（市）作为对外开放的重点县（市），全省进出口总值也于 2007 年首次跨过百亿元大关。

（3）区域组织方面，从 2006 年起，河南省连续三年印发了《河南省整顿和规范市场经济秩序工作要点》，加强市场监管。产业结构调整方面：出台的《关于大力发展农民专业合作组织的意见》（2005）、《河南省农产品批发市场建设规划（2006—2010 年）》（2007）等政策，有利于实现小生产与大市场的有效对接，提高农民的组织化程度和农业产业化经营水平。特别是为应对经济危机，提出的《关于积极承接产业转移加快开放型经济发展的指导意见》（2009）以及相关产业的调整振兴规划，为积极承接境内外产业转移，促进河南省内产业结构优化升级发挥了良好的政策导向和支撑作用。环境保护方面，先后实施了《关于加快发展循环经济的实施意见》（2006）、《河南省环境保护"十一五"规划》（2006）等政策，着重推进重点流域、重点区域、重点城市的环境治理和生态保护。2007 年在全国率先颁布并实施了《河南林业生态省建设规划》，促进了生态效益和社会效益的大幅提高。人才引进方面：出台了《关于促进人才柔性流动的实施意见》（2006）、《关于引进海外高层次人才的意见》（2009）等措施，有力地推动了中原人才高地的形成。

（4）区域特殊、补偿方面，河南省 2005 年出台了《进一步加快经济技术开发区发展的若干意见》，进一步扩大了开发区的行政管理权限，并给予信贷、投融资、价格、进出口等政策支持。2009 年开始实施的《关于加快产业集聚区科学发展若干政策（试行）》，提供了土地、税收、人才引进等方面的 25 条优惠措施。区域补偿政策更加注重通过转移支付、公共投资、补贴等措施加大对落后地区的扶持力度，按照《河南省农村扶贫开发规划（2003—2010 年）》的安排，2005 年以来共安排涉及农村民生项目的支出达 90.8 亿元，累计增长 18.5 倍，有效地改善了贫困地区群众的生产生活条件，为经济欠发达地区的发展增强了后劲。

（5）区域法规方面，河南省先后通过了《河南省口岸管理办法》（2004）、《河南省节约能源条例》（2006）以及《河南省传统工艺美术保护办法》（2008）等一系列法律法规，已获批准实施的《河南省人民政府 2009 年度立法计划》，涵盖了资源开发、知识产权保护、产业发展、环境治理等方面，以立法的形式确保了区域经济政策的战略目标和实施方案。此外，对不符合区域发展要求的地方性法规、规章和决定等依法予以清理，2005 年、2008 年相继做出了关于第六批、第七批取消和调整行政审批项目的决定，为优化政策环境，推动区域经济协调可持续发展提供了切实保障。

第二节　河南区域经济总体发展态势

一、经济持续快速健康发展

1. 经济总量持续增长

改革开放以来，河南省取得了重大成就，尤其是自 21 世纪以来河南省 GDP 持续稳定增长，河南 2005 年 GDP 突破 1 万亿元，成为全国第五个 GDP 超 1 万亿元的省份；2010 年，GDP 突破 2.2 万亿元。从 1 万亿元到 2 万亿元，仅用时 5 年，而从 2 万亿元到 3 万亿元，仅用时 3 年。在 2016 年全国各地区 GDP 排名中河南省依然保持第五名。2000~2013 年，河南省的 GDP 增长速度一直保持在 9% 以上（见图 6-1），从 2014 年以后增长速度有所下滑，截止到 2016 年，增长速度为 8.1%。

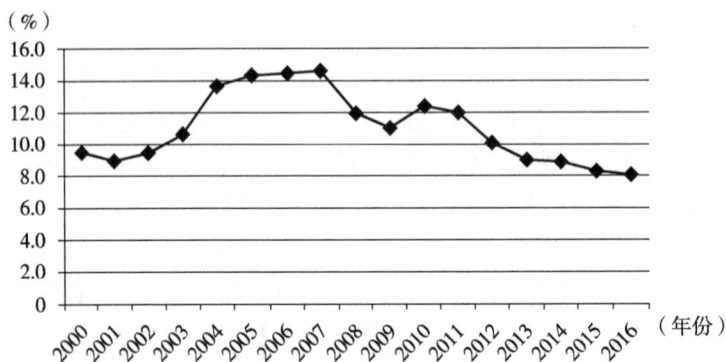

图 6-1　2000~2016 年河南省 GDP 增长速度

2. 人均 GDP 水平持续上升

河南省人均 GDP 在 1978 年的时候为 232 元，甚至还低于世界低收入国家平均水平的起步阶段。到 2000 年达到 5450 元，到 2016 年人均 GDP 达到 42575 元，按当年价格计算，是 1978 年的近 184 倍，已达到世界中等收入国家的平均水平。如图 6-2 所示。

（元）

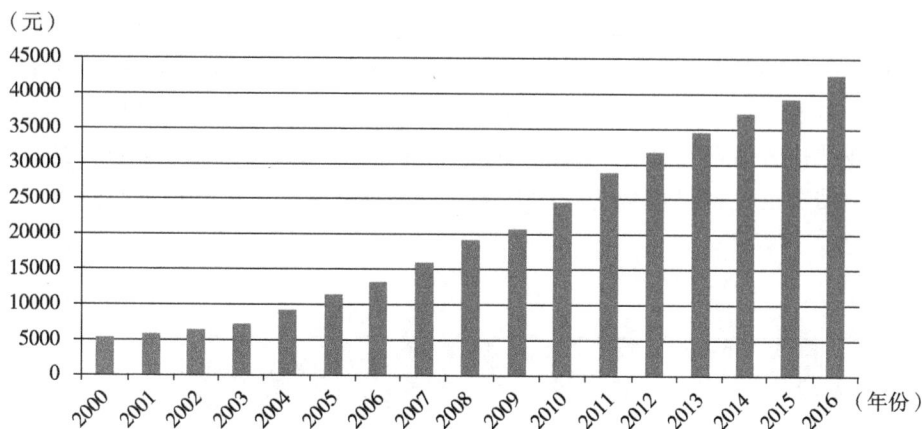

图 6-2　2000~2016 年河南省的人均 GDP

二、经济结构逐步优化

根据河南省三次产业产值的变化情况，将 1986~2016 年河南省产业结构情况分为三个阶段：①在 1986~1991 年，三次产业发展较为均衡，三次产业是"二一三"的发展格局；②在 1992~2002 年，第三产业产值超过第一产业，产业结构变化为"二三一"的发展格局，其间三次产业产值均增长缓慢；③在 2003~2016 年，三次产业迅速发展，产值迅速增加，其中第二产业产值急速增加，第一产业产值增加较慢（见图 6-3）。虽然河南省产业结构从 1986 年至 2016 年不断调整优化，然而比起发达国家和地区产业结构呈现的"三二一"格局，仍然存在第一产业占比重过大，第三产业相对弱小的现象，与发达国家 20 世纪 20 年代水平相近。

（亿元）

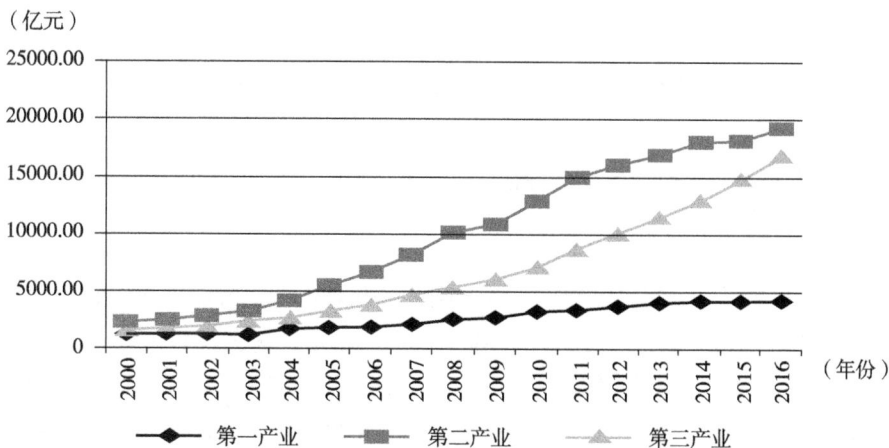

图 6-3　2000~2016 年河南省三次产业发展趋势

通过对比可以发现河南省三次产业整体走势的特点，第二产业虽然总量遥遥领先，但增长趋势是逐步减缓的。自21世纪以来，第三产业显著进步，增长趋势日益加快，效率提高。同时通过对比1986年三次产业的结构与2015年三次产业的结构，发现产业结构的比例从35.6∶40.2∶24.2变为11.3∶48.7∶40.0的状况。到2016年，产业结构的比例已经成为10.6∶47.6∶41.8，第三产业比重持续上升（见图6-4）。

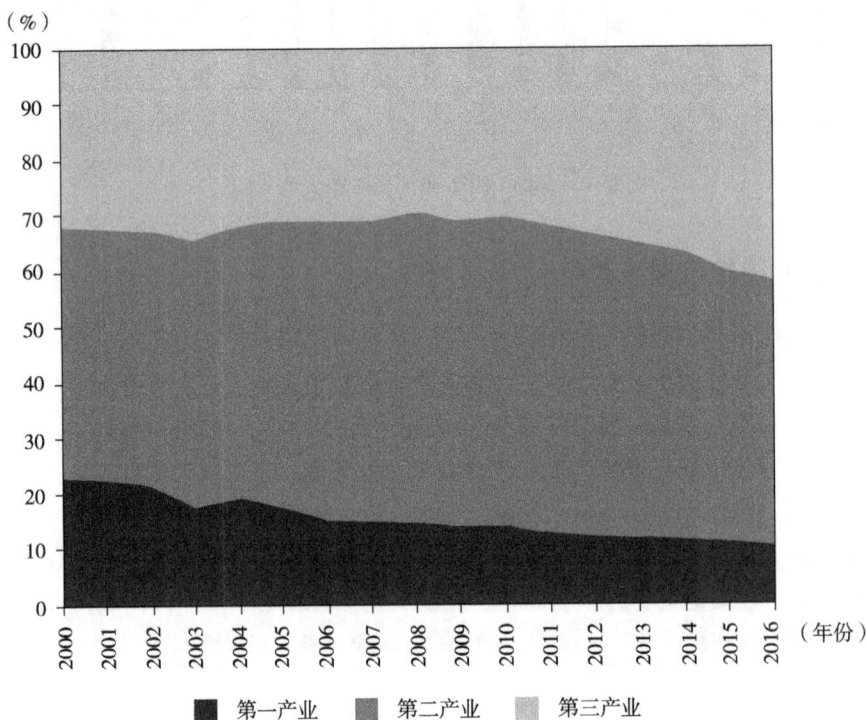

图6-4　2000~2016年河南省三次产业比例变化

三、人民生活水平大幅提高

1. 城乡居民收入不断增加

2000年以来，城镇居民家庭人均可支配收入和农村居民家庭人均纯收入均呈现快速增长态势，2015年城镇居民人均可支配收入和农村居民人均纯收入分别达到25575.61元和10852.86元，依次为2000年的5.4倍和5.5倍。2016年城镇居民人均可支配收入和农民人均纯收入分别达到27232.92元和11696.74元，依次为2000年的5.7倍和5.9倍，可以看出，城镇与农村居民的生活水平稳步提高。如表6-1所示。

表 6-1　城乡居民家庭收入与恩格尔系数

年份	城镇居民家庭人均		农村居民家庭人均	
	可支配收入（元）	恩格尔系数（%）	纯收入（元）	恩格尔系数（%）
2000	4766.26	36.2	1985.82	49.7
2001	5267.42	34.7	2097.86	48.6
2002	6245.40	33.7	2215.74	48.0
2003	6926.12	33.6	2235.68	48.2
2004	7704.90	35.0	2553.15	48.6
2005	8667.97	34.2	2870.58	45.4
2006	9810.26	33.1	3261.03	40.9
2007	11477.05	34.6	3851.60	38.0
2008	13231.11	34.8	4454.24	38.3
2009	14371.56	34.2	4806.95	36.0
2010	15930.26	33.0	5523.73	37.2
2011	18194.80	34.1	6604.03	36.1
2012	20442.62	33.6	7524.94	33.8
2013	22398.03	33.2	8475.34	34.4
2014	23672.00	28.8	9966.07	29.6
2015	25575.61	28.1	10852.86	29.2
2016	27232.92	28.0	11696.74	28.5

2. 城乡居民消费能力不断增强

城镇居民与农村居民恩格尔系数从 2000 年到 2016 年的大致变化趋势为：无论是城镇还是农村，恩格尔系数都是逐渐减小。这说明不管农村还是城镇的消费状况均表现为娱乐享受型消费明显增加，城乡居民生活步入较为宽裕的小康生活。

四、可持续发展取得显著成绩

1. 节能降耗迈出实质性步伐

万元 GDP 能耗自 2004 年开始出现向下的拐点，2005 年降为 1.38 吨标准煤，2007 年降至 1.18 吨标准煤，比上年下降 10%，2008 年下降至 1.05 吨标准煤，比上年下降了 11.38%，此后一直连续下降，到 2015 年下降至 0.62 吨标准煤，2016 年已下降至 0.57 吨标准煤。2016 年河南省万元工业增加值能耗比上年下降 10.98%，初步核算可超额完成年度万元生产总值能耗下降目标。如图6-5所示。

（吨）

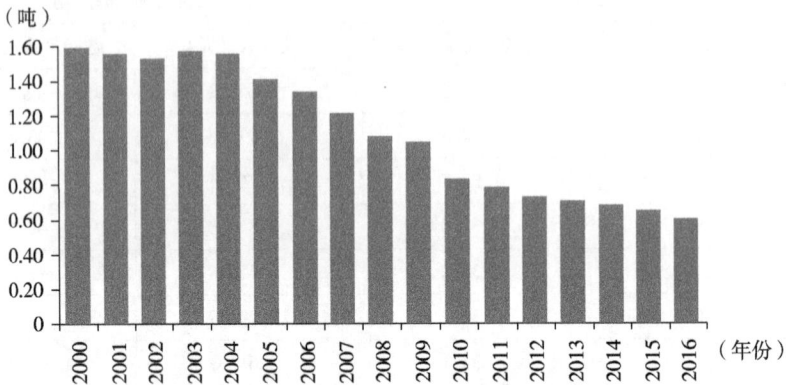

图6-5　2000~2016年河南省万元GDP能耗变化

2. 环境治理保护工作取得新进展

2016年河南省141个省控河流监测断面中，水质符合Ⅰ~Ⅲ类标准的断面占57.5%，符合Ⅳ类标准的断面占24.8%，符合Ⅴ类标准的断面占7.8%，水质为劣Ⅴ类的断面占9.2%。与上年相比，Ⅰ~Ⅲ类水质断面增加9个，增加6.4个百分点；Ⅳ类水质断面增加7个，增加4.9个百分点；Ⅴ类水质断面无变化；劣Ⅴ类水质断面减少14个，减少9.9个百分点。18个省辖市环境空气优良天数比例为53.6%，上升3.4个百分点。

3. 经济发展与扩大就业逐步形成良性互动

改革开放40年来，河南全社会从业人员数以每年平均2.33%的速度增加，尤其是2002年以来，城镇新增就业人员数呈上升趋势，到2011年首次突破百万大关，2015年新增就业人员数为126万人，到2016年，河南省的就业人数已经达到1924万。农村的就业人员数自2000年以来呈现先减少、后增加、再减少、再增加的趋势。自2011年以来，农村就业人员逐年减少，2015年河南省农村就业人员比2014年减少了9万，然而2016年河南省农村就业人员人数开始增加，新增就业人员数为5万人。城镇登记失业率自2000年以来呈现先上升后下降趋势，由2000年的2.6%上升到2006年的3.52%，之后开始缓慢下降，到2012年下降至3.1%，2014年城镇登记失业率继续下降到3.0%，且以后呈现稳定趋势，到2016年为止登记失业率仍然为3.0%。如图6-6所示。

三次产业的从业人员结构明显优化，由2000年的64.0∶17.5∶18.5转变为2015年的39.0∶30.8∶30.2，到2016年已变为38.4∶30.6∶31.0，农村剩余劳动力转移加快，第二、第三产业吸纳就业的能力显著增强。如表6-2所示。

（%）

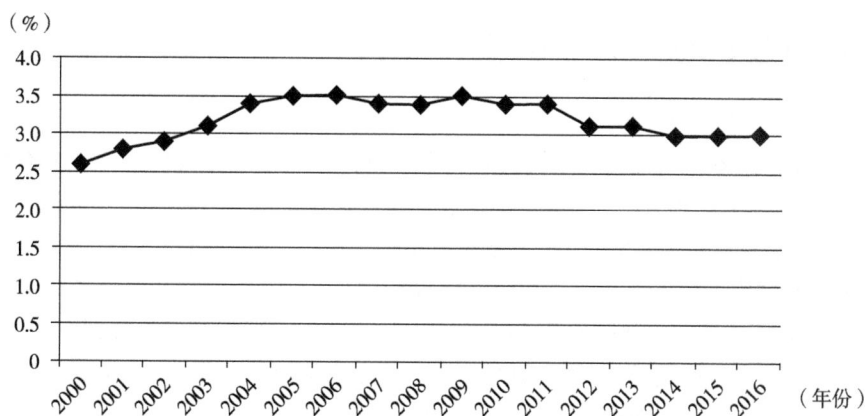

图 6-6　2000 年以来河南省城镇登记失业率变化

表 6-2　2000 年以来各产业从业人员数和从业人员比例变化

年份	从业人员（万人）				从业人员构成（%）		
	总计	第一产业	第二产业	第三产业	第一产业	第二产业	第三产业
2000	5572	3564	977	1031	64.0	17.5	18.5
2001	5517	3478	997	1042	63.0	18.1	18.9
2002	5522	3398	1038	1086	61.5	18.8	19.7
2003	5536	3332	1084	1120	60.2	19.6	20.2
2004	5587	3246	1142	1200	58.1	20.4	21.5
2005	5662	3139	1251	1272	55.4	22.1	22.5
2006	5719	3050	1351	1318	53.3	23.6	23.0
2007	5773	2920	1487	1366	50.6	25.8	23.7
2008	5835	2847	1564	1424	48.8	26.8	24.4
2009	5949	2765	1675	1509	46.5	28.2	25.4
2010	6042	2712	1753	1577	44.9	29.0	26.1
2011	6198	2670	1853	1675	43.1	29.9	27.0
2012	6288	2628	1919	1740	41.8	30.5	27.7
2013	6387	2563	2035	1789	40.1	31.9	28.0
2014	6520	2652	1996	1873	40.7	30.6	28.7
2015	6636	2587	2042	2007	39.0	30.8	30.2
2016	6726	2583	2056	2088	38.4	30.6	31.0

五、开放型经济的水平与质量不断提高

1. 对外贸易发展迅速

2000 年河南省进出口总额 1883584 万元，2016 年达到 47146980 万元，为 2000 年的 25 倍。2009 年受金融危机影响进出口总额增长速度下降，呈现负增长态势。2010 年随着经济缓慢复苏，河南进出口呈现恢复增长态势，2011 年增长率达 71.19%。进出口占 GDP 的比重也逐年上升，其中，出口额占 GDP 的比重从 2000 年的 2.45% 上升到 2016 年的 7.01%，进口额占 GDP 的比重从 2000 年的 1.28% 上升到 2016 年的4.64%。河南省的外贸依存度逐步提高。2016 年全省进出口总额 4714.70 亿元，比上年增长 2.49%。其中，出口总额 2835.34 亿元，增长 5.64%；进口总额 1879.35 亿元，减少 1.92%。如表 6-3 所示。

表 6-3 2000 年以来河南省进出口变化状况

年份	增加值（万元）	出口		进口	
		出口值（万元）	占比（%）	进口值（万元）	占比（%）
2000	50529900	1236519	2.45	647065	1.28
2001	55330100	1419864	2.57	891475	1.61
2002	60354800	1754333	2.91	898173	1.49
2003	68677000	2467779	3.59	1437400	2.09
2004	85794200	3457811	4.03	2018134	2.35
2005	106215600	4131243	3.89	2134176	2.01
2006	124128600	5289240	4.26	2519853	2.03
2007	150762100	6424771	4.26	3379098	2.24
2008	180970500	7504743	4.15	4733263	2.62
2009	195903500	5018380	2.56	4161384	2.12
2010	232229100	7131309	3.07	4912694	2.12
2011	270986200	12208344	4.51	8503607	3.14
2012	297971300	18697083	6.27	13905620	4.67
2013	324235500	22312067	6.88	14853013	4.58
2014	351986500	24188066	6.87	15755539	4.48
2015	372782000	26840255	7.20	19161629	5.14
2016	404717900	28353441	7.01	18793539	4.64

2. 招商引资快速发展，引资质量不断提升

自 2000 年以来，河南省利用外资规模逐年增加。2000 年实际利用外资额为 53999 万美元，到 2015 年，实际利用外资额增加到 160.86 亿美元，是 2000 年的 29.79 倍。至 2016 年实际利用外商直接投资 169.93 亿美元，比上年增长 5.64%。实际利用省外资金 8438.10 亿元，增长 7.9%。2015 年末实有外商和港澳台商投资企业数 2154 个，2015 年新批准外商投资企业 272 个，2016 年新批准外商投资企业 196 个。

3. "走出去"战略初见成效

河南省 2015 年年末建成投产企业数 561 个，中方实际投资额 182243 万美元。对外承包工程和劳务合作签订合同数 151 个，签订合同金额 433503 万美元，营业额 483160 万美元。2016 年新签合同额 406987.6 万美元，比上年减少 6.1%；营业额 451011 万美元，减少 6.7%。

六、科技创新能力不断增强

1. 科技投入逐渐增大

河南科研经费的人力和资金投入逐渐增大。2016 年有 R&D 活动的单位数为 3112 个，比 2000 年的 1017 个多了 2095 个，是 2000 年的 3 倍多。2016 年科技活动从业人员数为 37.14 万人，比 2000 年的 15.51 万人多了 21.63 万人。科技经费投入中的 R&D 经费投入快速上涨，R&D 经费内部支出从 2000 年的 24.8 亿元上升到 2016 年的 494.19 亿元，R&D 经费外部支出从 2000 年的 1.51 亿元上升到 2016 年的 11.73 亿元。如表 6-4 所示。

表 6-4　2000 年以来河南省 R&D 项目、经费、人员等变化状况

年份	（R&D）人员（个）	（R&D）经费内部支出（万元）	（R&D）经费外部支出（万元）	（R&D）项目数（个）	（R&D）机构数（个）
2000		248024	15050	7904	1331
2001		283091	24064	8100	1122
2002		293151	31148	8470	1151
2003		341910	24664	9293	1173
2004		423560	24573	12105	1423
2005		556090	39913	16069	1498
2006		798414	47729	18904	1432
2007		1011302	59761	24395	1531

年份	(R&D) 人员 （个）	(R&D) 经费内部 支出（万元）	(R&D) 经费 外部支出（万元）	(R&D) 项目数（个）	(R&D) 机构数（个）
2008		1240890	55061	27349	1727
2009		1747599	96107	22347	1821
2010	144408	2113773	89253	24050	1798
2011	167386	2644922	109950	28422	1817
2012	185116	3107803	124399	30319	1870
2013	216269	3553486	109470	33015	2064
2014	232105	4000098.7	91021.1	36449	2203
2015	241171	4350430	92040	39956	2543
2016	249876	4941880	117270	41513	2953

2. 科技活动的产出不断增多

2000~2016 年河南科技活动的产出状况为：

2016 年河南专利申请量 28851 项，比去年增长 21.42%；其中发明专利申请量 11273 项，占专利申请量的 39.07%。而全年专利授权量达 6881 项，比去年增长 45.17%，其中发明专利授权量 2292 项，占专利授权量的 33.31%。

论文的数量不断增多。从发表的科技论文看，2016 年河南省共发表科技论文 60287 篇，出版科技著作 2831 篇。

第三节　河南区域经济发展的 SWOT 分析

一、优势分析

1. 区位优势

中外经济发展的历史表明，区位优势是决定各地区间发展差异最主要的先天因素之一。

（1）地理区位优势。河南介于北纬 31°23′~36°22′、东经 110°21′~116°39′，东接安徽、山东，北界河北、山西，西连陕西，南邻湖北，呈望北向南、承东启西之势。河南地理位置优越，古时即为驿道、漕运必经之地，商贾云集之所。今天，河南地处沿海开放地区与中西部地区的结合部，是我国经济由东向西梯次推进发展的中间地带。国家促进中部地区崛起的战略部署，更加凸显了河南独特的区位优势。

全省总面积 16.7 万平方千米,居全国各省区市第 17 位,占全国总面积的 1.73%。地势西高东低,北、西、南三面由太行山、伏牛山、桐柏山、大别山沿省界呈半环形分布;中、东部为黄淮海冲积平原;西南部为南阳盆地。处于我国由东向西的经济技术和由西向东的资源要素交会区,对我国东西部发展起着重要的协调作用,具有优越的地理区位优势。正是这种地理上的优越位置使河南不仅是各种生产资料的集散中心,也是各种消费品进入中部地区市场的重要通道。作为中原腹地的河南,正是这种明显的地理上的区位优势,使河南成为东部沿海产业向内陆地区转移的重要战略平台和中外客商投资的首选地之一。

(2)交通区位优势。河南省处于京广铁路、京珠高速公路与陇海铁路、连霍高速公路的大十字交叉路口,加之河南近年来大力发展交通而形成的稠密全省交通网,交通极为发达。这为全国东西南北经济交流和周边地区的资源输往中原地区提供了便捷的交通条件,使运输成本大大降低,不仅有利于承接来自发达地区的产业转移和经济辐射,而且还能将承接产业转移而聚集起来的经济能量进一步向中原腹地辐射延伸。河南的交通区位优势,还表现在高铁为河南所带来的各种利好因素。高铁使河南同三大发达经济区的时空距离变得更短了;同时,高铁时代的来临也使高铁沿线的其他中部省份,如湖南、湖北以及河北等省相对河南的区位优势不像以前那么明显了。高铁的建成通车将会强化河南的区位优势,这是河南省所拥有的一个新的利好因素。

(3)市场容量区位优势。作为河南省会的郑州,与广东、上海、北京三个发达经济中心的距离都非常适中,这就可以确保河南省既能利用这些发达地区的各种资源,又不会与它们存在明显的市场竞争,相比之下,江西、安徽与湖南等省,尽管毗邻发达的沿海地区,但它们与发达地区的市场辐射半径存在太多的交叉。另外,河南省有 1 亿多人口,加上河南近年来快速经济发展所形成的较强消费潜能,这样的市场规模能够支撑任何一个产业的启动与发展。这就为河南提供了强有力的市场条件,成为河南最大的区位优势。

(4)经济发展的空间区位优势。从区域发展空间来看,与中部省份的省会城市合肥和武汉相比,郑州作为国内交通枢纽和市场中心,不仅辐射的范围大,强度也高。以郑州为中心,半径 500 千米的 5 小时经济圈可以辐射 3.6 亿人口;半径 1000 千米的 12 小时经济圈可以辐射 7.9 亿人口。中部高速客运铁路网投入使用后,以郑州为核心的 3 小时经济圈将覆盖全国经济总量的 2/5。在现实的经济关系中,郑州直接的辐射范围就包括河南全省,以及周边的山西、河北、山东、安徽等省份的一些地区。同时还应看到,以郑州为中心的河南经济发展,不会遇到像以武汉为中心的湖北经济发展那样的阻碍,因为河南西部的西安、兰州以及东部的合肥、芜湖城市群还远未形成具有区际影响的城市圈,况且以郑州为中心的中原城市群的经济总量,远远高于武汉城市圈的经济总量，也不存在湖北省经济发展中经济腹地薄弱的经济格局。这就为河南提供了强有力的经济发展空间。另外，河南工业布局合理，工业园区都规划在重要道路的节点上，产业集中度相对较高；加上河南丰富的资源能源、劳动力等方面的优势，使河南能以得天独厚的区位优势形成较为明显的组合优势，从而更好地吸纳来自国际和东部沿海地区的产业转移。

2. 资源优势

（1）矿产资源丰富。河南地层齐全，地质构造复杂，矿产资源丰富，是全国矿产资源大省之一。目前已发现的矿种142种，已探明资源储量的矿种109种，已开发利用的矿产93种。其中，能源矿产6种，金属矿产23种，非金属矿产62种，水气矿产2种。优势矿产可归纳为煤、石油、天然气"三大能源矿产"，钼、金、铝、银"四大金属矿产"，天然碱、盐矿、耐火黏土、蓝石棉、珍珠岩、水泥灰岩、石英砂岩"七大非金属矿产"。在已探明储量的矿产资源中，居全国首位的有11种，居前3位的有32种，居前5位的有58种。其中，煤炭保有储量居全国第8位，石油居第12位，天然气居第17位。

（2）农业资源丰富。河南作为中国粮食主产区之一，2016年播种面积为14472.25千公顷。粮食产量为5946.60万吨，占全国粮食总产量的9.65%，在全国居第二位，仅次于全国第一位的黑龙江0.98个百分点。其中，小麦产量为3466.00万吨，占全国小麦总产量的26.90%，居全国第一位，比第二位的山东高47.83个百分点。棉花产量为10.10万吨，油料产量为619.09万吨，园林水果产量为922.73万吨。

（3）人力资源丰富。河南省2016年末总人口10788万人，居全国第三位，人力资源丰富。劳动力供给丰富，全省15~64岁年龄常住人口数为6558万人，占全部常住人口的比重为68.80%。劳动力成本比较低，在劳动密集型产业、产品上占据优势且竞争力强。河南工业长期保持了中国经济强省中最低工资成本优势，在国际国内竞争中处于有利地位。此外，河南省的劳动力素质也在提高，河南省普通高校毕业生迅速增加，再加上中专、技校毕业生和逐渐增长的留学归国人员，劳动力素质提高和劳动力资源丰富廉价的优势将长期存在。

（4）旅游资源丰富。河南既是历史文化资源大省，也是自然景观荟萃之地，山川壮美，风光秀丽，融南秀北雄于一体。全省有国家级风景名胜区8处，省级23处。郑州的嵩山，洛阳的龙门山、白云山，信阳的鸡公山，焦作的云台山，济源的王屋山，平顶山的石人山，安阳的太行大峡谷，南阳的宝天曼、老界岭，鹤壁的云梦山，驻马店的嵖岈山等均属山水奇观；黄河自西向东流经河南，出三门峡后经小浪底流入黄淮平原，郑州至开封段河床高出地面，形成地上悬河的独特自然景观。郑汴洛沿黄"三点一线"和南太行景区成为国内外知名旅游品牌，伏牛山生态旅游整体开发全面启动。红色旅游迅速发展，全省共有红色旅游景区 26 家，拥有驻马店确山县竹沟革命纪念馆、信阳市红色旅游系列景区（点）、南阳桐柏英雄纪念馆、郑州二七纪念堂四家红色旅游经典景区；新开发的工业旅游、农业旅游项目，也令海内外游客流连忘返。

3. 经济优势

通过前几章河南经济国内、国外的横向对比以及自身改革开放 40 年来的纵向分析，得出河南具有明显的经济优势，是当前中国的资源大省、经济大省、农业强省。独特的经济发展优势使河南的城市化水平达 48.5%，中原经济区已初具规模，正成为我国最具竞争力的增长极之一。

二、劣势分析

1. 经济大而不强

2016 年河南省 GDP 在全国排名第 5 位，但人均 GDP 在全国所有省份里排名第 19 位。美国经济学家钱纳里运用多国模型对人均 GDP 与经济发展阶段的关系进行研究，得出结论：人均 GDP 为 1200~2400 美元，经济发展处于工业化初级阶段；人均 GDP 为 2400~4800 美元，经济发展处于工业化中级阶段；人均 GDP 为 4800~9000 美元，经济发展处于工业化高级阶段（1998 年标准）。河南经济发展正处在工业化中期阶段，但还算不上高水平的中期阶段的工业化，较低的人均 GDP 水平，使河南省在工业化发展的进程和今后知识经济时代的竞争中处于劣势。此外，河南地方财政收入、外贸进出口总额、城镇居民人均收入和农村居民人均纯收入等涉及民生的指标均低于沿海较发达省份。这说明河南强省目标还有很长一段路要走。

2. 经济结构不够优化合理

2016 年河南全省生产总值 40471.79 亿元，比上年增长 8.57%。其中，第一产业增加值 4286.21 亿元，增长 1.8%；第二产业增加值 19275.82 亿元，增长 6.2%；第三产业增加值 16909.76 亿元，增长 19.1%。产业产值比重中第一产业比重为 10.6%，第二产业比重为 47.6%，第三产业比重为 41.8%，三次产业结构为 10.6：47.6：41.8。可见，河南省产业结构呈现"二三一"的格局，与全国及发达地区"三二一"的格局存在较大差距。河南省经济发展的主要途径就是发展第二、第三产业。第三产业与第二产业相比，对农村劳动力的吸纳能力更有优势一些。然而，第三产业发展缓慢，不利于河南省产业结构综合发展水平的提高。河南第二产业的发展与第三产业的发展出现了结构性的不协调，阻碍了农村劳动力的转移速度，降低了第二、第三产业的就业人员比重，影响了河南省产业结构，进而影响了河南省产业结构的综合发展水平。河南省三次产业结构仍不尽合理，主要表现在第一产业比重过高、第三产业比重严重偏低，而第二产业实力不强。与同样发展水平的中部其他省份相比，突出表现在第三产业比重最低，第二产业比重较高，河南省三次产业结构的水平相当落后。

3. 区域发展差距大

河南省的区域差异发展呈现东、中、西三种梯度，较大的区域差距将会使未来河南省的区域经济发展处于不利的地位。

三、机遇分析

1. 世界经济发展趋势与河南区域经济发展

经济全球化和区域经济一体化是当今世界经济发展的趋势。

（1）经济全球化趋势增强。"经济全球化"这个词最早是由 T. 莱维于 1985 年提出的，它是指生产要素超越国界，在全球范围内自由流动，使世界各国相互依赖增强，以致相互融合成整体的历史过程。经济全球化是当今世界的一个基本特征，是社会生产力发展的客观要求和必然结果。经济全球化趋势要求世界各国积极参与国际化的分工与合作，融入全球化带来的大市场，竞相向产业价值链的高端迈进，提升国家（区域）产业国际竞争力。具体来讲，就是要通过资源、要素、投资、创新和财富驱动，加快以人为本的产业结构转型、提升产业的自主创新能力、发挥产业的空间集聚优势，发展以高新技术产业为主导的先进制造业和以金融、保险、中介、会展、旅游、创意、文化等产业为主导的现代服务业。中国为适应经济全球化趋势，从"十五"计划开始，进行产业结构、地区结构、城乡结构、所有制结构等经济结构的战略性调整，促进产业结构优化升级和产业空间合理化布局。

（2）区域经济一体化趋势加速。区域经济一体化是第二次世界大战后伴随经济全球化发展而出现的新现象，它起源于经济最发达和市场机制发展最充分的西欧，以欧洲经济共同体为典型的全球经济一体化组织始建于 20 世纪 50 年代后期，并产生了巨大的辐射效应。20 世纪 80 年代中期以来，在国际政治局势日趋缓和与经济全球化加速发展的大背景的有力推动下，区域经济一体化高潮再起，发展至今已经演变成某种特定经济部门的一体化、自由贸易区、关税同盟、共同市场、经济联盟和完全的经济一体化，这种由低到高的一体化形式。其实质是生产关系对生产力不同发展程度的调整，建立不同地区不同程度的一体化组织来适应各地区生产力发展造成的不同程度的经济融合，使区域经济一体化呈现出多层次性、向纵深方向发展的新局面。

中国为顺应区域经济一体化趋势，形成了以城市群、都市圈、经济带为载体的多层次的区域经济一体化发展模式，发展至今，京津冀、长三角、珠三角、山东半岛、辽中南、中原、长江中游、海峡西岸、川渝和中原城市群十大城市群将逐渐成形，推动了中国区域经济一体化进程。

（3）经济全球化、区域经济一体化与河南区域经济发展。河南作为环渤海经济圈的一翼，在中国区域经济格局中占据重要的地位。河南应顺应当前经济全球化和区域经济一体化带来的机遇，提升产业国际竞争力，优化河南半岛城市群、济南都市圈、鲁南经济带、黄河三角洲高效生态区以及河南半岛蓝色经济区的空间布局，在世界和中国经济发展格局中寻求区域发展制高点。

2. 中国重要战略机遇期与河南区域经济发展

2016 年我国国内生产总值已达到 744127.2 亿元，人均 GDP 已达到 53980 元，中国经济社会正步入发展新阶段。世界经济发展的规律表明，人均 GDP 达到 3000 美元，将进入工业化、城镇化步伐加快，经济增长加速的重要时期，而产业结构、消费类型也将发生重大转变，工业化、信息化、城镇化、市场化、国际化深入发展。河南作为中国三大经济总量大省之一，2016 年人均 GDP 达到 42575 元，工业化进程已经完成了一大半，河南经济发展已经步入工业化中后期，根据国际经验，这一时期也将是产业结构换代升级的加速期，经济总量平稳较快增长的态势将持续较长一段时间。2016 年河南城镇化水平达到 48.5%，已经达到世界城镇化的平均水平，正处在城镇化加速发展阶段，规律使然，城镇化还将加速，河南城市群、都市圈的成长性将会继续增强。河南信息化进程发展迅速，当前河南面临的已经不是简单的信息化带动工业化的问题，而是如何促进工业与信息产业互相融合，使两者互相提供发展空间，互相创造市场需求，产生崭新融合型产业门类的问题，已经步入信息化融合期。同时，包括企业、市场、中介、政府、社会保障体系、法制体系等在内的省区社会主义市场经济体系将会更加完善、有序、开放、统一，经济科学发展的体制机制障碍将会逐步扫清，市场机制配置和调节资源的作用将会发挥得越来越完善，河南经济发展将会越来越充满活力，河南经济发展已经步入市场化完善期；另外，河南在全方位开放格局已经形成的基础上，对外开放将会不断向纵深发展，对外开放的质量和水平将会不断提高，河南经济发展已经步入国际化拓展期。

在中国经济发展新阶段，在河南经济步入工业化中后期、城镇化加速期、信息化融合期、市场化完善期、国际化拓展期的发展进程中，河南经济正处于重要的战略机遇期，河南应充分抓住这一重大机遇，利用好国际国内两大市场、优化内部机制，整合各类资源，促进河南区域经济快速发展。

3. 国家的政策推动机遇

2008 年 3 月 13 日，《天津滨海新区综合配套改革试验总体方案》获得国务院正式批复作为一个标志，从 2008 年至今，国家出台了包括《珠江三角洲地区改革发展规划纲要（2008—2020 年）》《关于支持福建省加快建设海峡西岸经济区的若干意见》《江苏沿海地区发展规划》《关中—天水经济区发展规划》《辽宁沿海经济带发展规划》《横琴总体发展规划》《中国图们江区域合作开发规划纲要》《促进中部地区崛起规划》《黄河三角洲高效生态经济区发展规划》《鄱阳湖生态经济区规划》《甘肃省循环经济总体规划》《国务院关于推进海南国际旅游岛建设发展的若干意见》等一系列区域发展规划和政策性文件，为区域经济发展战略带来了重大的政策机遇。2011 年 10 月，《国务院关于支持河南省加快建设中原经济区的指导意见》正式发布，意味着这一区域规划正式上升为国家战略。以河南为主体的中原经济区既是中原崛起、河南振兴的载体和平台，也是河南探索一条不以牺牲农业和粮食、生态和环境为代价的"三化"协调、科学发展路子的载体和平台。中原经济区建设的内在要求必须遵循区域经济发展规律，要从区域经济发展全局出发，推进中原经济区的一体化协调发展，以建设全国"三化"协调发展示范区。

四、挑战分析

1. 面临国际国内的竞争压力

世贸组织产业保护期结束后，将对河南省全省的一些制造业和服务业带来冲击。依赖于成本价格优势的低端出口，将产生更多的贸易摩擦和冲突。国内长三角和珠三角领先、西部开发、中部崛起、东北振兴，区域间将形成竞相发展态势。在全面开放的市场环境下，河南省全省将面临更广领域和更加激烈的竞争。

2. 面临资源环境、人才科技、体制机制的"瓶颈"约束

河南人均占有资源水平较低，产业结构以重型化为主，随着经济的快速发展，土地、水、能源和重要原材料短缺矛盾将日益尖锐，环境承载压力十分严峻。科技创新能力和劳动者素质与产业结构升级的要求不适应，体制机制与经济社会结构的变化不适应，将制约经济整体素质和综合竞争力的提高。

3. 面临实现社会和谐发展的繁重任务

"十三五"期间，"三农"问题依然突出，城乡差距、地区差距、不同社会群体收入差距有继续拉大的趋势，维护社会稳定任务将十分艰巨。

第四节　小　结

通过分析河南区域经济现状，鉴于河南实际，在继续落实科学发展观下确立符合河南省情的、具有河南特色的发展战略，突出战略重点，特别要坚持协同发展的非均衡战略，即动态均衡发展战略。发挥区位优势，确立外向型经济发展战略；针对科技"瓶颈"，实施"科技兴豫"的自主创新发展战略；转变粗放式增长方式，正确处理经济建设与人口、资源、环境的关系，保护生态环境，控制人口数量，增强人口素质，加强资源保护管理，提高利用率，发展循环经济，实施可持续发展战略。针对资源匮乏、发展后劲不足等问题，利用资源优势，实施拓展发展空间的特色发展战略；适应城市化的大势，以城市群为空间载体，走大城市带动区域发展的道路，实施城市化发展战略；适应区域经济协调发展的要求，优化国土功能开发，实施区域经济协调发展战略。

第七章　河南区域经济发展的国内比较

第一节　河南区域经济发展的国内比较

改革开放以来，河南省始终坚持以经济建设为中心，不断深化改革，大力调整产业结构，成功保持了国民经济持续快速的发展势头。近年来，经济发展更是不断攀上新台阶，2016年国内生产总值40471.79亿元，在全国排名第5位。面对21世纪新的发展形势，河南省必须审时度势，综观全局，提出更符合现实的经济发展战略。

本章内容选取与河南省存在可比性的北京、天津、江苏、上海、浙江、广东六大省市作为比较对象，通过经济总量、产业经济以及空间经济的比较，找出河南省发展的优劣势，同时总结出其他省份可以借鉴的经验，为后叙的河南经济整体发展战略作铺垫。之所以选取上述这六大省市，是因为它们为经济较发达省市，在发展模式上有比河南领先的优势；其次，它们分别属于全国经济最发达的三大经济圈，即环渤海经济圈、长江三角洲经济圈、珠江三角洲经济圈中的重要省市，在经济总量上比河南省有优越性。

一、数据来源与指标选取

为了既能体现横向比较又能看出纵向发展，这里选取2000年至2016年的相关数据进行分析，数据来源主要是历年的各省市统计年鉴。在衡量经济总体水平方面，选用GDP总量以及人均GDP作为主要指标，在影响GDP的因素中，这里重点考虑投资、储蓄、消费和进出口四个方面。投资又分为固定资产投资和实际利用外资额；储蓄以住户存款年末余额为指标；消费以年度社会消费品零售总额为指标；由于上述比较的都为中部省份，外贸易对地区经济发展起到较大的作用，因此选取年度进出口总额为衡量对外联系的指标。综合上面几大指标，为了便于比较分析，整理为如下分项指标：

1. 各区域GDP年均增长率

计算公式如下：

$$R_j = \left(\sqrt[16]{\dfrac{y_{2016}}{y_{2000}}} - 1 \right) \times 100$$

其中，R_j 表示 j 地区 2000 年至 2016 年的 GDP 平均增长率，y_{2016} 表示 2016 年的国内生产总值，y_{2000} 表示 2000 年的各地区国内生产总值。

2. 各区域对外开放水平

在我国区域经济发展中，外资和外贸是两个最为明显的外部影响因素，运用这两个指标构建区域对外开放水平指数。

$$Q_i = \dfrac{T_i + F_i}{2}$$

其中，T_i 为 i 年度进出口总额与 GDP 的比值，F_i 为 i 区域年度实际利用外资额占全社会固定资产投资的比值。此处比较时采用 2000~2016 年的平均值。

3. 消费储蓄比率

这里我们利用各地区每年的社会消费品零售总额与住户存款年末余额的比例来说明各地区的内部消费需求。同上，具体比较中采用 2000~2016 年平均值。

二、各区域比较的结果分析

将各项指标数据计算得出表 7-1：

表 7-1　河南省区域经济总体状况国内比较

	2016 年 GDP（亿元）	2016 年人均 GDP（元）	GDP 年均增长率（%）	对外开放水平	消费储蓄比
河南	40471.79	42575	13.89	0.07	0.60
北京	25669.10	118198	13.87	0.42	0.37
天津	17885.39	115053	15.84	0.23	0.62
江苏	76086.17	95257	14.64	0.24	0.65
上海	28178.65	116562	11.68	0.60	0.44
浙江	47251.36	84916	13.60	0.25	0.58
广东	79512.05	72787	13.33	0.42	0.58

通过对相关数据进行分析得出以下结论：

（1）河南省 GDP 总量在 7 省市中排名第 4 位，人均 GDP 却排名最后一位。GDP 的增长速度较快。这说明河南是经济大省但不是经济强省，然而经济发展的进展较为迅速。

（2）河南省对外开放水平很低。从表7-1中可以明显看到河南省的对外开放水平指数远远低于其他地区，由于其他地区大多沿海，有良好的区位优势，河南省处于中部内陆，所以在对外开放方面水平低、发展空间小。

（3）河南省消费储蓄相对较为领先。由于影响消费储蓄比的因素主要是消费倾向和金融资本能力，从事实状况可知河南省相比于其他地区的金融实力明显较弱，说明河南在消费倾向方面较为前卫，内需拉动力量比较强大。

第二节　各区域产业经济比较分析

一、产业结构比较分析

改革开放以来，河南省产业结构发生了深刻而显著的变化。河南省的三次产业结构从1978年的39.8：42.6：17.6调整为2016年的10.6：47.6：41.8。这个过程体现了河南省产业结构的不断升级与优化。河南省2016年三次产业结构比例与其他地区的对比如表7-2所示。

表7-2　2016年各省市三次产业结构比较　　　　单位：%

	第一产业比重	第二产业比重	第三产业比重
河南	10.6	47.6	41.8
北京	0.5	19.3	80.2
天津	1.2	42.4	56.4
江苏	5.4	44.1	50.5
上海	0.4	29.8	69.8
浙江	4.2	44.8	51
广东	4.6	42.8	52.6
全国	8.6	39.8	51.6

通过以上数据可以观察到：第一，很明显在七个省市中，只有河南省是"二三一"结构，说明河南省处于工业化大发展时期，与其他六省有较大差距。第二，河南省第三产业所占比重低于全国平均水平，而且在所对比地区中是最低的一位，这说明了促进服务业尤其是现代服务业的迅速发展成为制定河南经济未来发展战略的关键。第三，其余六省处于"三二一"结构，第三产业成为拉动经济增长的支柱力量。从中，河南省看到了差距以及努力的方向。

二、产业结构效应的一般分析

产业结构效应的一般分析，主要是关于产业结构对经济增长的贡献进行研究，是指产业比例关系变化所引起的经济总量的增加（也称为结构弹性分析）。产业比例关系变动的增加额占同一期经济总量的增加额的百分比，便是产业结构变动对经济增长的贡献率，该值对应于产业结构的效应值。计算方法分别是：

$$\Delta Y_1/\Delta Y \qquad \Delta Y_2/\Delta Y \qquad \Delta Y_3/\Delta Y$$

其中，ΔY_1 表示第一产业增加值的增加额，ΔY_2 表示第二产业增加值的增加额，ΔY_3 表示第三产业增加值的增加额，ΔY 表示总的增加值的增加额。

表 7-3 分别将 2005 年、2008 年和 2016 年三个年份对各地区的三大产业的结构效应做了计算，以此来分析各地区三大产业结构对经济增长的贡献。其中第一产业、第二产业、第三产业分别表示三次产业对 GDP 增量的贡献率。

表 7-3　2005 年、2008 年和 2016 年各地区三次产业结构的贡献率　　单位：%

	2005 年			2008 年			2016 年		
	第一产业	第二产业	第三产业	第一产业	第二产业	第三产业	第一产业	第二产业	第三产业
河南	17.87	52.08	30.05	14.44	56.92	28.63	5.85	43.49	50.66
北京	0.30	20.93	78.77	1.01	16.20	82.79	-0.8	18.3	82.4
天津	0.97	66.97	32.06	1.48	69.59	28.93	0.4	43.2	56.4
江苏	2.84	58.06	39.10	6.21	51.57	42.22	0.5	38.7	60.8
上海	0.57	55.47	43.96	0.66	36.93	62.41	-0.01	5.81	94.21
浙江	4.40	51.18	44.41	4.04	52.91	43.05	3.03	33.97	63.00
广东	5.95	58.8	35.25	5.96	53.41	40.63	1.90	36.67	61.43

从横向角度比较，在 2005 年，除了北京以外其他地区都是以第二产业为最高贡献率，由此说明在进入 21 世纪的 5 年里，我国的工业化进程在加快。2008 年，除了北京和上海，其他地区的经济增长仍然以第二产业为主导。其中，河南的第二产业贡献率在对比地区中仅次于天津。2016 年，所有地区均为第三产业主导，但是河南第二产业对 GDP 增量的贡献率在所有地区中都是最大的。

从纵向角度看，河南省由第二产业对 GDP 贡献率最大转变为第三产业对 GDP 贡献率最大的同时，在 2005 年到 2016 年第二产业对 GDP 贡献率出现过逐渐上升然后又有下降，最后又下降的走势，说明河南省在由重视工业现代化转变为注重第三产业的发展。

第三节 各区域空间经济比较分析

由于北京、天津、上海都为直辖市，在空间发展上多表现为城市空间扩张，这里主要讨论与河南在空间经济发展方面更具可比性的江苏、浙江和广东三省的情况。现将上述三省有关空间经济发展状况的，并且可被河南省借鉴与采纳的重大措施及战略方针作一介绍。

一、江苏省区域经济发展战略

1. 以"苏南"带动"苏北"的区域共同发展战略

江苏省南北发展水平差异很大，早在 1994 年，江苏省委、省政府就将"区域共同发展"作为指导江苏发展的五个战略之一。进入 21 世纪后，江苏加大了促进区域共同发展的步骤，在省"十一五"规划中，江苏再次将促进区域协调发展作为新的指导思想。以"苏南"经济发达区带动"苏北"的崛起，从基础设施的建设到产业转移的承接，以及借鉴"韩国新乡村运动"的经验，加速农村区域发展，还包括海洋资源的开发利用，江苏省在 1996 年就提出"海上苏东"战略，重视推动海洋经济的发展。

2. 江苏省区域经济空间发展战略

在区域空间发展方面，江苏省提出依托南京、苏锡常和徐州三个都市圈，首先，加快建设沿江城市群，强化沿江两岸融为一体；其次，积极推动东陇海城市发展，利用沿东陇海铁路地区地处新亚欧大陆桥东段的区位优势，加快建设徐州都市圈；最后，着力培育区域性中心城市，壮大县城和重点中心镇，逐步形成结构合理的城镇体系。

在产业空间发展方面，首先建设沿江基础产业带，使沿江地带尽快成为具有国际竞争力的制造业走廊；其次建设沿沪宁线的高新技术产业带，形成全国领先、全球重要的信息产业基地；最后建设沿陇海线以资源加工为主的产业带，整体规划苏北生产力布局，加快沿江地区的相关产业向苏北地区进行有序转移。

二、浙江省区域经济空间发展战略

浙江省在"十一五"规划中提出"一域、四核、三带、两翼"的空间发展构架。融入"一域"指以环杭州湾地区为龙头，加快接轨上海，融入长三角；强化"四核"是指以杭、甬、温都市圈和浙中城市群为发展极核，发挥中心城市的带动作用，推动城乡一体化发展；构筑"三带"是指积极构筑环杭州湾、温台沿海、金衢丽三大产业带，提升区域特色经济；保护和合理开发"两翼"是指西部山区绿色屏障和东部海域"蓝色屏障"。在区域经济协调发展方面，浙江省提出了山海协作共跨越策略，这种以沿海发达地区带动山区欠发达地区共同发展为主要内容的山海协作工程，使浙江在统筹区域发展方面取得了明显成效。

三、广东省区域经济空间发展战略

广东省的区域经济空间发展主要是依托城市来进行的，第一，依托珠江三角洲城市群，建设广州和深圳两个国际城市，抢占战略制高点和发展先机，与国际性大都市香港一起融入世界市场经济中。第二，建设区域中心城市，包括珠海、中山等珠三角西部中心城市、珠三角中部城市佛山、粤东地区的汕头、粤西的湛江以及粤北山区的韶关。依托区域中心城市，整合资源，带动周边地区发展。特别是东西两翼以及粤北山区的城市，要加大扶持力度，大力发展资源型加工业，创造条件承接珠江三角洲的产业转移和辐射，有效促进两翼地区以及粤北山区等经济欠发达地区的发展，为全省区域经济协调发展做出贡献。第三，以产业为特色，发展产业中心城市，主要包括东莞、惠州、肇庆等，其中东莞、惠州等珠三角东部城市以电子通信产品制造业为主，肇庆等珠三角西部城市以家用电器制造为主。在这样的城市发展战略指导下，广东最终将形成以珠江三角洲为核心，两翼并举，山区崛起的经济发展格局。

四、启示

在分析总结了江苏、浙江、广东三省的区域经济空间发展战略以后，不难发现，虽然各省在结合自身情况的基础上，都提出了促进区域发展的不同战略，但其中却有着以下共同点，可为河南区域经济战略的制定提供一定的借鉴作用。

第一，各省都在依托各自的优势条件，积极融入周边的大经济圈。江苏、浙江都在以新的方式积极融入以上海为龙头的长江三角洲经济圈；广东更是在继续发挥珠江三角洲核心作用的同时，积极融入港澳在内的大珠三角以及整个世界经济。在此形势下，河南省也应认真思考，加快与周边经济圈的分工与协作，北与京津冀经济圈连为一体；南边积极与湖北合作，争取分得长江中游的部分资源与市场。

第二，各省都在注重区域增长极的培育，以点带面，促进区域内部产业转移，加快经济协调发展。江苏以苏州、无锡、常州等苏南的发达城市积极带动苏北地区发展，给予苏北地区优惠政策，承接苏南地区产业转移；浙江省也正在培育杭州、宁波、温州等区域增长极，带动西部山区经济进步。广东省更是在珠三角、粤北、粤西、粤东地区都培养了各种层次与特点的区域增长极，带动本区域内的城镇体系发展。可见，培育区域增长极对促进地区经济发展至关重要，那么河南省未来的区域增长极如何定位必将成为河南区域经济发展中需要科学慎重考虑的问题之一。

第三，上述沿海省份都抓住了海洋这一优势资源，发展海洋经济，促进沿海地区高速发展成为区域经济发展中的重要战略。如江苏的"海上苏东"战略、浙江的"山海合作"战略等。由此可见，河南的"航空河南"战略必须坚定不移地贯彻下去。

第四节 河南省区域经济发展模式的国内比较

一、苏南模式

"苏南模式"是指江苏省的苏州、无锡和常州等地区通过发展乡镇企业实现非农化发展的方式。其主要特征是：农民依靠自己的力量发展乡镇企业；乡镇企业的所有制结构以集体经济为主，乡镇政府主导乡镇企业的发展。苏南地区毗邻上海，接受经济、技术辐射能力较强，同时该地区还是近代中国民族资本主义工商业的发祥地，有搞集体经济的传统和基础，这些为其发展乡镇企业积累了宝贵的经验和必要的资金。苏南地区通过发展乡镇企业走出了一条先工业化再市场化的发展路径。

二、温州模式

"温州模式"是指浙江省东南部的温州地区以家庭工业和专业化市场的方式发展非农产业，从而形成小商品、大市场的发展格局。其基本特征是：经济形式家庭化，小商品大都是以家庭为单位进行的，经营方式专业化，有家庭生产过程的工艺分工、产品的门类分工和区域分工。温州经济，乃至整个浙江经济又被称为"快艇经济"，即遍地小企业、小家庭作坊的场景。目前，整个浙江的经济特点也是以个体私营经济为主，从控股情况看，浙江省私人控股企业总产值在规模以上工业中的比重达40%以上，与苏南模式的集体经济中产品主要为大工业配套服务不同，温州经济的产品主要以日用品尤其是小商品为主。温州模式是通过市场化促进工业化的一种模式。如果说苏南模式是一种超强政府干预模式，那么温州模式基本属于政府"无为"模式。当然，近年来浙江省也开始注重产品创新，提出以名牌领军企业打造区域创新性产业集群，发展高端制造业的发展思路与战略。

三、珠江模式

"珠江模式"是指珠江三角洲借助邻近香港的地缘优势，普遍发展"三来一补"企业，与香港形成前店后厂的格局。改革开放后，广东省先行一步的特殊优惠政策环境使港澳资本连同劳动密集型产业、技术、管理等，大规模地向珠江三角洲转移，不仅极大地促进了珠江三角洲工业化的发展，而且更重要的是，使珠江三角洲的工业化从一开始就面对国际市场，逐步形成了以国际市场为导向，带动国内市场发展的外向型经济格局。"珠江模式"是一种由政府主导的引进外资和发展外向型经济为主的一种经济模式，走出了一条具有中国特色的沿海地区新工业化发展道路。

四、河南"1+3"区域发展模式

与苏南的集体经济、浙江的"快艇经济"、广东的外向经济不同，河南经济是以"一个载体，三个体系"为特征的"1+3"经济模式。一个载体是指以产业集聚区为重要载体建设，三大体系是指努力推动现代城镇体系、现代产业体系和自主创新体系建设。"1+3"经济模式包含了区域竞争优势培育的几乎所有要素，沿着这一思路付诸实践，对于提出三大战略、人口过亿的河南推动科学发展意义重大。这一模式的提出是基于区域发展阶段的科学判断，基于区域发展模式的清醒认识，基于区域发展特征的准确把握，基于区域发展策略的正确选择，是基于区域转型发展内生动力的有效激发。"1+3"经济模式大力发展产业集聚区，加快构建现代产业体系，加快构建现代城镇体系，加快构建自主创新体系。目前已成为河南区域发展的具体抓手和实践平台，成为打造河南区域经济升级版的坚实途径和现实支撑，成为河南区域竞争优势培育的基本内容和必然选择。

第五节 本章小结

通过本章河南区域经济与国内各省市在经济总量、产业经济、空间经济以及经济发展模式等方面的比较，归纳得出以下结论：

（1）经济总量方面。河南省 GDP 总量较高，人均 GDP 相对较低，GDP 的增长速度快；但河南省对外开放水平不够高。从消费储蓄比来看，河南省这一指标相对较为领先，有着较强的内需拉动能力。

（2）产业经济方面。河南省产业结构处于"二三一"状态，第二产业是经济增长的支柱，占 GDP 比重达到 47.6%，高于其余 6 省市；但第三产业比重最低，低于全国平均水平。从产业贡献率来看，自 2000 年以来河南省第二产业对 GDP 的贡献率一直稳居三大产业之首。在各省市高端制造业的主要行业的比较之中得出，河南省具有比较优势的第二产业部门有化学制品加工、电器机械制造。在新兴工业部门（如计算机、电子设备制造、废弃资源材料等相关部门）较为落后，工业现代化有待提高。

（3）空间经济方面。通过分析江苏、浙江与广东的空间经济发展战略，河南得到如下启示：一是依托各自的优势条件，积极融入周边的大经济圈，包括环渤海经济圈以及南部的长三角经济圈的部分资源与市场；二是注重区域增长极的培育，以点带面，促进区域内部产业转移，加快经济协调发展；三是抓住航空港这一优势资源，发展航空经济，继续实施"航空经济"战略。

（4）经济发展模式方面。在分析了苏南模式、温州模式、珠江模式等区域经济发展特色模式之后，讨论了河南"3+1"经济的优势以及今后发展中借鉴其他模式的地方，如扩大开放，积极利用外资；大企业带动中小企业，搞活个体私营经济；发展现代服务业，为诸多大块头工业提供必要的配套服务支持等。

第八章 河南区域经济发展的
省内比较及各地区发展战略

河南省是我国中部六省的重要成员，也是我国第一人口、农业大省，省内区域间因自然条件、区位影响、经济基础等各方面因素的作用而使得区域经济发展呈现出多元面貌。本章从各地市的区域经济发展状况出发，对河南省所辖18个地市的区域经济发展状况进行综合评价，计算河南省经济发展水平的综合得分，并根据综合得分对河南省的各地级市进行聚类分析，来研究河南省18个地级市的区域经济发展现状及发展战略。

第一节 各地市经济发展现状

河南所辖市有郑州、洛阳、开封、焦作、新乡、鹤壁、安阳、三门峡、南阳、许昌、濮阳、漯河、平顶山、周口、信阳、商丘、驻马店、济源18个地市。本章研究河南省各地市的经济发展状况，首先从GDP总量、人均GDP等经济指标出发，对河南省经济发展状况做出定性分析。为了对各地市的经济发展水平进行综合评价，我们选取了4个一级指标，17个二级指标，构建了合理的评价指标体系。在研究过程中，本章主要选用聚类分析、TOPSIS法和主成分分析法，对各地市的经济发展情况进行综合评价。

一、河南省 GDP 发展状况

在20世纪90年代之前，河南省的经济总量维持在一个缓慢增长的状态，GDP总量低于1000亿元；之后，随着改革开放的深入开展和社会主义市场经济体制的完善，河南省的经济增长速度明显加快，于2000年突破5000亿元的大关；进入21世纪，国家先后提出了中原崛起和建设中原城市群战略，以此为契机，河南省的经济有了突飞猛进的增长，GDP总量突破两万亿元，仅次于广东、山东、江苏、浙江，位居全国第5位。2016年，河南省GDP总量为40471.79亿元，较上一年增长9.4%。总体说来，河南省的总体经济实力在逐步增强，人民的生活水平相应提高，在全国的相对地位和相对实力有所提高。

虽然河南省全省的经济总量较大，但是由于人口基数过大，人均水平较低，在国内的排名比较靠后，属欠发达地区，与发达地区相比仍有较大差距。同时，由于受自然环境、经济区位、历史基础等因素的影响，河南省内区域经济发展也存在很大的差异。区域经济不平衡是经济发展过程中不可避免的现象，是在多方面原因的基础上形成的。适度的区域经济不平衡对经济发展有着促进作用，但是过分严重的区域经济发展不平衡将会阻碍区域经济的发展，不利于经济社会的稳定和协调发展。因此，对河南省各省辖市的经济发展水平进行详细研究，从定量的角度做出综合评价，对于河南省今后的发展有着十分重要的意义。

二、各地市 GDP 总量与人均 GDP 分析

郑州市作为省会城市，交通便利，资源丰富，有着得天独厚的优势，GDP 总量一直是排在全省首位，约占全省 GDP 总量的 20%。洛阳市和南阳市凭借其工农业基础，GDP 总量分别排在第二位和第三位。排名前三位的城市在 GDP 总量上占 GDP 总量的比例达 37%，远远领先于其他城市。许昌、周口、新乡、焦作、安阳、信阳、平顶山、驻马店、商丘、开封 GDP 总量大概各占全省的 4%~6%，处于居中地位。三门峡、濮阳、漯河、鹤壁、济源 GDP 总量较低，位于靠后的位置，在 4% 以下。如图 8-1 所示。

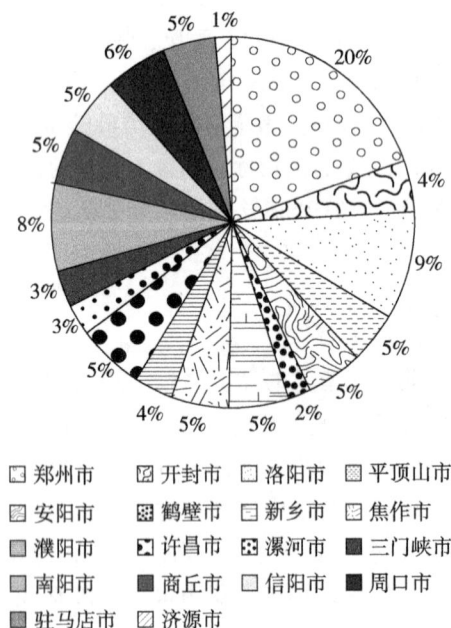

图 8-1　2016 年河南省各地市 GDP 总量比例分布

（元）

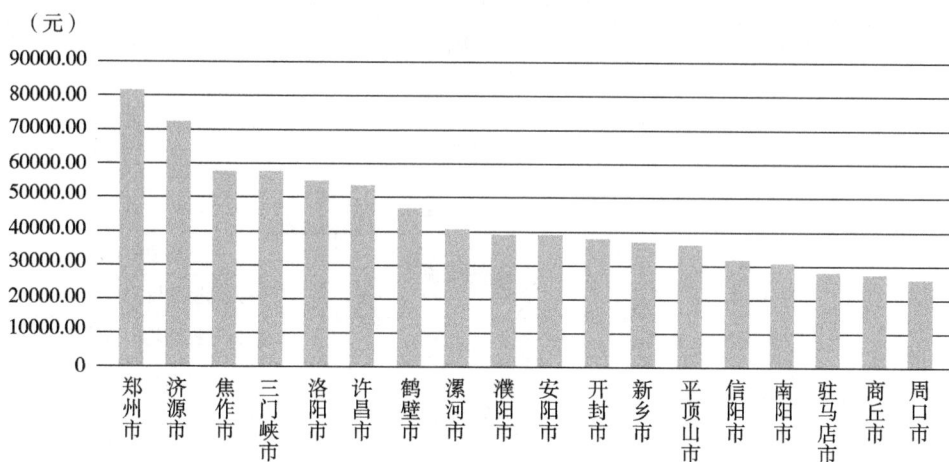

图 8-2　2016 年河南省各省辖市人均 GDP

从图 8-2 中可以看出，人均 GDP 较高的省辖市有：郑州、济源、三门峡、焦作、洛阳、许昌，这 6 个城市的 2016 年人均 GDP 均在 50000 元以上。而驻马店、商丘、周口 2016 年人均 GDP 低于 30000 元，远低于全国人均 GDP 的 53935 元，与其他省辖市也有较大的差距。其中，郑州市的人均 GDP 约为周口市的 3.3 倍。

三、指标体系的构建

在上文中，我们结合相关的经济指标，利用统计图表对河南省区域经济发展水平进行定性分析，做出了比较直观的评价。但是，对区域经济发展水平进行综合评价是一个比较复杂的问题，需要首先构建一个恰当的评价指标体系，再根据评价指标体系确定综合评价的方法。由于经济指标的复杂性和多样性，本章在选取指标体系时遵循了以下原则：

（1）科学性原则。所用指标概念科学，含义明确，范围清楚，统计口径一致。

（2）全面性原则。指标体系能够全面反映各地区的经济发展状况。

（3）差异性原则。选取各地区差异较大的指标，能够反映经济发展的地域差异。

（4）可操作性原则。指标数据易于收集，便于计算，并能切实可行地进行评价。

基于以上原则，通过系统总结相关文献，结合河南省经济发展现状，以河南省 18 个地市为样本，选取了综合经济状况、财政金融状况、人民生活水平、基础设施建设四个一级指标，人均 GDP、人均农业生产总值等 16 个二级指标，构建了河南省区域经济发展水平综合评价指标体系（见表 8-1）。

表 8-1　河南省区域经济发展水平综合评价指标体系

目标层	一级指标	二级指标
经济发展水平	综合经济状况	人均 GDP
		人均农业产值
		人均工业产值
		人均第三产业产值
	财政金融状况	人均财政收入
		人均固定资产投资
	人民生活水平	农村居民人均消费支出
		城镇居民人均消费支出
		城镇家庭人均可支配收入
		农村居民家庭人均纯收入
		城镇职工平均工资
	基础设施建设	每万人公路里程
		人均邮政业务总量
		人均电信业务总量
		人均教育经费
		每万人卫生机构床位数

查阅《河南省统计年鉴》（2016 年）可得上述 16 个指标的数值如表 8-2 所示：

表 8-2　2016 年河南省各省辖市指标数据　　　　单位：元

地区	人均 GDP	人均第一产业产值	人均第二产业产值	人均第三产业产值	人均财政收入	人均固定资产	城镇居民家庭人均可支配收入	城镇居民家庭人均消费支出
郑州	84113.50	1620.85	39360.90	43131.74	10398.95	71973.59	33214.00	23210.44
开封	38619.04	6330.95	15687.34	16600.75	2489.99	33576.66	24595.89	19946.70
洛阳	56410.33	3455.34	26451.80	26503.19	4450.17	60030.58	30752.00	22658.82
平顶山	36708.40	3554.98	18001.87	15151.55	2497.20	34765.85	27101.89	17701.95
安阳	39602.95	4144.82	18944.87	16513.26	2287.64	40414.30	28167.60	15764.04
鹤壁	47940.21	3850.43	31259.85	12829.93	3445.84	50133.85	26184.10	16088.96
新乡	37804.79	3888.60	18737.04	15179.15	2578.03	34944.45	26892.50	18520.13
焦作	59182.63	3783.93	35081.46	20317.24	3501.90	61985.62	26876.00	19616.30
濮阳	40059.02	4473.44	21938.21	13647.37	1989.54	41997.19	26482.40	16098.12

续表

地区	人均GDP	人均第一产业产值	人均第二产业产值	人均第三产业产值	人均财政收入	人均固定资产	城镇居民家庭人均可支配收入	城镇居民家庭人均消费支出
许昌	54522.20	3725.81	32069.17	18727.23	3010.83	51678.80	27015.90	18026.81
漯河	41137.86	4329.79	25650.97	11157.10	2883.77	40243.64	26617.50	19455.53
三门峡	58893.73	5485.80	33266.84	20141.09	4437.82	78592.26	25254.10	18555.54
南阳	31010.20	5131.93	13582.41	12295.86	1659.28	33723.22	26898.10	19413.90
商丘	27331.80	5307.40	11319.83	10704.57	1612.74	27344.71	25217.30	16047.14
信阳	31732.55	6945.93	12549.05	12237.58	1468.97	34417.10	23959.30	16224.78
周口	25682.07	5191.48	11800.79	8689.80	1177.44	21111.14	22471.00	16613.00
驻马店	28305.03	5923.06	11103.11	11278.86	1508.66	24232.11	24158.08	17950.42
济源	73722.41	3183.87	47896.18	22642.35	4979.81	74297.41	28230.50	20726.60

地区	农村居民家庭人均纯收入	农村居民家庭人均消费支出	城镇职工平均工资	每万人公路里程（公里）	人均邮政业务量	人均电信业务总量	人均教育经费	每万人卫生机构床位数（张）
郑州	18426.00	13594.69	60373.00	11.69	893.67	4063.15	2089.51	88.37
开封	11165.51	8072.79	48379.00	16.93	146.48	1703.47	1556.62	56.32
洛阳	11456.70	9260.52	50076.00	28.51	233.05	2269.05	1657.47	65.96
平顶山	11243.99	6445.70	46182.00	23.57	105.74	1655.77	1411.27	53.97
安阳	12623.80	7789.07	45125.00	17.99	192.05	2010.96	1519.37	55.93
鹤壁	14021.90	9666.40	41739.00	28.33	137.56	1741.76	1828.73	49.32
新乡	12679.00	7921.29	43872.00	19.91	212.95	2073.85	1491.20	60.88
焦作	14851.30	11081.40	45773.00	22.60	254.94	1948.27	1411.17	65.52
濮阳	10622.00	7444.07	45647.00	18.70	139.23	1817.08	1798.50	54.73
许昌	14356.70	9173.23	48104.00	22.68	169.16	1586.38	1552.66	43.11
漯河	12938.20	7075.76	45616.00	20.40	232.26	1670.89	1395.23	52.95
三门峡	11982.10	8639.47	45821.00	44.72	150.70	1976.00	1968.84	60.60
南阳	11700.50	8397.28	47209.00	35.29	148.08	1278.70	1449.16	44.77
商丘	9604.90	6844.57	47326.00	29.04	218.49	1563.55	1446.49	46.05
信阳	10651.20	8140.85	44968.00	36.18	150.85	1469.47	1700.59	37.66
周口	9279.00	6536.00	46243.00	23.47	125.27	1406.85	1491.87	43.30
驻马店	9934.88	7838.06	44425.00	27.57	146.16	1437.05	1665.33	47.00
济源	15540.00	9845.10	48175.00	34.16	193.72	2020.10	1819.00	43.56

四、各地市经济发展水平综合评价

1. 聚类分析

聚类分析是一种建立分类的多元统计分析方法，它能够将一批样本（或变量）数据根据其诸多特征，按照在性质上的亲疏程度在没有先验知识的情况下进行自动分类，产生多个分类结果。类内部个体特征具有相似性，不同类间的个体特征的差异性较大。

层次聚类法是聚类分析方法中最常用的一种方法。它的优点在于可以指出由粗到细的多种分类情况，典型的层次聚类结果可由一个聚类图展示出来。层次聚类的步骤如下：

（1）计算 n 个样本点两两之间的距离 $\{d_{ij}\}$，记为矩阵 D = $(d_{ij})_{n \times n}$。

（2）首先构造 n 个类，且每一个类中只包含一个样本点，每一类的平台高度均为零。

（3）合并距离最近的两类为新类，并且以这两类间的距离值作为聚类图中的平台高度。

（4）计算新类与当前各类之间的距离，若类的个数已等于 1，转入步骤（5），否则，回到步骤（3）。

（5）画聚类图，决定类的个数和类。

结合上述建立的指标评价体系，利用 SPSS 统计分析软件，对河南省 18 个省辖市 2016 年的经济发展情况进行聚类分析。如图 8-3 所示。

从图 8-3 中可以看出，若分为两类，则郑州市一枝独秀，各项指标均远远领先于其他省辖市，独自为一类，其他 17 个城市分为一类。若分成三类，郑州市为第一类；焦作、许昌、三门峡、济源、洛阳为第二类；其他城市分为第三类。从聚类分析的结果来看，郑州作为省会城市，大多数指标均处于领先地位，综合经济实力突出。焦作、许昌、三门峡、济源、洛阳均属于新兴工业城市，引进各项高新技术，在近些年来取得了较大的发展。其他城市由于人口众多，工业基础落后，地理位置相对封闭，经济发展一直较慢。

2. 主成分分析法

主成分分析是利用降维的思想，在损失较少信息的前提下把多个指标转化为几个综合指标的多元统计分析方法。通常把转化之后的综合指标称之为主成分，其中每个主成分都是原始变量的线性组合，且各个主成分之间互不相关，这就使在研究复杂问题时，就可以只考虑少数几个主成分而且保持原有变量绝大部分的信息，从而使问题得到简化，提高分析效率。为了研究河南省 18 个地级市的经济发展水平，本节共选取了 16 个经济指标构成指标评价体系，由于指标个数过多，彼此之间势必

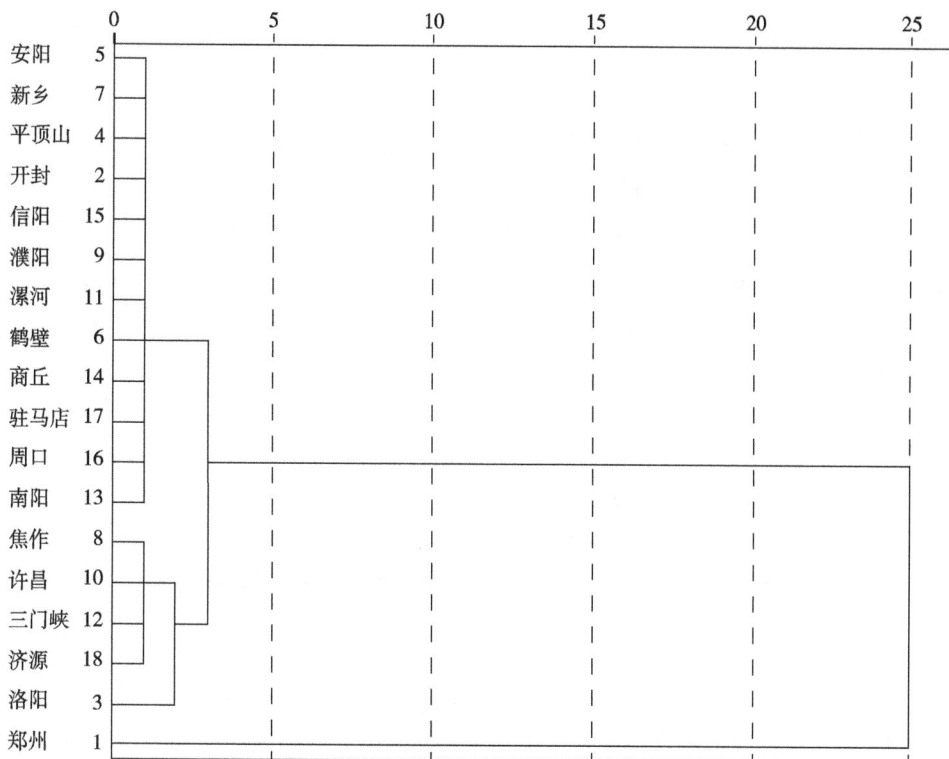

图 8-3　2016 年河南省各省辖市经济综合发展情况聚类分析

会存在一定的相关性，因而使样本数据在一定程度上反映的信息有所重叠。同时，在高维空间中对样本进行研究会增加分析问题的复杂性。所以，我们希望在信息损失最小的情况下，对数据进行降维处理。主成分分析法进行综合评价的步骤如下：

（1）对原始数据进行标准化处理。

在本章中，进行主成分分析的指标变量有 16 个：x_1，x_2，…，x_{16}，共有 18 个评价对象，第 i 个评价对象的第 j 个指标的取值为 x_{ij}。标准化公式为：

$$\hat{x}_{ij} = \frac{x_{ij} - \overline{x}_j}{S_j}$$

其中，$\overline{x}_j = \frac{1}{n}\sum_{i=1}^{n} x_{ij}$，$S_j = \frac{1}{n-1}\sum_{i=1}^{n}(x_{ij} - \overline{x}_j)^2$，即 $\overline{x}$，S_j 为第 j 个指标的样本均值和样本标准差。

（2）计算样本相关系数矩阵 R。

相关系数矩阵 $R = (r_{ij})_{m \times m}$

$$r_{ij} = \frac{\sum\limits_{k=1}^{n} \hat{x}_{ki} \hat{x}_{kj}}{n-1} (i, j = 1, 2, \cdots, m)$$

其中，$r_{ii} = 1$，$r_{ij} = r_{ji}$，r_{ij}就是第 i 个指标与第 j 个指标的相关系数。

（3）计算特征值和特征向量。

计算相关系数矩阵 R 的特征值 $\lambda_1 \geq \lambda_2 \geq \cdots \geq \lambda_m \geq 0$，及对应的特征向量 u_1，u_2，$\cdots$，u_m，其中，$u_j = (u_{1j}, u_{2j}, \cdots, u_{nj})^T$，由特征向量组成 m 个新的指标变量：

$$\begin{cases} F_1 = u_{11} \hat{x}_1 + u_{21} \hat{x}_2 + \cdots + u_{n1} \hat{x}_n \\ F_2 = u_{12} \hat{x}_1 + u_{22} \hat{x}_2 + \cdots + u_{n2} \hat{x}_n \\ \qquad\qquad\qquad \vdots \\ F_m = u_{1m} \hat{x}_1 + u_{2m} \hat{x}_2 + \cdots + u_{nm} \hat{x}_n \end{cases}$$

式中，F_i（i = 1, 2, $\cdots$, m），表示第 i 主成分。

（4）选择 p（p ≤ m）个主成分。

计算特征值 λ_j（j = 1, 2, $\cdots$, m）的信息贡献率和累积贡献率：

$$b_j = \frac{\lambda_j}{\sum\limits_{k=1}^{m} \lambda_k} (j = 1, 2, \cdots, m)$$

其中，b_j称为主成分 F_j 的信息贡献率。

$$\alpha_p = \frac{\sum\limits_{k=1}^{p} \lambda_k}{\sum\limits_{k=1}^{m} \lambda_k}$$

式中，α_p称为主成分 F_1，F_2，$\cdots$，F_p 的累积贡献率。当 α_p 越接近于 1，说明选取前 p 个主成分代替原来的 m 个指标变量的信息损失越小。通常取 $\alpha_p \geq 0.85$。

（5）计算综合得分。

$$F = \frac{\sum\limits_{j=1}^{p} b_j F_j}{\sum\limits_{j=1}^{p} b_j}$$

根据综合得分值就可进行评价。

表 8-3　主成分分析特征根及方差贡献率

变量序号	特征根	贡献率（%）	累积贡献率（%）
1	10.838	67.735	67.735
2	1.947	12.166	79.901

变量序号	特征根	贡献率（%）	累积贡献率（%）
3	1.063	6.644	86.545
4	0.704	4.401	90.946
5	0.426	2.660	93.606
6	0.350	2.188	95.795
7	0.251	1.567	97.361
8	0.156	0.973	98.334
9	0.123	0.768	99.102
10	0.074	0.465	99.567
11	0.033	0.204	99.771
12	0.025	0.153	99.924
13	0.007	0.046	99.971
14	0.003	0.021	99.992
15	0.001	0.008	100.000
16	$-1.957E-17$	$-1.223E-16$	100.000

　　按照经验，应选取大于1的特征根所对应的主成分。从表8-3中可以看出，前三个主成分对应的特征根大于1，其累积贡献率为86.545%，故选取前三个主成分，使降维后的数据能够包含原始数据大部分的信息，进一步减少信息损失，使评价结果更准确。

表8-4　主成分分析的载荷矩阵

变量	载荷矩阵		
	1	2	3
人均财政收入	0.980	0.023	0.117
人均GDP	0.969	-0.052	0.143
人均电信业务总量	0.933	-0.227	0.161
人均第三产业产值	0.932	0.314	-0.114
人均固定资产	0.889	0.141	0.039
农村居民家庭人均消费支出	0.871	0.126	-0.323
每万人卫生机构床位数	0.869	-0.174	-0.170

续表

变量	载荷矩阵		
	1	2	3
农村居民家庭人均纯收入	0.857	−0.349	0.227
城镇居民家庭人均可支配收入	0.804	−0.341	0.098
人均第二产业产值	0.797	−0.319	0.321
人均第一产业产值	0.794	0.555	−0.070
城镇居民家庭人均消费支出	−0.785	0.136	0.492
城镇职工平均工资	0.780	0.493	−0.334
人均邮政业务量	0.755	−0.056	0.083
人均教育经费	0.608	0.404	0.484
每万人公路里程	−0.286	0.807	0.302

根据表 8-4 中各自主成分载荷向量分别除以各自主成分特征值的算术平方根，即可得到个主成分的特征向量，如表 8-5 所示。

表 8-5　主成分分析的特征向量

变量	特征向量		
Z_j	f_{1j}	f_{2j}	f_{3j}
人均财政收入	0.30	0.02	0.11
人均 GDP	0.29	−0.04	0.14
人均电信业务总量	0.28	−0.16	0.16
人均第三产业产值	0.28	0.23	−0.11
人均固定资产	0.27	0.10	0.04
农村居民家庭人均消费支出	0.26	0.09	−0.31
每万人卫生机构床位数	0.26	−0.12	−0.16
农村居民家庭人均纯收入	0.26	−0.25	0.22
城镇居民家庭人均可支配收入	0.24	−0.24	0.10
人均第二产业产值	0.24	−0.23	0.31
人均第一产业产值	0.24	0.40	−0.07
城镇居民家庭人均消费支出	−0.24	0.10	0.48

变量	特征向量		
城镇职工平均工资	0.24	0.35	-0.32
人均邮政业务量	0.23	-0.04	0.08
人均教育经费	0.18	0.29	0.47
每万人公路里程	-0.09	0.58	0.29

由表 9-6 可得，三个主成分分别为：

$$F_1 = \sum f_{1j} Z_j$$

$$F_2 = \sum f_{2j} Z_j$$

$$F_3 = \sum f_{3j} Z_j$$

进一步计算综合得分，得到表 8-6。

表 8-6　各地区主成分得分

地区	主成分		
	1	2	3
郑州	3.24608	-1.37431	1.28564
开封	-0.36162	-0.84380	0.83434
洛阳	0.82171	-0.08894	0.30317
平顶山	-0.41593	-0.69311	-0.87889
安阳	-0.18494	-0.75814	-0.83624
鹤壁	-0.03050	1.14101	-0.79897
新乡	-0.14216	-0.84521	-0.73837
焦作	0.58568	0.23061	-1.41134
濮阳	-0.32321	-0.23996	0.05881
许昌	0.16408	0.40718	-1.23729
漯河	-0.21658	-0.52825	-1.07099
三门峡	0.29295	2.30518	1.48095
南阳	-0.58226	0.05355	0.28145
商丘	-0.87496	-0.61207	0.61144
信阳	-0.92955	0.71459	1.56544

续表

地区	主成分		
	1	2	3
周口	−1.10955	−0.67513	0.41352
驻马店	−0.86959	−0.20885	1.05690
济源	0.93035	2.01566	−0.91957

最后，计算各地区综合得分及排名。

表 8-7　各地区综合得分及排名

地区	得分	排名
郑州	2.44	1
济源	1.04	2
三门峡	0.62	3
洛阳	0.75	4
焦作	0.49	5
许昌	0.12	6
鹤壁	0.04	7
濮阳	−0.34	8
新乡	−0.29	9
安阳	−0.36	10
漯河	−0.33	11
开封	−0.47	12
南阳	−0.42	13
平顶山	−0.40	14
信阳	−0.50	15
驻马店	−0.66	16
商丘	−0.84	17
周口	−0.88	18

　　从主成分分析法的结果来看，郑州市处于首位，且综合得分是位于第二名的济源市的两倍还多，作为省会城市，实至名归，充分证明了其综合发展水平远远领先

于省内其他城市。

济源、三门峡和洛阳位于第二集团，相较于其他城市有着较大的优势。其中，济源市是河南省"最年轻"的地级市，依托当地便利的交通和丰富的矿产资源，形成了以钢铁、铅锌、机械制造等支柱产业为核心的工业生产体系，再加之以丰富的旅游资源，经济发展速度很快，综合发展水平仅次于省会郑州市。三门峡市位于河南省西部，是随着三门峡大坝的建设而崛起的新兴城市，依托黄金、铝、煤炭三大优势矿产资源和丰富的电力资源，大力推动工业化建设，使经济发展水平有了很大的提高，其综合实力已隐隐超越了老牌城市洛阳市。洛阳市是中华人民共和国成立后建立的重工业基地，工业基础雄厚；同时，洛阳市有着丰富的自然资源和人文资源，3A级以上景区数量位居全国首位，旅游业非常发达。受客观条件限制，洛阳市在城市建设方面要落后于新兴城市，这使其综合实力稍稍落后。

对于其他城市来说，矿产资源匮乏，能源不足，经济基础薄弱，不利于工业尤其是重工业的发展，地区经济只能依赖于农业以及以农业资源为基础的轻工业。同时，人口众多是限制城市发展水平的另外一个重要因素。以南阳市为例，在前文中，我们提到南阳市的 GDP 总量位于河南省第三位，但人均水平却处于落后的位置，综合水平更是排到了第 13 位。

五、结论

本部分从不同角度出发，选取了多种方法对河南省各地市的经济发展情况做出了综合评价，并对结果进行了科学合理的分析。不同方法的结果基本一致，能够相互印证，进一步增强了研究结果的可靠性。

第二节　各地市工业发展现状分析

2016 年，全省工业生产总体呈现平稳增长趋势，规模以上工业实际增加值增长 8.0%，比上年回落 0.6 个百分点。全省工业增速高于全国平均水平 2.9 个百分点，居全国第七位，在中部六省的位次是第二位。各地市工业发展状况从各地市工业情况、工业生产增长情况、工业经济效益指标等方面来分析（见表 8-8）。

表 8-8　河南省各地市工业增加值与增长速度

地区	2015 年		2016 年		2015 年与 2016 年对比	
	工业增加值（亿元）	排名	工业增加值（亿元）	排名	增长速度（%）	排名
郑州	3167.41	1	3331.60	1	5.18	14

续表

地区	2015 年		2016 年		2015 年与 2016 年对比	
	工业增加值（亿元）	排名	工业增加值（亿元）	排名	增长速度（%）	排名
开封	592.94	15	645.08	15	8.79	3
洛阳	1450.89	2	1541.51	2	6.25	13
平顶山	774.84	9	811.65	9	4.75	15
安阳	799.12	8	836.37	8	4.66	16
鹤壁	428.84	17	460.45	17	7.37	9
新乡	842.73	7	926.25	6	9.91	1
焦作	1076.76	5	1160.55	5	7.78	8
濮阳	727.26	10	759.86	10	4.48	17
许昌	1186.74	3	1299.11	3	9.47	2
漯河	583.97	16	632.21	16	8.26	6
三门峡	661.16	11	676.18	12	2.27	18
南阳	1094.10	4	1174.51	4	7.35	10
商丘	642.82	12	699.24	11	8.78	4
信阳	615.01	14	660.15	14	7.34	11
周口	846.79	6	918.10	7	8.42	5
驻马店	622.90	13	667.70	13	7.19	12
济源	302.46	18	326.36	18	7.90	7

注：2015 年和 2016 年工业增加值均为当年价，增长速度按可比价计算。

资料来源：2016 年、2017 年《河南统计年鉴》。

从表 8-8 中可以看出，2015 年和 2016 年工业增加值排名变化不大，排在前 5 位的有：郑州、洛阳、许昌、南阳、焦作。排在后 5 位的有：漯河、开封、信阳、鹤壁、济源 5 个城市。而增长速度中有 9 个城市的增长速度超过了 10%，余下 4 个的增长速度在 5% 以下。增长速度排在第一位的是新乡，其增长速度为 9.91%，排在第二名的是许昌，其增长速度是 9.41%。这说明河南省大多数地市的工业增加值增长速度较高。

第三节　各地市农业发展现状分析

2016 年河南省农业发展保持了持续向好、稳中有进的发展势头，全年粮食总产量再创新高，实现"十一连增"。畜牧业生产形势好转，主要农产品供应充足，农资市场运行平稳，高标准良田建设进度过半，新型农业经营组织快速发展。

表 8-9 河南省各地市农业增加值与增长速度

地区	2015 年		2016 年		2015 年与 2016 年对比	
	农业增加值（亿元）	排名	农业增加值（亿元）	排名	增长速度（%）	排名
郑州	276.58	13	285.16	13	3.10	7
开封	539.15	6	549.20	6	1.86	12
洛阳	440.84	7	438.54	7	−0.52	17
平顶山	308.67	11	327.12	10	5.98	3
安阳	367.45	9	385.04	9	4.79	4
鹤壁	118.02	17	118.95	17	0.79	15
新乡	387.26	8	387.18	8	−0.02	16
焦作	247.68	14	253.48	14	2.34	11
濮阳	282.33	12	290.63	11	2.94	9
许昌	310.30	10	289.71	12	−6.64	18
漯河	190.01	16	204.50	16	7.63	1
三门峡	205.46	15	214.61	15	4.45	5
南阳	875.32	1	903.42	1	3.21	6
商丘	679.28	5	686.16	5	1.01	14
信阳	797.38	3	816.29	3	2.37	10
周口	839.72	2	848.45	2	1.04	13
驻马店	739.17	4	762.00	4	3.09	8
济源	36.77	18	39.45	18	7.27	2

注：2012 年和 2013 年工业增加值均为当年价，增长速度按可比价计算。

资料来源：2013 年、2014 年《河南统计年鉴》。

从表 8-9 中可以看出，河南省农业增加值在绝对量上有很大区别，2015 年农业增加值最大的省辖市为南阳市，其农业增加值为 875.32 亿元，最小的省辖市为济源市，其农业增加值为 36.77 亿元，前者是后者的 23.81 倍。2016 年农业增加值最大的省辖市仍为南阳市，其农业增加值为 903.42 亿元，最小的省辖市仍为济源，其农业增加值为 39.45 亿元。2015 年农业增加值排在前 5 位的省辖市有南阳、周口、信阳、驻马店、商丘，排在后5位的省辖市有焦作、漯河、三门峡、鹤壁、济源。2016年前5名排名不变，后5名排名也没变化。从各地市农业增长率来看，其农业增加值的增长速度为-6.64%~7.63%。增长速度的最大值和最小值差别不大，最大值为漯河（7.63%），最小值为许昌（-6.64%）。

第四节　各地市服务业发展现状分析

2016年河南省第三产业总体呈现稳中有升态势，传统服务业稳定增长，现代物流业加快发展，郑州国际物流中心地位显著提升，信息服务业步入快速发展轨道，金融业集聚效应初步显现，中原旅游品牌形象持续提升，文化产业规模不断扩大，科技研发、教育培训、商务服务、健康养老等新兴服务业健康发展。服务业增加值增速持续攀升，高于GDP增速。2016年，全省第三产业增加值增长10.3%，增速呈现季度攀升态势。第三产业投资快速增长，占比提高。2016年全省服务业固定资产投资19864.97亿元，增长16.15%，第三产业税收贡献份额持续提升。

表8-10　河南省各地市服务业增加值与增长速度

地区	2015年		2016年		2015年与2016年对比	
	服务业增加值（亿元）	排名	服务业增加值（亿元）	排名	增长速度（%）	排名
郑州	3552.26	1	4155.93	1	16.99	2
开封	652.72	12	742.60	12	13.77	8
洛阳	1516.53	2	1772.66	2	16.89	3
平顶山	659.09	10	746.93	11	13.33	11
安阳	733.87	5	837.82	5	14.17	7
鹤壁	182.92	17	203.65	17	11.33	18
新乡	762.60	4	862.47	4	13.10	12
焦作	634.67	13	712.14	13	12.21	15
濮阳	374.57	15	455.23	14	21.53	1
许昌	712.95	6	808.13	6	13.35	10
漯河	259.59	16	291.03	16	12.11	16
三门峡	403.35	14	451.97	15	12.05	17
南阳	1081.61	3	1219.57	3	12.75	13

地区	2015 年		2016 年		2015 年与 2016 年对比	
	服务业增加值（亿元）	排名	服务业增加值（亿元）	排名	增长速度（%）	排名
商丘	671.74	7	772.03	7	14.93	4
信阳	664.89	9	762.06	9	14.62	6
周口	658.83	11	747.07	10	13.39	9
驻马店	665.98	8	765.14	8	14.89	5
济源	146.62	18	165.23	18	12.69	14

注：2015 年和 2016 年工业增加值均为当年价，增长速度按可比价计算。

资料来源：2016 年、2017 年《河南统计年鉴》。

从表 8-10 中可以看出，河南省各地市的服务业在总量上也有很大区别。2015 年郑州市服务业增加值为 3552.26 亿元，排名第一，济源服务业增加值为 146.62 亿元，排在最后一名，两个省辖市相比差别 26.6 倍。2016 年服务业增加值最大和最小的省辖市仍为郑州和济源，两者相差 25.2 倍。2015 年排名在前 5 位的省辖市有郑州、洛阳、南阳、新乡、安阳，排名在后 5 位的省辖市有三门峡、濮阳、漯河、鹤壁、济源。2016 年排名在前 5 位的省辖市与排名在后 5 位的省辖市与 2015 年相同。就增长速度来说，2016 年服务业增长速度要高于农业增长速度，增速最高的是濮阳，为 21.53%，增速最低的为鹤壁，为 11.33%。

第五节　各地市发展战略

河南各地区的发展战略是河南区域发展战略的核心组成部分。要制定各区域的发展战略必须首先将各区域进行功能定位。功能定位要遵循 5 个原则：统筹规划原则、发挥优势原则、合理分工原则、资源配置原则和强化区域整体竞争力优势原则。统筹规划原则是指在进行各大城市功能定位时，不能各做各的规划、各定各的位，而是要根据空间发展规划，把轴、带、圈空间发展规划与各城市功能定位结合起来，注意发挥各地优势，使每个城市扮演最适合自己的角色。发挥优势原则与合理分工原则是指各大城市根据自身的基础和特色承担不同的职能，在分工合作、优势互补的基础上，共同发挥出整体优势。资源配置原则是指要考虑提高资源配置效率。强化城市群整体竞争力优势原则是指功能调整以增强区域整体竞争力为原则。当某个城市局部利益与提高河南区域整体竞争力需要相矛盾的时候，要以整体利益优先。

根据上述原则确定的各大城市在河南区域经济中的功能定位如下：

1. 郑州市功能定位

郑州地处中华腹地，九州之中，北临黄河，西依嵩山，东、南接黄淮平原。在全国经济发展格局中具有承东启西、贯通南北的重要作用。郑州总面积 7446.2 平方千米，辖 12 个县（市）、区，其中县 1 个、县级市 5 个、区 6 个，2016 年总人口 776 万人，城镇人口 691 万人，城镇化率为 89.05%。悠久的历史、优越的区位和丰富的资源，使郑州成为中国重要的交通枢纽、著名商埠、优秀旅游城市和陇海兰新经济带的重要中心城市。郑州的优势非常突出，如交通优势、信息优势、资源优势、科技优势等。郑州的劣势主要是作为省会城市，其首位度低，辐射能力不强。根据郑州市经济社会的发展情况和存在的优劣势，我们认为其功能定位是：河南区域经济的核心城市；带动中原城市群发展的龙头；全国性商贸物流中心、区域性金融中心和现代服务业中心；中国重要的先进制造业和高新技术产业基地。

2. 开封市的功能定位

开封古称汴梁，位于郑州市的东部，是国务院首批公布的历史文化名城、中国优秀旅游城市和我国八大古都之一，素有"七朝都会"之称。历史文化积淀厚重，文物遗存丰富。开封地处中原，交通便利，居于三横三纵铁路、高速公路和国道的交会点，交通优势非常明显。开封的交通优势，支持旅游业成为开封再次腾飞的支柱产业。开封最大的劣势是与郑州市空间距离过近，资源要素受到郑州市的强烈吸引，2000 年以来，开封市经济增长累计名列河南省倒数第一。开封要走出困境，必须把郑州的引力变成发展动力，功能上要主动与郑州市对接，产业上与郑州做好分工；郑州市也要主动为开封市留出发展空间。否则，古都开封很可能就此衰败，这不仅是中原城市群的遗憾，而且是中国的遗憾，世界的遗憾！

所幸的是，开封与郑州在产业上存在互补的基础。在工业内部结构的相似性分析中，开封与郑州的相似性较小。开封前 5 位的行业是以纺织业、化学原料及制品制造、电力蒸汽、专用设备制造和食品加工为主，与郑州有很大的不同。这说明开封在工业内部结构中，与郑州具有很强的互补性。开封市第三产业结构尽管与郑州市比较接近，但其第三产业结构竞争力也不如郑州，第三产业内部行业竞争力分析显示，开封市科学研究和综合技术服务、教育文化艺术和广播事业、餐饮业较之郑州市具有优势。

根据开封市经济社会的发展情况和优劣势的分析，我们认为其功能定位是：中原城市群的教育、文化和旅游中心；郑州都市圈的重要功能区；中原城市群重要的轻纺、食品、医药和精细化工基地。

3. 洛阳市的功能定位

洛阳是欧亚大陆桥上的重要城市，地处豫西黄河中下游两岸的河谷盆地，三面环山，依山傍水，土地肥沃。洛阳为豫西地区的中心，两大铁路干线在此交会，欧亚大陆桥通车后，洛阳在其中占有重要的位置，成为连贯南北东西的枢纽。洛阳为省辖市，下辖一市八县六区。洛阳市域面积为1.52万平方千米，市区面积544平方千米，常住总人口667.8万人。

根据洛阳市经济社会的发展情况和优劣势的分析，我们认为其功能定位是：河南省的副中心城市；河南省重要的科研基地；全国重要的装备制造业、原材料基地和先进制造业基地；中国以历史文化和花卉为主的旅游中心城市。

4. 新乡市的功能定位

新乡市地处河南北部，北依太行，南临黄河，与省会郑州隔黄河相望。现辖两市、六县、四区。土地面积8169平方千米，总人口547.43万人，市区面积346平方千米，建成区面积68平方千米，年末总人口603.67万人。根据新乡市经济社会的发展情况和优劣势的分析，我们认为其功能定位是：河南北部区域的中心城市和重要增长极；中原城市群的加工制造业基地；河南省职业培训基地；中国现代农业示范基地。

5. 焦作市的功能定位

焦作市位于河南省西北部，北依太行山，南临黄河。辖四区、四县、两市，土地总面积4071平方千米，总人口368.49万，建成区面积为69.7平方千米，城镇化水平为53.21%。2016年GDP为8133.97亿元，人均GDP为84113元。焦作市位于国家能源基地的东部边缘和晋煤南下东运的咽喉要道，为焦作市发展能源工业和新型材料为主的现代化工业，建设现代化城市和山水园林城市奠定了良好的基础。根据焦作市经济社会的发展情况和优劣势的分析，我们认为其功能定位是中原城市群的能源重化工基地；新焦济产业带的重要节点城市；以自然景观为主的旅游中心。

6. 漯河市的功能定位

漯河是中原城市群最南端的城市，辖郾城、源汇、召陵和舞阳、临颍二县。全市总面积2617平方千米，常住人口257.5万人。2016年，漯河市的生产总值达到1449.56亿元。根据漯河市经济社会的发展情况和优劣势的分析，我们认为其功能定位是，中原城市群南部的区域中心城市和新的增长极，河南省南部商贸物流中心，全国性轻工、食品制造业基地和高效农业示范基地。

7. 许昌市的功能定位

许昌市位于河南省中部，距郑州市80千米。现辖禹州市、长葛市、许昌县、鄢陵县、襄城县和魏都区两市三县一区。全市总面积4996平方千米，其中建成区面积45.8平方千米，总人口431.5万人，城镇化率45.7%。根据许昌市经济社会的发展情况和优劣势的分析，我们认为其功能定位是中原城市群的轻工制造业重要基地；

南北发展轴上的重要节点，河南省历史文化旅游中心城市。

8. 平顶山功能定位

平顶山市位于中原城市群的西南部。因煤而立，因煤而兴，是 20 世纪 50 年代始建的一座工业新城，是一座典型的工矿资源型城市。现辖四县二市四区，土地面积 7882 平方千米，2016 年总人口 440.23 万人，城镇化率 54.04%。市辖区面积 459 平方千米，其中建成区面积为 53 平方千米。市区干道纵横交错，街巷高楼鳞次栉比，人行道绿树成荫、整洁优美；建成区绿化覆盖面积 1123 公顷，园林绿地面积 1059 公顷，绿化覆盖率达到 30% 以上。根据平顶山市经济社会的发展情况和优劣势的分析，我们认为其功能定位是河南西南部的能源原材料基地，洛平漯产业带上的重要节点，河南省历史文化和自然旅游基地。

9. 济源市的功能定位

济源市位于河南省的西北部，北依太行山，与山西省相邻；南临黄河，与古都洛阳相望。西与山西运城接壤，东与焦作市相连，自古有豫西北门户之称。在区位上是沟通晋豫两省，连接华北平原和中西部地区的枢纽。在全国的经济布局中具有东引西进、南下北上的有利条件。1988 年撤县建市，1997 年改为省辖市，是一座新兴的工业城市。辖 16 个乡镇和办事处，市域面积 1931 平方千米，建成区面积 21 平方千米，总人口 65 万，其中城区人口 16.66 万人。近年来，济源市先后荣获了全国环境综合整治优秀城市，全国卫生先进城市，中国优秀旅游城市，河南省园林城市，省级文明城市等称号。根据济源市经济社会的发展情况和优劣势的分析，我们认为其功能定位是新焦济产业带上的重要节点；中原城市群能源和原材料为主的加工制造业基地；以历史文化和自然景观为主的旅游城市。

10. 安阳市的功能定位

安阳位于河南省的最北部，地处山西、河北、河南三省的交会点。西倚巍峨险峻的太行山，东连一望无际的华北平原。现辖一市、四县、五区、一个国家级高新技术产业开发区（安阳国家高新技术产业开发区）、一个国家级经济技术开发区（红旗渠国家经济技术开发区）、一个省级高新技术开发区（安阳中原高新技术产业开发区）和九个省级产业集聚区。东经 113°37′~114°58′、北纬 35°12′~36°22′，地处晋、冀、豫三省交会处，西倚太行山脉与山西接壤，北隔漳河与河北省邯郸市相望，东与濮阳市毗邻，南与鹤壁、新乡连接。西部为山区，东部为平原。全市 2013 年生产总值 1683.65 亿元，常住人口 509 万人，城镇化率 43.8%。根据安阳市经济社会的发展情况和优劣势的分析，我们认为其功能定位是先进制造业中心、交通枢纽和商贸物流中心、现代农业示范市、华夏历史文明传承创新市和国际旅游城、中国航空运动之都。

11. 鹤壁市的功能定位

鹤壁市位于河南省北部，太行山东麓向华北平原过渡地带。地理坐标东经113°59′～114°45′，北纬35°26′～36°02′。南北长67千米，东西宽69千米，总面积2182平方千米，其中市区面积513平方千米。北与安阳市郊区、安阳县为邻，西和林州市、辉县市搭界，东与内黄县、滑县毗连，南和卫辉市、延津县接壤。2016年末全市总人口161万人，常住人口159.76万人，城镇化率达到54.14%。根据鹤壁市经济社会的发展情况和优劣势的分析，我们认为其功能定位是市域城乡一体化先行区、现代生态宜居区、对外开放示范区、金属镁精深加工和汽车零部件产业基地。

12. 三门峡的功能定位

三门峡市位于河南省西部边缘，豫晋陕三省交界处，东连洛阳，南接南阳，西与陕西省接壤，北隔黄河与山西省相望。东西长153.2千米，南北宽132千米，总面积10496平方千米，占全省面积的6%。先后荣获"中国优秀旅游城市""国家园林城市""国家森林城市"等称号，在全省第一个荣获全国社会管理综合治理最高荣誉——"长安杯"，被誉为黄河明珠、文化圣地、天鹅之城。根据三门峡的经济社会发展情况和优劣势分析，我们认为其功能定位是河南区域经济重要支撑、区域合作示范城市和豫晋陕黄河金三角区域性中心城市。其发展目标就是要实现创新开放、富裕文明、平安和谐、生态宜居，要打造充满活力、富有魅力、极具竞争力的区域性中心城市。

13. 南阳市的功能定位

南阳古称宛，位于河南省西南部、豫鄂陕三省交界处，为三面环山、南部开口的盆地，因地处伏牛山以南，汉水以北而得名。全市现辖2个行政区、4个开发区、10县。总面积2.6509万平方千米，在河南省18个省辖市中面积最大、人口最多。2016年全年全市生产总值完成2737.5亿元，比上年增长8.5%；全年规模以上工业企业主营业务收入3962.98亿元，比上年增长9.4%；全年全市固定资产投资（不含农户）3069.21亿元，增长16.7%；全年全市居民人均可支配收入17421元，比上年增长8%；农村居民人均可支配收入11700元，增长8.6%。根据南阳市的经济社会发展情况和优劣势分析，我们认为南阳市的功能定位应该是把南阳市打造成为河南区域经济的重要支撑和增长极，把南阳市建设成为豫鄂陕区域性的中心城市，把南阳市建设成为区域性的交通枢纽和高效生态经济的示范区。

14. 商丘市的功能定位

商丘东临沿海，西扼中原，南襟江淮，北接齐鲁，位于豫鲁苏皖四省结合部，是河南省离出海口最近的地方，是国家"一带一路"和中部崛起"两纵两横"产业带节点城市之一，是中原地区承接沿海地区产业转移的"桥头堡"。商丘是重要的物资集散地和商贸中心，被河南省政府确定为区域性物流中心城市。商丘是交通部确定的交通枢纽城市，京九与陇海铁路、310与105国道、连霍与济广高速在商丘交会，构成了黄金"十字架"交通网络。商丘已实现县县通高速、村村通油路。沱浍河航运工程正在疏浚，商丘机场已得到国务院和中央军委批复，郑徐高铁年底将联调联试，商合杭高铁即将开工建设，京九高铁已列入规划，成功争取了商合杭高铁在商丘设立新区站、建设存车场和动车运用所，未来商丘将拥有三个火车站，成为高铁新贵，从根本上确立了综合交通枢纽城市地位。全年全市生产总值1974.02亿元，比上年增长8.6%。其中，第一产业增加值386.26亿元，增长4.4%；第二产业增加值814.64亿元，增长8.6%；第三产业增加值773.12亿元，增长11.0%。根据商丘市的经济社会发展情况和优劣势分析，我们认为商丘市的功能定位应该是紧紧抓住商丘市区位优越、交通便利、产业特色明显、人口、农业、粮食等优势突出的优先条件，紧紧抓住河南区域发展战略机遇，走好"三化"协调科学发展之路，努力把商丘建设成为区域性中心城市，构筑中原经济区东部重要战略支点。

15. 信阳市的功能定位

信阳市位于鄂豫皖三省交接处，是江淮河汉之间的战略要地。全市总面积1.89万平方千米，总人口864.80万，辖八县二区（其中固始县由省直管），六个管理区、开发区。面积18925平方千米，全市总人口864.80万人，其中常住人口为640.80万人。信阳历史悠久，文化厚重，是一座"古"城。信阳是华夏文明的发祥地之一。信阳区位优越，交通便利，是一座"要"城。信阳是全国44个交通枢纽城市之一，北距郑州300千米，南距武汉200千米，东距合肥340千米，特殊的地理位置，使信阳成为三大城市之间最具区域性中心城市发展潜力的地区。京广、京九、宁西三条国铁，京港澳、大广、沪陕三条高速，106、107、312三条国道在信阳境内形成多个十字交叉。全市铁路、公路、高速公路通车总里程、通车密度高于全国、全省平均水平，与东部沿海地区甚至与发达国家相比也不逊色。特别是石武客专的建成通车，使信阳融入郑州、武汉一小时经济圈，交通枢纽地位更加凸显。全市2016年生产总值2034.25亿元，按可比价格计算，比上年增长8.3%。全年工业增加值664.61亿元，比上年增长8.1%。其中，规模以上工业企业增加值610.2亿元，增长8.8%。全市固定资产投资完成2217.70亿元，比上年增长9.6%。全年社会消费品零售总额981.47亿元，比上年增长11.5%。城镇居民人均可支配收入23959元，增长6.8%，农村居民人均可支配收入10651元，增长8.2%。根据信阳市的经济社会发展情况和优劣势分析，我们认为信阳市的功能定位应该是"一市一区两枢纽一基地"的信阳发展战略定位，着力打造鄂豫皖三省交界区域性中心城市、国家级农村改革发展综合试验区、全国综合交通和现代物流枢纽、中部地区承接东南沿海产业转移的重要基地，并积极创建中原经济区新型工业化示范市。

16. 周口市的功能定位

周口市位于河南省东南部，东邻安徽阜阳，西接河南漯河市、许昌市，南与驻马店市相连，北与开封、商丘市接壤。全市国土面积 11959 平方千米，总人口 1126 万人。辖扶沟县、西华县、商水县、太康县、鹿邑县（省直管县）、郸城县、淮阳县、沈丘县和项城市、川汇区 10 个县市区。周口市历史悠久，文化灿烂，距今有 6000 多年的文明史。内河航运通江达海，境内拥有沙河、颍河、涡河、贾鲁河、汾泉河五条具备航运开发条件的河流，总里程约 430 千米。沙颍河周口以下 89 千米四级航道常年通航。通航里程、航运生产、船舶拥有量等均位居全省第一位。宁洛、大广、周商、永登 4 条高速公路穿境而过，周口至新郑机场高速开工建设，是全省为数不多的有环城高速的城市之一。根据周口市的经济社会发展情况和优劣势分析，我们认为周口市的功能定位应该是开发"周项淮大三角"，构筑对外开放平台。加快工业化进程，打造农产品精深加工和有一定技术含量的劳动密集型制造业基地。大力发展生态农业产业化，推进经济结构战略性调整。加快城镇化进程，形成带动农村社会发展的现代城镇体系。

17. 驻马店的功能定位

驻马店位于河南省中南部，古为南北重要交通驿站，因来往官差、客商、信使在此驻马歇店，故为驻马店。总面积 1.5 万平方千米，占全省的 8.8%，现辖驿城区、西平县、遂平县、上蔡县、汝南县、平舆县、正阳县、确山县、泌阳县共 1 个区 8 个县和 1 个省直管县新蔡县，194 个乡镇和街道办事处。近年来，驻马店大力实施"富强驻马店、文明驻马店、平安驻马店、美丽驻马店"建设，经济社会得到持续、健康、快速发展，先后被评为全国双拥模范城、中国优秀旅游城市、中国十大最具投资潜力旅游目的地、中国最具有投资竞争力金融服务城市、国家园林城市、省级卫生城市、省级文明城市。驻马店地处我国南北方、东西部的结合地带，承东启西、贯南通北，素有"豫州之腹地、天下之最中"的美称。京广铁路、京深高铁和106、107 国道纵贯南北，京港澳、大广、新阳、沪陕、焦桐 5 条高速穿境而过，省道、县道纵横交错，实现了县县通高速，北至郑州新郑机场、南至武汉天河机场仅需两小时车程。独特的区位和便捷的交通，使驻马店日益成为广大有识之士投资兴业的理想之地。占地面积 15000 平方千米，人口 788.28 万（不含新蔡县）。

驻马店处于北亚热带向暖温带的过渡地带，兼南北气候之长，四季分明，光照充足，雨量充沛，土地肥沃，适宜多种生物生长，是国家和省重要的粮油生产基地，素有"中原粮仓""中州油库""芝麻王国"之美誉。全市常年农作物播种面积 2400 万亩以上，粮食作物种植面积 1800 万亩，粮食总产 70 亿公斤，占全省粮食总产量的 1/8，其中小麦总产占全省的 1/7。油料作物种植面积 450 万亩，总产 11.2 亿公斤，占全省的 15%，居全省第一位，其中芝麻占全省的 20%，花生占全省的 16%。上蔡、西平、正阳、平舆、汝南为全国产粮大县，正阳、汝南、泌阳、确山为全国油料生产大县，西平、上蔡、新蔡、正阳、泌阳、汝南为全省农业综合开发重点县，占全省的1/4，正阳、平舆、泌阳分别为花生、芝麻、香菇生产第一大县；驻马店"小磨香油"以味醇质优名扬全国，上蔡的花木、确山的板栗、汝南的蔬菜等特色农业在全省乃至全国都有较高的知名度。2014 年，全市粮食面积、单产、总产呈"三增"态势，粮食实现"十一连丰"，再次荣获"全国粮食生产先进单位"称号，被命名为"产粮大市"，上蔡县、西平县、正阳县、平舆县、汝南县被命名为"产粮大县"。这些丰富的农畜产品资源，目前大部分还处在初级加工阶段，发展精深加工业的前景十分广阔。驻马店矿产资源种类多、储量大。全市已发现的矿种为 54 种，查明资源储量的矿种 42 种，已开发利用的矿种 40 种，其中能源矿种 4 种，金属矿种 6 种，非金属矿种 30 种。

根据驻马店市的经济社会发展情况和优劣势分析，我们认为驻马店市的功能定位应该是加快粮食生产核心区建设，大力发展优质高效农业，在强化粮食安全保障的基础上，做大做强农副产品加工、医药、能源、装备制造、建材、轻纺、化工等产业，促进旅游业发展。推动驻马店中心城区扩容提质，完善城市配套功能，辐射带动周边城镇发展。

18. 濮阳市的功能定位

濮阳市位于河南省东北部，黄河下游，冀、鲁、豫 3 省交界处。东、南部与山东省济宁市、菏泽市隔河相望，东北部与山东省聊城市、泰安市毗邻，北部与河北省邯郸市相连，西部与河南省安阳市接壤，西南部与河南省新乡市相倚，东西长 125 千米，南北宽 100 千米。全市总面积为 4188 平方千米。濮阳文化底蕴厚重。濮阳是国家历史文化名城，有"颛顼遗都""帝舜故里"之称，被中国古都学会命名为"中华帝都"。濮阳区位优势明显。濮阳是河南的东北门户，是中原经济区重要出海通道，是豫鲁冀省际交会区域性中心城市。京九铁路、晋豫鲁铁路通道和规划中的郑濮济客专在此交会，大广高速、濮鹤高速、南林高速、濮范高速等多条高速贯穿全境。

濮阳物产资源丰富。濮阳是国家重要商品粮生产基地和河南省粮棉油主产区之一。石油、天然气、盐、煤等地下资源丰富，是中原油田所在地。依托资源比较优势，着力打造国家和省重要的石油化工基地、国家石油机械装备制造基地、中部家具之都、国家级羽绒及服饰加工基地。2016 年全年全市生产总值 1443.75 亿元，同比增长 8.7%，规模以上工业增加值增长 9.1%。全年全市居民人均可支配收入 16434 元，比上年增长 8.2%，农村居民人均可支配收入 10622 元，增长 8.5%；农村居民人均消费支出 7444 元，增长 7.1%。根据濮阳市的经济社会发展情况和优劣势分析，我们认为濮阳市的功能定位应该是沿济郑渝发展轴，依托连接重庆、郑州、济南的运输通道。提升濮阳城市发展水平，培育形成东北至西南客运大通道，连接山东半岛直通大西南的区域发展轴。依托交通优势把濮阳建设成辐射豫北鲁西冀南省际交会立体型交通枢纽与现代化物流枢纽。加快濮阳建设北部城市群副中心城市建设。建设濮阳石油化工基地、豫北煤化工基地以及濮阳盐化工基地，加快濮阳驰名食品产业集群化发展。大力发展高新技术产业、电子信息、生物、节能环保、新材料、新能源、新能源汽车等产业，把濮阳建设成为全国重要的战略新兴产业研发生产基地。

第六节　本章小结

本章各地市经济发展现状、工业发展现状、农业发展现状和服务业发展现状四个方面对河南省各地市的区域经济进行了多方位的描述，归纳得出以下结论：

第一，选取了综合经济状况、财政金融状况、人民生活水平、基础设施建设四个一级指标，人均 GDP、人均农业生产总值等 16 个二级指标，构建了河南省区域经济发展水平综合评价指标体系。将河南省各地市运用聚类分析分成三类：第一类为郑州，第二类为焦作、许昌、三门峡、济源、洛阳，第三类为其他地区。运用主成分分析对各省辖市计算了综合得分，并进行了排序，郑州排在第一位，济源排在第二位，周口排在最后一位。

第二，对各地市工业发展情况进行分析，发现 2015 年和 2016 年工业增加值排名变化不大，排在前五位的有郑州、洛阳、许昌、南阳、焦作，排在后五位的有漯河、开封、信阳、鹤壁、济源。

第三，对各地市农业发展情况进行分析，发现 2015 年和 2016 年农业增加值排在前五位的有南阳、周口、信阳、驻马店、商丘，排在后五位的有焦作、三门峡、漯河、鹤壁、济源。

第四，对各地市服务业发展情况进行分析，2015 年和 2016 年服务业增加值排在前五位的有郑州、洛阳、南阳、新乡、安阳，排名在后五位的有三门峡、濮阳、漯河、鹤壁、济源。

第五，对各地市的功能定位和发展战略进行了简要分析。

参考文献

［1］Audretsch David B. , Lehmann Erik E. Financing High-Tech Growth：The Role of Banks and Venture Capitalists Shmalenbach ［J］. Business Review 2004, 56 (4)：355-356.

［2］Blomstrom M. , Persson H. Foreign Investment and Spillover Efficiency in and Underdeveloped Economy：Evidence from the Mexican Manufacturing Industry ［J］. World Development, 1983, 11 (6)：493-495.

［3］D. B. Audretsch. Firm Profitability, Gowth and Innovation ［J］. Review of Industrial Organization, 1995 (10)：579-588.

［4］D. Crane, Kline S. , J. Rosenberg, N. Anoverviewofinnovation ［M］. Washington：National Aeademy Press, 1986：275-304.

［5］Frankel. The Environment and Globalization ［D］. NBER Working Paper, No. w10090.

［6］Herrick, B. , Kingderberger, C. P. Economic Development ［M］. New York, McGram-Hill Press, 1983.

［7］John H. Dunning. The Paradigm of International Production：A Restatement and some Possible Extensions ［J］. Journal of International Business Studies, 1988, 19 (1)：1-31.

［8］Omar Sanehez. Globalization Development Strategy in Latin America？［J］. World Development, 2003 (4)：1977-1995.

［9］Paul Krugrman. Increasing Riturns and Economic Geography ［D］. NBER Working Paper, 1990 (3275).

［10］Williamson, Jeffrey G. Regional Inequality and the Process of National Development：A Description of the Patterns ［J］. Economic Development and Cultural Change, 1965, 13 (4).

［11］陈保超. 鹤壁市高新技术产业与科技政策研究 ［D］. 河南师范大学硕士学位论文, 2012.

［12］陈大雄. 高新技术产业评价与发展研究——兼论湖南省高新技术产业的发展 ［D］. 中南大学博士学位论文, 2004.

［13］陈德福, 曹荣林, 赵义华. 河南省产业结构对地区经济增长影响的实证研

究 [J]. 河南科学, 2008 (1).

[14] 陈刚, 陈红儿. 区际产业转移理论探微 [J]. 2001 (4): 2-6.

[15] 陈娜. 河南省区域经济差异与协调发展研究 [D]. 河南大学硕士学位论文, 2011.

[16] 陈森良. 产业结构调整效果的测算方法探讨 [J]. 贵州财经学院学报, 1994 (1).

[17] 储瑾蓉. 高新技术企业战略性研发项目绩效评价研究 [D]. 南京航空航天大学硕士学位论文, 2011.

[18] 豆建民等. 区域经济发展战略分析 [M]. 上海: 上海人民出版社, 2009.

[19] 范德成, 王晓辉. 中国产业结构的动态投入产出模型分析 [M]. 北京: 科学出版社, 2011.

[20] 甘涛. 河南省承接产业转移特征及经验启示 [J]. 周口师范学院学报, 2015 (11): 122-126.

[21] 高惠璇. 应用多元统计分析 [M]. 北京: 北京大学出版社, 2008.

[22] 龚健健, 沈可挺. 中国高能耗产业及其环境污染的区域分布——基于省际动态面板数据的分析 [J]. 数量经济技术经济研究, 2011 (2): 20-36, 51.

[23] 古丽娜. 新疆承接产业转移问题研究 [J]. 合作经济与科技, 2015 (1): 8-9.

[24] 国家统计局. 2014年中国统计年鉴 [M]. 北京: 中国统计出版社, 2014.

[25] 河南省统计局. 河南省统计年鉴2014 [M]. 北京: 中国统计出版社, 2014.

[26] 贺显南. 区域经济协调发展中的中外政府行为比较 [J]. 国际经贸探索, 2005 (3): 21-25.

[27] 侯海苏. 河南省高新技术产业发展研究 [D]. 山西财经大学硕士学位论文, 2011.

[28] 胡佛 (Hoower, E. M.). 区域经济学导论 [M]. 王翼龙译. 商务印书馆, 1990.

[29] 黄菁. 外商直接投资与环境污染 [J]. 世界经济研究, 2010 (2): 80-86.

[30] 贾晓峰. 对产业结构调整若干基本关系的定量认识 [J]. 统计研究, 2001.

[31] 姜霞. 湖北省承接东部产业转移的实证研究和对策分析 [J]. 江苏商论, 2015 (2): 67-72.

[32] 姜跃春. 世界经济发展趋势与中国 [J]. 世界经济问题, 2004 (6): 63-68.

[33] 李宝瑜, 高艳云. 产业结构变化的评价方法探析 [J]. 统计研究, 2005.

[34] 李炳军, 吴辉. 河南省各地市经济发展水平评价 [J]. 农业系统科学与综合研究, 2007, 23 (2): 134-135.

[35] 李成勋. 区域经济发展战略学 [M]. 北京：社会科学文献出版社，2009.

[36] 李丽. 第三产业内部各产业投入产出有效性的评价 [J]. 北京工商大学学报（社会科学版），2007（11）.

[37] 李璐璐. 中原城市群产业转移综合承接能力评价研究 [D]. 河南大学硕士学位论文，2014：18-21.

[38] 李青. 英国、德国对区域经济的管理及其新近变化 [J]. 数量经济技术经济研究，2001（6）：60-64.

[39] 李秋香，袁晓兵等. 河南不同区域产业结构的比较与分析 [J]. 河南农业大学学报，2006（4）.

[40] 李世杰等. 河南省产业转移承接能力空间差异分析 [J]. 河南科学，2014（11）：2350-2354.

[41] 李晓梅. 技术体制视角下中国高技术产业经济效率实证研究 [D]. 辽宁大学博士学位论文，2012.

[42] 李阳，李晓东，张霞. 国外高新技术产业的发展 [J]. 经济管理，2005.

[43] 李勇齐，颜蔚兰. 建国以来我国区域经济发展战略的选择过程及其思考 [J]. 广西师范大学学报，2000（12）：27-31.

[44] 李中建，徐景霞. 中部地区承接产业转移会加重环境污染吗？——基于环境库兹涅茨曲线分析 [J]. 河南教育学院（自然科学版），2013（1）：49-53.

[45] 林春艳，李富强. 区域产业结构优化的模型构建与评价方法研究综述 [J]. 经济学动态，2011.

[46] 林毅夫. 自生能力、经济发展与转型：理论与实证 [M]. 北京：北京大学出版社，2004.

[47] 刘荣茂. 经济增长与环境质量：来自中国省际面板数据的证据 [J]. 经济地理，2006（5）：374-377.

[48] 刘世锦. 产业集聚及其对经济发展的意义 [J]. 改革，2003（3）：64-68.

[49] 刘永奇. 河南省投入产出实践与研究 [M]. 北京：中国统计出版社，2009.

[50] 刘友金等. 污染产业转移、区域环境损害与管控政策设计 [J]. 经济地理，2015（5）：87-95.

[51] 卢方元，曹治星. 河南省产业结构对经济增长贡献的实证分析 [J]. 统计决策与预测，2007（23）.

[52] 卢方元，靳丹丹. 我国 R&D 投入对经济增长的影响——基于面板数据的实证分析 [J]. 中国工业经济，2011（3）：149-157.

[53] 卢根鑫. 国际产业转移论 [M]. 上海：上海人民出版社，1997.

[54] 栾贵勤，伏兴. 河南主导产业的关联度比较研究——基于投入产出法 [J].

经济论坛，2010.

［55］罗勇，张倩倩．劳动密集型产业转移与承接的实证研究——以东中西部为例［J］．软科学，2015（3）：97-101.

［56］罗哲，邓菊生，关兵．西部地区承接产业转移的能力分析与规模测度［J］．甘肃社会科学，2012（6）：90-94.

［57］马丽芳．浙江省产业机构优化升级综合评价研究［D］．浙江大学硕士学位论文，2012.

［58］彭文斌．环境规制视角下污染产业转移的实证研究［J］．湖南科技大学学报，2011（5）：78-80.

［59］彭新万．法国解决地区差距问题的做法及对我国的启示［J］．商业研究，2006（12）：27-29.

［60］尚晓霞．河南省利用外商直接投资研究［D］．河南大学硕士学位论文，2008.

［61］石东平，夏华龙．国际产业转移与发展中国家产业升级［J］．亚太经济，1998（10）：5-9.

［62］宋家泰等．论地理学现代区位研究［J］．地域开发与研究，1987（2）：1-8.

［63］孙浩进．中国承接国际产业转移中的福利变化［J］．广东社会科学，2011（2）：31-36.

［64］孙平．经济全球化与区域经济一体化［J］．经济评论，2001（4）：118-121.

［65］孙世民，展宝卫．产业转移承接力的形成机理与动力机制［J］．改革，2007（10）：15-19.

［66］孙威等．长江经济带分地市承接产业转移能力研究［J］．地理科学进展，2015（11）：1470-1478.

［67］孙延伟．河南省高技术产业技术创新能力评价［D］．四川农业大学硕士学位论文，2013.

［68］汪芳．主导性高技术产业成长的关联机制研究［D］．武汉理工大学博士学位论文，2008.

［69］汪云林，付允，李丁．基于投入产出的产业关联研究［J］．工业技术经济，2008，27（5）：120-123.

［70］王伯鲁．技术评价的多维空间模式［J］．科研管理，1999（1）.

［71］王成勇．基于产业集群的区域经济发展战略研究［D］．兰州大学博士学位论文，2007.

［72］王放．河南省工业结构优化升级研究——基于科技创新的视角［J］．郑州航空管理学院学报（社会科学版），2008（6）：203-205.

[73] 王雪. 国际产业转移理论的研究现状及发展趋势 [J]. 工业技术经济, 2006 (10): 110-112.

[74] 魏后凯. 产业转移的发展趋势及其对竞争力的影响 [J]. 福建论坛, 2003 (4): 110-112.

[75] 魏世红. 中国高技术产业技术效率研究 [D]. 大连理工大学博士学位论文, 2008.

[76] 吴敬琏. 名人名言 [J/OL]. 数字财富, 2002.

[77] 吴勇. 中西部地区承接产业转移能力的影响因素分析 [J]. 吉林工商学院学报, 2012 (5): 40-52.

[78] 吴宇翔. 高技术产业关联突破带动经济增长的作用机制 [D]. 武汉理工大学硕士学位论文, 2006.

[79] 肖雁飞等. 中部地区承接沿海产业转移现状及综合能力测度 [J]. 经济问题探索, 2014 (1): 46-51.

[80] 许和连, 邓玉萍. 外商直接投资导致了中国的环境污染吗? [J]. 管理世界, 2012 (2): 30-43.

[81] 薛薇. 统计分析与SPSS的应用 [M]. 北京: 中国人民大学出版社, 2011: 295-300.

[82] 闫家厂, 杜小梅. 河南产业结构与经济增长的关联分析及调整对策 [J]. 经济研究导刊, 2009.

[83] 杨本南. 闽台高科技产业竞争互补机制研究 [D]. 中国农业大学硕士学位论文, 2005.

[84] 杨灿, 郑正喜. 产业关联效应测度理论辨析 [J]. 统计研究, 2014.

[85] 杨立勋, 刘媛媛. 中国农业产业机构调整效果测度及评价 [J]. 农业经济, 2013.

[86] 杨万平, 袁晓玲. 对外贸易、FDI对环境污染的影响分析 [J]. 世界经济研究, 2008 (12): 62-68.

[87] 俞颖. 我国区域资本配置效率的实证研究 [J]. 山西财经大学学报, 2008.

[88] 袁合才. 基于TOPSIS方法的河南省各地市经济综合评价模型 [J]. 科技和产业, 2011, 11 (10): 124-125.

[89] 臧学英. 国外区域开发战略模式的比较与启示 [J]. 经济问题探索, 2001 (1): 9-12.

[90] 翟相如. 地区产业转移承接能力评价研究 [D]. 哈尔滨工业大学硕士学位论文, 2008: 31-35.

[91] 展宝卫. 产业转移承接力建设概论 [M]. 济南: 泰山出版社, 2006.

［92］张春玉．高技术研究所综合实力自我评价研究［D］．吉林大学博士学位论文，2010.

［93］张聚华．区域经济非均衡状态下的可持续发展研究［D］．天津大学博士学位论文，2002.

［94］张可云．区域大战与区域经济关系［M］．北京：民主与建设出版社，2001.

［95］张琴，蒋瑛．韩国承接国际产业转移的经验及启示［J］．经济纵横，2009（8）：105-107.

［96］张肃，诺敏．国内外产业承接转移经验及启示［J］．山西财经大学学报，2012（11）：112-113.

［97］张同斌，高铁梅．高技术产业产出增长与关联效应的国际比较——基于美、英、日、中、印、巴六国投入产出数据的实证研究［J］．经济学（季刊），2013（3）.

［98］张同斌．中国高新技术产业的发展及其影响因素研究［D］．东北财经大学博士学位论文，2012.

［99］张欣蕾．河北省各市经济发展水平综合评价［J］．现代商贸工业，2010，6（2）：91-92.

［100］张秀君，史耀媛．关于西部地区产业转移的新思考［J］．理论导刊，2005（3）：110-112.

［101］张彦博，郭亚军．FDI的环境效应与我国引进外资的环境保护政策［J］．中国人口资源环境，2009（4）：7-12.

［102］张燕．环境管制视角下污染产业转移的实证分析——以江苏省为例［J］．当代财经，2009（1）：88-91.

［103］张颖．北京高技术产业科技投入与经济增长的灰色关联度分析［J］．中国市场，2010.

［104］张自如，胡晖．国际产业转移的演变及其对世界经济的影响［J］．生产力研究，2007（7）：92-93.

［105］赵大平，Tony Fang．制造业转移方式与污染控制［J］．财经问题研究，2013（8）：29-34.

［106］赵西萍．高新技术相关问题的界定研究［J］．科技进步与对策，2002（9）.

［107］赵玉林，汪芳．我国高技术产业波及效应分析［J］．科学学与科学技术管理，2007（6）.

［108］赵玉林，汪芳．我国高技术产业关联效应实证分析［J］．经济问题探索，2007（1）：6-13.

［109］赵玉林，张钟芳．高技术产业对产业结构升级带动作用的实证分析［J］．科研管理，2008（3）.

[110] 赵玉林. 高技术产业发展对经济增长带动作用的实证分析 [J]. 数量经济技术经济研究, 2006 (6): 11-14.

[111] 赵志兰. 国际产业转移理论研究文献综述 [J]. 经营管理者, 2009 (7): 14-15.

[112] 赵卓鹏. 高新技术产业基地对产业升级的作用机理研究——以山西省为例 [D]. 山西财经大学硕士学位论文, 2007.

[113] 郑声安. 基于产业生命周期的企业战略研究 [D]. 河海大学博士学位论文, 2006.

[114] 郑艳. 区域经济协调发展政策的国际比较及对我国的启示 [J]. 管理现代化, 2004 (3): 32-34.

[115] 周春林, 卢正惠. 国外区域开发的模式与启示 [J]. 经济问题探索, 2001 (5): 47-50.

[116] 周旬. 论区域经济发展经济理论在三峡库区综合发展战略中的应用——建立增长极—经济圈—扩动态模式 [J]. 理论探讨, 2006 (1).

[117] 朱选功. 河南省区域经济协调发展的产业关联分析 [J]. 河南师范大学学报 (哲学社会科学版), 2005, 32 (4): 55-59.